社会保障論 I

【基礎編】

香取照幸

東洋経済新報社

はじめに

本書は、2020年度及び2021年度に上智大学総合人間科学部において行った「社会保障論Ⅰ」の講義資料と講義録をベースに、主として学部（教養課程）で社会保障を学ぶ大学生を想定して「教科書風」に書き下ろしたものです。

2020年4月、縁あって上智大学に奉職し、この講義を受け持つことになりましたが、元々アカデミズムの出身でもなく、大学で講義をするのも初めての経験でした。

制度の解説や学説の紹介、国家試験のための知識を教える「教科書」はすでにたくさん出回っています。そこで、「学生たちに自分の頭で考え、理解してもらうこと」を目標に、社会保障をより包括的な視点から議論し、経済や社会、財政、地域、家族などとの関わりの中で社会保障の機能、役割について考え、理解するヒントを示す、ということを目標に講義を進めました。

前著『教養としての社会保障』『民主主義のための社会保障』（ともに東洋経済新報社）同様、特に社会保障の基礎知識のない方々にも読んでいただけるよう、図表やデータを多く用いてわかりやすく書き下ろしたつもりです。大学生だけでなく、社会保障に関心を持つ多くの方々に手に取っていただければ幸甚です。

2022年1月

香取照幸

CONTENTS

第 4 章
社会保障を支える理念・哲学を考える（2）
——効率と公正

第 5 章
社会保障を理解するということ（1）
——通時的視点と共時的視点

第6章 社会保障を理解するということ（2）――社会保障を取り巻く経済社会情勢の変化

第 7 章
社会保障を理解するということ（3）
――日本の社会保障を概観する

第 8 章
社会体制と社会保障
――社会保障レジーム論

第 9 章
日本の社会保障を考える視点（1）
——知識補給１、２

第 10 章
日本の社会保障を考える視点（2）
——知識補給３、４

第 11 章
日本の社会保障を考える視点（3）
——経済と社会保障

第12章 日本の社会保障を考える視点（4）——国家財政と社会保障

第 13 章
世界と日本
——社会保障の国際的評価と課題

第 1 章

イントロダクション
——講義の全体像について

「社会保障論Ｉ」を担当いたします本学教授の香取です。

今日は社会保障論の第１回の授業になります。講義の進め方については後ほど説明しますが、諸君はもう立派な大人です。18歳になると選挙権もあります。大学というところはそれまでの小学校・中学校・高等学校とは違って、先生から何かを教えてもらってそれを学ぶという場ではなくて、自ら課題や目標を設定し、自ら学びたいことを学び取るという場だと私は考えていますので、ぜひ諸君もそれぞれそういう自覚を持って、主体的に講義に臨んでほしいと思います。

本講義の目指すもの

個別の社会保障制度を支えるバックグラウンドとしての社会保障の基礎概念
マクロの社会保障の機能と理解、ミクロの社会保障と個人の自己決定
　など、
より包括的な視点から社会保障を理解するための基礎的なプラットフォームを
学生諸君自身が自らのアタマの中に構築すること。
　即ち、
「経済社会の全体連関のなかでの社会保障」を理解すること。
経済 / 社会 / 地域 / 共同体 / 家族 / 政治 / そして社会保障

■ 本講義の目的について

この講義の目指すものについて簡単に説明します。

社会保障は、様々な制度、私たちの生活の基盤に関わる様々な個別制度の束、壮大な体系を形作っています。ですが、それぞれの制度はバラバラにできているわけではなくて、共通のバックグラウンド、社会保障を支える基礎的な概念というものが通底して存在しています。同時に社会保障は重要な国家の機能の一つとして経済や政治に関わっています。

そういうマクロの社会保障がどういった形でこの国、この社会に関わっているか、どういう機能を持っているかということと、同時に社会保障制度は一人ひとりの国民の生活に直接関わっているもので、個人の生活、個人の自己決定、ライフコースに直接影響を与えています。これはミクロの社会保障の機能ということになります。

この二つの切り口から社会保障を理解することがこの講義の目標です。

社会保障をより包括的、comprehensive な視点からその全体像を理解する、そのための基礎的なプラットフォーム、いろいろな社会保障制度について、みなさんはこれから４年間社会福祉について学んでいくわけですが、そういったものを乗っけていくプラットフォームを諸君の頭の中にきちんと作る、土台を作るということができればと思っています。

大きく言えば、社会、経済といったこととの大きな関わりの中で、社会保障がどういう立ち位置になっているかということを理解するということです。経済、社会、地域、共同体、家族、そして政治と社会保障との連関を理解する、そのためのプラットフォームを諸君の頭の中に構築できれば本講義の目指すものが達成できたことになります。

■ 本講義の構成について

講義の構成についてお話をします。

今日は第１回、イントロダクションということで、まず講義の全体像について解説します。第１回の後半と第２回、第３回、第４回は、社会保障がどうやって生まれてきたか、社会保障の誕生の背景、社会保障を支えている理念、哲学、自立と連帯とか効率と公正といった、これらは古くて新しいテーマですけれども、こういったものについて考えていきたいと思っています。特に社会保障が生まれた歴史的な背景、近代社会になって社会保障制度は生まれてきたわけですけども、産業資本主義、民主主義と社会保障の誕生がどのように関わっているかといったことを話していきたいと思っています。

第５回〜第７回は社会保障を理解するということについて議論します。

講義の構成（講義の進捗状況で内容は前後することがある）

第１回：イントロダクション　講義の全体像について
第２回：社会保障の誕生　現代社会における社会保障の位置づけ
第３回：社会保障を支える理念・哲学を考える（１）　自立と連帯
第４回：社会保障を支える理念・哲学を考える（２）　効率と公正
第５回：社会保障を理解するということ（１）　通時的視点と共時的視点
第６回：社会保障を理解するということ（２）　社会保障を取り巻く経済社会情勢の変化
第７回：社会保障を理解するということ（３）　日本の社会保障を概観する
第８回：社会体制と社会保障　社会保障レジーム論
第９回：日本の社会保障を考える視点（１）　知識補給１・２
第 10 回：日本の社会保障を考える視点（２）　知識補給３・４
第 11 回：日本の社会保障を考える視点（３）　経済と社会保障
第 12 回：日本の社会保障を考える視点（４）　国家財政と社会保障
第 13 回：世界と日本　社会保障の国際的評価と課題

社会保障制度の形というのは、人々の価値観やその社会の成り立ち、在りようによって規定されます。例えば日本の社会保障制度の基本的な成り立ち、組み立ての考え方とアメリカのそれとは根本的に違っているわけですが、そういった通時的な視点、つまり縦軸で社会保障を見たときに何がどう見えるか。

もう一つは、現代社会はグローバルに横につながっています。社会保障制度も経済も政治も共通の課題に直面しているわけですね。今回の COVID-19 も一瞬で世界中に広まりました。それだけ世界は横につながっているわけなので、同時代的に社会保障制度がどのような課題に直面して、どういった議論がなされているかという共時的な視点、つまり横軸で見たときに何が見えるか。こういった縦横の視点で社会保障を理解することについて議論します。

第８回はその延長線上で、社会保障レジーム論についてお話をします。

第９回～第 12 回は、日本の社会保障制度について深掘りをします。第９

回と第10回は知識補給、ということで、人口減少、高齢化・少子化、家族・世帯・婚姻、さらには所得再分配や貧困・格差といった社会保障を理解する上で必要な背景知識についてお話をします。第11回は経済との関係、第12回は国家財政との関係を考えます。

第13回は世界と日本という視点から社会保障を見ていきます。

それまでの講義を通じて諸君の頭の中に作られたプラットホームを使って、私たちは一体どんな社会を目指していけばいいのか、その社会を目指すにあたって社会保障はどういう機能や役割を果たすことになるのか、あるいは果たしていくべきなのか。

諸君は社会福祉をこれから4年間、人によっては6～7年間学んで、それを生業として社会と関わっていくことになります。そのときに諸君が仕事を通じて、あるいは一人の市民として社会と関わっていくことを通じてどのように社会と関わり、社会を変えていくか、その心構え、立ち位置というものを考えることでまとめにしたいと思います。

01 社会保障論を始めるにあたって（1）
――社会保障の機能・役割を理解する

■ 社会保障とは何か

第1回講義の後半は、社会保障論を始めるにあたっての入り口の議論として、社会保障の機能や役割について考えたいと思います。

まず、社会保障とは何かということです。

諸君は社会福祉学科の学生ですから、それぞれに社会保障や社会福祉についてそれなりにイメージを持っていることと思います。

おそらく最初に頭に浮かぶのは、社会保障というのは困った人、様々な生

社会保障とは何か

すべての先進国（先進資本主義国）は社会保障制度を整備している。なぜか？
　社会保障の果たしている機能を考えてみる。
　　：民生の安定
　　　→国家の４機能（国家の存続、国富の確保・拡大、国民生活の保障・向上、
　　　　教育や国民文化の継承）
　　：社会統合・正統性の形成
　　　→社会を支える中核層（中間層）の形成　　　市民社会の基盤

☆　社会保障は救貧（弱者）対策ではない
　　マクロ：社会全体のリスクの最適化　　　　　例）公的年金制度
　　ミクロ：自助の共同化　自己実現の支援

☆　社会保障を支える基本哲学（価値観）　　自立支援（自己実現の支援）
　　社会経済発展の基礎は構成員の活力　　Σ構成員の活力＝社会の活力

活上の困難を抱える人を助ける、という考えだと思います。「救貧」ということになりますが、もちろんそれはそれで間違ってはいません。

困窮した人、生活にいろいろな困難をきたした人、生活が破壊された人を救う、という行為は、為政者の仕事として、国家というか人間の社会が存在したときから、大袈裟に言えば人類の歴史の初めからずっと行われてきています。どの国でもどの社会でもどの地域でも支配者はそうやって民草の生活を守るということをしてきています。ですが、近代社会における社会保障というのは、そういった救貧、困った人を助ける、弱い人を助けるといったこととはステージの違うもの、もっと質的に違うものとして作られ、社会の中に位置づけられているものです。そのことについてお話をしたいと思います。

まず、私たちが住んでいる今の社会、近現代の社会とはどのような社会かということについて考えてみましょう。

近現代の社会というのは、基本的には一人一人の自由、個人の自由というものと個人の自己決定、自分の人生を自分で決める、そういった自立した個

人がお互いに支え合って社会を作っている、そういう社会ですね。自由と連帯ということになるわけですが、そういう社会で、社会保障というのはどういった機能を持っているのだろうか、ということです。

言うまでもなく一つは、「民生の安定」ということです。

「民生の安定」とはどういうことか。それは、我々の社会が社会としてきちんと機能していくようにしていくということです。国が乱れない、人心が乱れない、社会が乱れないということです。きちんと存続しているということですね。

2001年に日本は「中央省庁改革」を行いました。当時23府省あった中央省庁を1府12省、13府省に統合するという行政改革です。

このとき、そもそも国家の機能とは何なのか、という議論をしました。国家の機能を整理していくと四つに集約される。その4機能に合わせて中央省庁を整理して、機能ごとに束ねていくというのが中央省庁改革でした。そのとき整理した国家の4機能とは、①国家の存続――治安、防衛、外交、財政などです。②国富の確保・拡大――経済ですね。③国民生活の保障と向上。④教育、文化の伝承。この4機能の3番目、国民生活の保障と向上を担う役所として厚生省と労働省を統合した現在の厚生労働省というものが誕生したのです。つまり厚生労働省は国家の4機能の一つを一身に担っている役所ということです。

つまり、近代社会では、民生の安定＝社会保障というのは国家の重要な機能の一つということです。だから、すべての先進国と言われる国はみな社会保障制度を整備しています。諸君は当たり前だと思うかもしれませんが、当たり前のことを当たり前にきちんと確認したという意味で、この中央省庁再編のときの議論はとても意味があったと私は思っています。

そして、この「民生の安定」ということは社会の安定ということ、社会が分裂をしない、社会がきちんと統合されているということにつながります。文字通り社会を一つにまとめていく、そのことを支える機能ということです。

社会を構成する人たちが、この社会は自分たちにとって意味のあるもの、正統なもの、私たちが信頼し支持できるもの、私たちが帰属意識と忠誠心を持てる社会、支えるに値するフェアな社会だとみんなが思うかどうかということです。そういうふうにみんなが思えるような社会になっているかということです。その意味でいうと統治の正当性――legitimacy――に関わるものとして、社会保障というものはあるということです。つまりその社会を支える、支持する人たちをきちんと作るということです。

後でお話ししますけども、社会を支える中核層、経済的にも社会を支える中核層を作るという、それは実は市民を作るということになるわけですが、そういった機能を持っているというのが社会保障です。つまりそういう国家の成り立ち、国家の安定とか発展とか正当性とかそういうものに関わるというのが近代社会における社会保障ですから、その意味でいうと単に困った人を助けるとか、なんというかみんなの心の安らぎになるとか、そういう弱者対策とか救貧対策じゃないんですね。もちろんそれも社会保障の機能の一つではありますけど、より重要なのは今申し上げたような社会全体の安定とか、社会の発展を支えるというのが社会保障の重要な機能というわけです。

このことを別の見方から見るとこういうことになります。一人一人はこの社会では自由で自立して自分の判断で生きていくことになるわけですから、自由、自立、自己決定、自己責任というふうになります。

社会の中で、自らが自らの生活をつかみ取っていくわけですから、当然様々なリスクに一人一人の人間は直面することになるわけです。病気になることもあるし、失業することもあるし、いろいろなリスクを負うわけですね。それに一人一人が備えていかなければいけないのですが、それを一人一人が備えるのではなくて、一人一人のリスクに対する備えを社会全体で共同で行うということが社会保障制度になるわけです。で、そのことはマクロで見ると何をやっていることになるかというと、その社会全体としてリスクをヘッジするために必要なコストを最適化しているということになっているんですね。

■ リスクの共同化——年金を例に考える

これはなかなか抽象的なことでわかりにくいと思うので、年金の例を考えます。

近代以前の社会、基本的には農村社会をイメージすればよいのですが、農民はみな働いていますが、みな農地を持っている、まあ農奴もいるんですが、みな自分が耕している農地がある、つまり生産手段があって、おうちは農地の隣にありますからいわば生活と生産手段が一致してるわけですよね。で、引退をするというのは、田畑を息子に譲るということですよね。商家で考えれば暖簾を息子に譲る、となるわけです。子供に譲ると、子供が生産手段を持って経済活動をします、子供に生産手段を譲り、親は子供に扶養されると。そういう形で我々の老後生活は家庭内、あるいは地域内でサポートされる形で回ってきたわけですね。

ところが近現代国家、資本主義社会では多くの人は賃労働者になります。賃労働者というのは生産手段を持たない人たちで、自分の労働を売り渡してその労働の対価で生活をする人たちです。簡単にいうとサラリーマンは給料をもらって働いているわけですから、定年になったらそこから先は収入がないということになります。その子供たちはどうかというと、子供たちは別の生活をしています。親と同じ仕事をしているわけでもありませんし、親は生産手段を持っているというわけではありませんので、親のマイホームをもらってもそのマイホームで親は扶養できないわけですね。そうすると、サラリーマンたちは自分の老後生活の備えは基本的には現役時代に自分でしておかなければいけないというふうになります。

そうなると、65歳で、60歳でもいいですが、会社を辞めたときに、そのあとの老後生活で必要な費用をその時点までに貯めておかなければいけないということになるわけですね。人間はいくつまで生きるかわからないということになりますから、80歳か85歳かわかりませんけども、自分が生きるだろうと思われる年齢よりももしかしたら長生きするかもしれませんから、みんなリスクプレミアムを乗っけて貯蓄をするということになります。みんながそれをするということになると、社会全体としては本来、老後に生活する人の貯蓄を超える大きな過剰貯蓄を持つことになります。

他方、持てない人、つまり65歳になったときに、自分の将来必要な給料を貯めることができない人だってたくさんいるわけですよね。そうすると社会全体としてみると、一方で過剰な貯蓄を持っている、そして過剰な貯蓄の分だけ現役時代の消費は減っているわけですから、過剰な貯蓄を持っていると経済にマイナスな影響があるわけですね。他方で老後の生活を自分の貯蓄で賄えない人も必ず一定割合で存在する。その人たちはいわゆる救貧で救うということになりますから、実は社会全体としてみると非常に不効率なことをしていることになるんですね。経済の足も引っ張っているし、一人一人の生活も支えられないということですね。なので、年金という制度を作ることによって、老後生活のリスクを社会全体でヘッジをする。このことによって、社会全体として、社会の構成員の老後生活を支えるためのコストを最適化している、必要最小限のコストで構成員の老後生活を守るということができるようにしていくということです。

これは非常によくできた制度で、一人一人が自分で行うよりも、こういった形で、社会全体でシステマティックに行ったほうが、個人にとっても社会全体にとっても実はコストが一番小さい、厚生が最大化される。年金制度というのはそういうものとして存在しています。

このことは、ミクロで見れば一人一人が自分で備えるよりも、より少ないコストでリスクヘッジをするというシステムを作るということになります。このことによって人間はより小さい負担で自分の生活設計をすることができますから、それは自己実現を支援していく、現役時代の自己発展を支えると、老後の備えをより少ないコストでできるようにするということです。

後で詳しくお話ししますが、社会保障の本質はここにあります。つまり一人一人が自分で、自己責任で生きていくということを前提とした社会で、どうやってリスクヘッジをするか。いわば自助努力をみんなで行う、共同化する、つまり共助。共助というものが、自助の共同化である共助というものが実は近現代社会における社会保障の本質的な機能と私は考えています。

■ 社会保障を支える哲学とは

さて、では、なぜそういうことを先人たちは考えたのか。なぜというか、社会保障制度を作っている哲学とは何か、世の中をどう見ているかということを考えてみましょう。

社会保障の本質は今申し上げたように自立支援ということです。一人一人がその能力を最大限に発揮して、いわば自由と自立というものを基本にしながらその能力を最大限に発揮できるように一人一人のリスクを社会的にヘッジするというシステムということです。

社会保障の根底には、社会経済の発展の原動力は、一人一人の構成員の活力、一人一人の構成員の自己実現に向けての営為の集積値が社会の活力になるのだ、自立した個人が頑張る、それを社会が支えていく、一人一人の頑張りの集積値が社会の発展を支えるのだ、という確固とした人間観、社会観が存在しています。

：経済・社会発展の原動力は、その社会の構成員＝市民一人一人の自己実現・自己発展。
　→社会の活力は、自らの能力と可能性の発現に向けた市民一人一人の営為の集積値に他ならない。

：故に、個人の自由な人生選択を保障し、リスクを恐れずにその持てる能力を最大限に発揮するチャンスを公平に保障する社会こそ、我々が目指すべき社会。

：社会保障は、個人の自由と選択を基本とする近代市民社会を支える重要なサブシステム。

もう一度整理をします。社会とか経済の発展の原動力というのは、その社会の構成員、つまり市民一人一人の自己実現・自己発展の集積値である。社会の活力というのは一人一人の人間の能力とか可能性を発現するためにみんなが頑張る、その営為のΣ（シグマ）というものに他ならない。だからこそ個人の自由な人生選択をきちんと保障すること、一人一人がリスクを恐れずにその能力を発揮できる、そのためのチャンスを持っていること、それを公平に保障する、そういう社会こそが最も発展する社会、我々が目指すべき姿だということになります。

我々はまさにそういう社会を目指して社会改革を進め、今の近代的な市民社会を作ったのです。

なぜ我々が資本主義という社会を選択したのかといえば、まさにここに関わっているからだと、私はそう思っています。

〈社会経済の発展と持続可能性を支える〉とは？

：経済成長の成果＝付加価値の最適分配（市場機能の補完）
→経済のサブシステムとして、構成員（市民）の厚生の最大化にとどまらず、社会経済の持続的成長にとって最適の分配を実現し、経済成長の基礎を支える。
（社会の活力維持・格差拡大の抑制）

：社会の安定＝社会統合の実現
→社会＝共同体のサブシステムとして、構成員＝市民の生涯を通じ、またその活動領域（職場・家庭・地域）を通じて、自立した人間としての尊厳・自由な創意の発現と自己実現の機会を保障し、「人間の能力・可能性」を最大限に引き出す。

さて、今、社会経済の発展とか持続可能性を支える、とサラッと言いましたが、これをもうちょっと分解して考えていきましょう。経済学的に見ると、社会保障制度というのは所得の再分配だと言われています。所得の再分配というのは、国民経済的にいうと何をやっていることになるのかというと、経済成長の成果、つまりその社会が生み出した付加価値の分配を行っているということになりますね。

我々は現在、資本主義社会の中で生きていますから、基本的には経済成長の成果は市場メカニズムを通じて分配をされているわけですが、その分配に偏りがあるというか、成長にとって最適な分配になっていない。そのことが社会の活力を削ぎ、格差の拡大を生み、結果的に成長を阻害しています。

この話はまた後々の回にいたしますけども、右側の経済学と左側の経済学の一番大きな論点になるところですが、市場の機能を補完するという意味で、貧しい人が生活できるようにお金持ちから税金をとって配るという所得再分配は、構成員にとって厚生の最大化が図れるような分配をするということだけではなくて、社会経済全体の持続的成長にとっても最適な分配をするということでもあります。

つまり、所得再分配には、社会全体として有効需要の最大化を図るためにどういう分配をすればいいのかとか、消費と投資、貯蓄と投資のバランスをどう考えるのかとか、経済政策の観点から最適な付加価値分配というのはどんなものなのかという視点があって、そういう観点からも社会保障は実は一定の役割を果たしているということです。みなさん経済学部の学生ではないので、この話はなかなか理解が難しいかもしれませんが、ぜひご自分で勉強していただければと思います。

もう一つは先ほどから申し上げている社会の安定、社会統合ということになります。社会保障制度は経済のサブシステムであると同時に社会のサブシステムということでもあります。

構成員が自分の人生を通じて、人は職業人としても社会に存在しているし、家庭人でもある、あるいは地域の構成員でもある、つまり様々な共同体の一員として将来を通じて活動をすることになります。その様々な場面、職場において、家庭において、地域において一人の自立した人間として尊厳を持って、自分自身の自由な発想、自由な創意を発現する。つまりその人の能力を最大限に発揮して自己実現をし、共同体や自分が関わっている領域、社会領域に貢献をする。そういう機会をきちんと保障をする、人間の能力や可能性を最大限に引き出すような仕組みを作る、そのことを通じて、社会統合を実現していくと、そういう意味だということです。

：経済発展による所得水準の向上＝豊かさを背景に、我々は多様な価値観や多様な人生観が共存し、個人の自由な選択を保障する社会＝成熟した市民社会を実現した。

：他方、個人の自立を基礎とする社会は、経済生活のみならず、社会生活における個人の責任、人生の不確実性が増大する社会でもある。

：年金制度や医療制度を始めとする、今日「社会保障制度」と呼ばれる諸制度は、近現代社会において「社会の発展と個人の自己実現・市民生活の安定」を同時に保障するサブシステムとして、人類が考え出した最も知的かつ合理的なシステム。

なぜ、なんでこういう議論ができるかということですが、封建社会であれば、農民の子は農民です。商家の子は商人です。それぞれ社会の中で分とか役割というものがあって、基本的には親の後を継ぎ、親と同じ仕事をし、親と同じ人生を送り全うしていくと、とてもスタティックな社会、昨日も今日も、今年も来年も、10 年前も 10 年後も同じような生活が続くという、とても静態的な社会ということになります。しかしながら、産業革命以降の我々は、とてもとても豊かな社会を作りました。所得水準も向上したし、国民の生活はどんどん豊かになっています。その豊かさを背景に私たちは、様々な価値観を持つことができます。様々な人生、様々な人生の選択があって、多様な人生観が存在して、個人の自由な選択、人生選択ができるようなそういう社会を作ったわけです。

みなさんは自分の人生を自分でつかみ取ることができます。親が商人だから息子も商人、親が炭鉱夫だから息子も炭鉱夫ということはない社会です。

そういう、一人一人が自分の力を最大限に発揮し、自分の人生を送ることができる社会、そういった成熟した市民社会を作ったわけですけども、こういう社会というのはすでにもうお話ししたように、個人の自立と個人の自己責任ということと表裏の関係にあります。自立を基礎とした社会というのは他方で、経済生活においても社会生活においても個人の責任が大きくなりますし、当然人生の不確実性というものが大きくなり、それを自分の責任でヘッジしていかなければいけない、そういうある意味厳しい社会ということにもなるわけです。

年金や医療といった社会保障制度というのは、そういった社会で、一人一人の人間が自己実現していくことを可能にする、しかも市民の生活の安定を図り、かつそのことを通じて社会の発展を支える、つまり社会の発展と個人の自己実現というものを同時に保障する経済のサブシステムとして、そして社会のサブシステムとして、経済や社会を支えるものとして人類が一生懸命考え、作り出したシステムなのです。私は社会保障システムというのはとても合理的なシステムだし、とても知的—— intellectual ——なシステムだと思っています。

頭の体操 1

「セーフティネット」の真の意味を考えてみてください。

落ちても死なないためのネット？
再チャレンジ？

☆自分の能力を最大限に発揮するために、あえてリスクに立ち向かって挑戦できるようにするためのもの。

さて、ここで一つみなさんに考えてもらいたいことがあります。社会保障制度はセーフティネットだと言いますね？　セーフティネットってどういう意味でしょう？　空中ブランコ、サーカスで空中ブランコの下に敷いてあるネット、あれがセーフティネットというわけですけども、セーフティネットというのは落っこちたときに死なないためにある。つまり世の中で、例えば病気になったり、失業したり、自分が経営している会社が倒産したりして、生活が破壊された時に、首を括らなくてもいいようにというのがセーフティネットになるわけです。

しかし、セーフティネットという機能は、果たしてそれだけなんだろうか。今私が申し上げてきたような社会経済の発展だとか、一人一人が自己実現をしていくだとか、リスクを恐れずに生きていくとか、挑戦していくという意味で見た時に、社会保障の持っているセーフティネットの機能、セーフティネットの意味というのはもうちょっと別のところにあるのではないか。一人一人の人間が自分の能力を最大限発揮するため、あえてリスクに挑戦していくということができるようにするために、先ほどの空中ブランコの例でいえば、ブランコ乗りが、思い切って新しい技に挑戦するということができるように、それを後押しするためのネットとして存在しているということでもあるのではないでしょうか？　ちょっとみなさん考えていただければというふ

地域・家庭機能の代替・補完

：他方、歴史的に見れば、個人の社会生活の安定・安心を担保する機能は、地域共同体や家族もまた担ってきた。

：地域や家族は、一面では個人の自由な生き方＝人生選択を束縛する面を持つ。個人の自立・自由な選択に価値をおく近代社会の発展は、基本的には地域や家族の機能・領域を弱める方向に働く。

：結果、現代社会では、人々は様々な形で地域や家族の力を超えるリスクにますます裸で直面するようになっていく。

うに思います。

さて、我々は生きていく中で、様々なリスクに直面します。順風満帆に人生を生きる人間ばかりではありません。そういう人はとても幸せですが、病気になることもある、会社が倒産することもある、交通事故に遭うこともあるだろうし、天変地異もあるだろうし、離婚することもあるだろうし、子供が病気になることもあるだろうし、まあいろんなことがあるわけですね。そうすると、いま申し上げたように人生で起こる様々な山あり谷ありの人生のリスクというのをヘッジするために、そういうことがあっても生活が破壊されないように、安んじて自分の人生を邁進していくために社会保障制度は存在しているということになるわけですけども、そういった個人の生活の安定とか安心を担保する機能というのは、先に申し上げた通り、社会保障ができる前、あるいは産業資本主義社会が生まれる前は、地域とか家族がその役割を担ってきたわけですね。先ほどの農家の例、あるいは商家の例でもあるように家庭とか地域がそういった役割を果たしてきた。地域共同体や家庭の中での助け合い、家庭の中での扶養と生産手段の代替関係の中で人は生きてきたわけです。

そういう社会というのは地域や社会の中で人が守られている社会ですが、逆に言えば、これも先ほど申し上げたように、それは地域や家庭の中で安住する限りにおいては保障されますけども、そこを出ることができない社会、一人一人の個人の自由な生き方を束縛している社会でもあるわけですよね。

これは日本でもそうだし世界中の多くの国でもそうですけども、人々は農村社会や地域社会のくびきを逃れて、自由を求めて都会にやってくると、まあそういう歴史だったわけですよね。つまり、個人の自立とか自由な選択に価値を置く近代社会を作っていくということは、逆に言えば人々をそういった地域や家族から解放していくという、そういう社会を作るということでもありますから、地域や社会の機能とその果たしている社会の領域というのは基本的には弱まっていきます。これは良い悪いの問題ではなくて、基本的にはそういう方向に働くということになります。

なので、現代社会というのは様々な形で地域や家族の力は弱くなっていきますから、人間がますますそれを超えるリスクに裸で直面するということになっていきます。この話は後で社会保障制度の発展の歴史の中で詳しく述べますが、社会保障制度は歴史的に地域や家庭が果たしてきた役割を代替していると、地域や家庭との関係ではそういう意味を持っているということになります。

したがって、社会保障は、

：経済システムのサブシステムとして、
所得再分配や経済的弱者対策といった市場における資源配分を補完する機能
＝経済成長の成果を公平に分配し、国民生活の安定と向上を実現する機能を果たしているだけではなく、

：社会＝共同体システムのサブシステムとして、
社会の安定＝社会統合を実現し、経済成長の基礎を支えるとともに、様々な生活局面にある市民を「生活者＝共同体の構成員」という視点から位置づけ、生涯を通じ、また職場・家庭・地域を通じて、地域・社会の機能を補完・強化する。
機能＝市民生活の安心・安定を担保しつつ、同時に自立した人間としての尊厳・自由な創意の発現と自己実現の機会を保障する機能を果たしているもの。

■ 社会保障が機能不全を起こすと……

以上、整理してもう一度お話をすると、社会保障は、一つは経済のサブシステムということで、所得再分配や弱者対策といったことを通じて市場の付加価値分配を補完する機能を果たしています。これは経済成長の成果を厚生が最大になるよう公平に分配するという意味でもありますし、持続的な成長にとって最適に分配するという意味でもあって、この両者を通じて国民生活の安定・向上と安定的な経済成長を支えることになります。

同時に、積極的に社会の安定や社会統合を実現していく、そういう意味で社会保障は、社会とか共同体のサブシステムでもあります。これはどういうことかというと、経済という観点から言えば、我々は労働者であり消費者であるということになるわけですが、一方で共同体の構成員という意味で言えば我々は生活者ということになります。先ほども申し上げたように、家族の一員であり、職場の一員であり、地域の一員であるという、そういう共同体の構成員としての生活者であるという視点で私たちが地域や社会で果たしている役割、あるいは地域や社会が私たちのために果たしている役割、機能を社会保障制度は補完をする、あるいは強化をする。社会保障制度は家庭の機能を代替していると同時に家庭の機能を補完して家庭を支えている、強化をしているということでもあります。様々な児童福祉サービスや保育福祉サービスというのは家庭を守るためにあるわけです。

つまり、そのことを通じて私たちは市民社会の安定、市民生活の安心を担保し、かつ同時に一人一人の自立を守り、一人一人の人間が尊厳を持って生きていけるような、自己実現ができるような機会を保障しているということになります。

∴社会保障の機能不全は、
：保障のネットワークの破綻＝格差・貧困の再生産を通じて中間層の崩壊ー社会の分裂と社会不安の増大を招き、社会統合を危機に陥れ、さらなる社会保障の機能不全と社会不安・経済の混乱をもたらす。
：資源分配（付加価値分配）の歪みは、市場の縮小・消費の萎縮・投資の過小等を招いて経済成長を阻害し、社会の自律的発展を妨げる。

☆　社会保障が直面する課題は、この国の社会・経済が直面する課題と表裏一体。社会システム・経済システム・社会保障を一体的に考えていく視点、即ち「この国の経済社会全体の課題を解決する」という視点なくして、社会保障それ自身の課題を解決するための道筋もまた見えてこない。
ゆえに、社会保障政策（社会保障改革）とは政治そのものである。

このことは、もし社会保障制度がなかったら、あるいは社会保障制度がきちんと機能しなかったら、何が起こるのかということを逆に考えてみれば非常にわかりやすいんですね。社会保障がちゃんと機能しないということになるとどうなるかというと、例えばリスクヘッジがきちんとできない、生活保障の網の目、先ほどのセーフティネットじゃないですけど、保障のネットワークが破綻をきたしたということになったらどうなるか。所得再分配をしない、貧困が解消しないと、格差が拡大していくということになります。そうすると格差とか貧困が再生産をされていくことになります。それによって社会を支えている、安定的な生活をして社会の中核を支えている中間層が崩れていくことになります。

実は今これが世界中で起こっているので、非常に危惧されることではあるのですが、中間層が破壊されていくとなると社会を支えている中核層が崩れていくことになりますから、社会は分裂していくことになります。富める者とそうでない者、恵まれている者とそうでない者、自分で自分を守ることができる者と守ることができない者、英語で they と us という言葉がありますが、俺たちとあいつら、それに人種間の対立であるとか宗教対立であるとか様々な社会の分裂を招くような要素が二重三重に重なり合いますから、社会はますます分裂し、社会不安は増大し、そのことは社会統合を危機に陥れて社会は混乱します。

社会保障制度というのは、ある意味人々の連帯意識の上に制度が成り立っています。社会が分裂していけば「なんであいつらのために」となりますから、社会保障は機能不全をきたします。社会保障が機能不全を起こせばさらに社会不安や経済混乱が生まれることになります。

で、もう一点。先ほど社会保障は付加価値の分配だってことを申し上げました。これは、きちんと分配がされなければ、最適な分配がされなければ、市場が縮小し、消費が萎縮し、投資が少なくなって経済成長を阻害します。いま労働者の40%が非正規労働者になろうとしていますが、非正規労働者の増大は日本の経済成長の足を引っ張っています。このことは次回以降に詳しくお話ししますが、こういった形で自律的発展を妨げるということになります。

今この国は人口減少、低成長、様々な問題に直面していますけども、この国が直面している経済や社会の様々な問題というのは、社会保障制度をめぐって議論している様々な社会保障の課題と表裏一体のものです。つまりこれから社会保障をどうするか、講義の冒頭でどんな国を、私たちはどんな社会を目指すのかみんなで考えてほしいと申し上げましたが、経済の仕組みや社会のシステムと社会保障を一体的に考えていくという視点が、実はとても大事なのです。

もちろん目の前にあるこの人をどうする、この家庭をどうやって救う、ということも大事ですが、そのことの延長線上にというか、そのことの上に、下かもしれませんけどね、この国の社会経済全体が抱えている問題をどうやって解決していくか、そのことを同時に考えていかないと社会保障をめぐる様々な問題も解決の道筋が見えてこないということになります。なので、実は社会保障を学ぶということは、同時に経済を学ぶことであり、政治を学ぶことであり、そして、社会保障について何かをするということは、政治そのものになるということなのです。

02 社会保障論を始めるにあたって（2）
——社会保障理解の難しさ、マクロとミクロの乖離

次に、社会保障の理解の難しさというお話をします。初回の講義から「理解が難しい」なんて話をすると、けっこう discouraging（がっかりする）かもしれませんけれども、実際そうなのでこの話をします。

社会保障理解の難しさー①

・社会保障とは壮大な「制度・政策の体系」である。

→社会保障は壮大な「制度・政策の体系」。
給付・負担の規模は120兆円に達し、GDPの20%を超える。
政治・経済システムとも相互に密接不可分。与える影響も極めて大きい。
↓
社会保障（制度・政策）の理解には、経済（マクロ・ミクロ）、政治制度、地域政策、家庭（家族）との関わりなど、広範な背景知識が必要。

■ 社会保障は壮大な「制度・政策の体系」

社会保障を理解することがなぜ難しいか。

まず社会保障制度というのは、壮大な制度・政策の体系だということです。つまりとても抽象的なものなんですね。社会保障というのは市民の生活上のリスク・不確実性をヘッジするための制度です。そうすると、私たちが人生の中で直面するリスクにはいろんなものがあるわけですよね。そのいろんなリスクをヘッジするための制度、システムが社会保障ということになりますから、たくさんの制度がある。それこそリスクの数だけ制度があるわけです。命に関わるものという意味では医療があります。医療保険、公衆衛生、医療提供システム。高齢者に関しては介護、年金、子供に関しては児童福祉、保育、母子保健、児童養護もありますね。障害者福祉、雇用保険、それから生活保護。まだありますよ、DV（家庭内暴力）対策、児童虐待対策、自殺予防、引きこもり対策、いろんなものがあるわけですね。生活者としての我々の生活の様々な場面に関わるものとして、それぞれの制度・政策があるわけです。

それぞれの制度にはそれぞれ制度の目的があって、その目的を達成するための仕組みとして作られている。医療や年金は社会保険方式を採っていて、保険料という形で国民に負担を求めていますし、現金給付を出しているものもあれば、現物（サービス）給付のものもあります。現物給付の制度では公的な主体だけではなく民間事業者がサービス提供を担っているものもある。制度ごとにいろいろな制度設計があり、財源も違えば実施主体も違う。それぞれいろんなプレイヤーが関わって制度が形作られ、機能しているということです。

社会保障というのは、そういう制度と政策の壮大な体系、ということになります。

で、給付と負担の規模は120兆円を超えました。120兆ってみなさんあまりピンとこないかもしれないですけど、日本のGDPは約550兆です。日本全体のGDP、1年間の付加価値生産の20%以上が社会保障分野でのお金ということになります。これは分野ということで言えばGDPの中で何よりも大きい。巨大な分野です。

そうすると、例えば、年金制度を変える、保険料水準を変える、給付水準や内容を変える、給付設計や要件を変える、となると、関わりのある国民にももちろん影響しますが、マクロの日本経済全体にも大きな影響を与えます。

保険料が上がれば企業の負担は増えますから、企業収益に影響が出ます。しかも人を雇っているすべての企業が影響を受けますから、企業活動全般に影響しますし、雇用にも影響が出ます。もちろん個人消費にも影響しますから、それこそGDPに影響が出ます。

厚生労働省時代、私は公的年金の運用を担当したことがありますが、公的年金の積立金、年金資金は当時130兆円ありました。130兆円を国内外の債券市場や株式市場で運用をしているんですが、資金の配分、どこでどれだけ資金を運用するかという資金構成のことを「ポートフォリオ」と言います。このポートフォリオの見直し、というのを行っていましたが、ちょっと変えるだけでも市場関係者は大騒ぎになります。何せ130兆円というのは日本最大の資金規模、日本一の機関投資家ですから、そこらへんの機関投資家なんて屁でもありません（笑）。国内株式運用の比率をちょっと動かしただけで

——動かすらしい、という噂が流れただけでも——株価に大きな影響が出ます。国債も買っていますから国債市場にも影響が出ます。それくらい経済システムに大きい影響を与えます。

同時に、当然国民生活にも大きな影響がありますから、社会保障制度の見直しは、常に大きな政治の問題になります。経済や雇用、国家財政の観点からも議論が必要で、複雑な政治のプロセスの中で物事が議論されることになります。

つまり社会保障というのは、壮大な制度・政策の体系で、かつマクロ経済や地域社会、家庭や企業や個人、様々なものに関わりを持ち、影響を与えますし、もちろん社会保障の側が影響されるというものでもあるわけです。したがって社会保障や社会保障政策を理解するためには、もちろん社会保障制度それ自体を理解していなければいけませんけれども、それだけではダメで、例えばマクロ経済の仕組みってどうなっているのかだとか、ミクロ経済ってどういうもので、それと社会保障はどのように関わっているかとか、日本の政治制度、政治過程において社会保障の議論がどのように行われてどういう意志決定がされるのかとか、例えば「保険料を上げる」っていうと何が起こるのかとか、そういうことがわかってないといけません。

それから地方との関係。特に福祉施策は基本的には基礎自治体で展開されていますから、地域政策、自治体行政と深い関わりを持っています。となると、自治体行政の中で社会保障制度がどのように位置づいているか、どう機能しているのか、地方自治体の行財政とどう関わっているのか、そういうこともわかってないとダメです。さらに言えば、当然ですけど社会保障は個々の市民の生活に直接関わります。となると、現代社会における家族ってどうなってるのか、家族と地域との関わり、家族と企業、雇用、家族の中での夫婦や親子の関わり、ジェンダー、LGBTQ、家族法制、そんなことにも理解と想像力が必要です。

要するに、社会保障を理解するためには、世の中の様々な諸制度に関する非常に広範な背景知識が必要だ、ということになるわけです。

これは、言うのは簡単ですが、とてもとても大変なことです。

少し余談になりますが、厚生労働省には「厚生労働記者会」というものがあって、そこに厚労省担当の記者さんがいます。政治部、経済部、科学部、いろんな分野の記者さんがいます。最近は社会保障部なんていう社会保障専門の部を新設した社もできて、社会保障を専門にしている記者さんも増えてきましたが、だいたい厚労省の記者クラブに配属されると、記者さんはみんな「ウエッ」ってなるんだそうです（笑）。なぜかというと社会保障はすごく難しいからです。記事を書くにも、そもそも制度を理解していないと書けない。役所の言うことも右から左に書くだけならともかく、記者として取材をして一定の記事を書こうと思うと、今お話ししたような様々な背景知識がないときちんとした記事は書けないんですね。そうするとものすごく勉強しないといけない。そうでなくても社会保障の制度は複雑だし、数もたくさんあってそれを勉強するだけでも相当大変ですから、厚生労働記者クラブというのは記者さんは「鬼門」なんだと。でも逆に言うと、きちんとこの記者会で仕事ができた人は本当に一流のプロの記者さんになっていきますね。

社会保障というのは、非常に理解が難しい、広範な背景知識がないと理解が難しい、そういうものだというお話です。

→ 他方、個々の市民にとっては、社会保障は「日々の生活に直結する個別具体のサービス」。

医療・介護・年金・子育て・障害・生活保護など、制度の外延は極めて広範だが、その一つ一つがそれぞれに個人の生活に直結。

↓

個人にとっての社会保障は個別的・多面的。年齢・性別や社会階層、家族形態・就労 / 生活形態等によって果たしている機能・役割は様々に異なる。

∴制度の全体像（マクロの風景）と生活実感（個人と制度との関わり〜ミクロの風景）との間の乖離が極めて大きい。

■ 国民一人一人で異なる「社会保障の接点」

他方、個々の市民、普通の市民の目線から、社会保障ってどういうものなのだろうか、ということを考えてみましょう。

私たちにとっては、あるいはみなさんにとっては、社会保障ってどういうものですか？　考えてみればわかりますが、「制度」なんてものはどうでもいいんですね。普通の市民にとっての社会保障というのは、自分たちの日々の日常生活に直接関わるもの、個別具体のサービスや給付、あるいは負担のことです。例えば医療というものは、別に医療保険の仕組みがどうなっているかとか、保険財政がどうしたとか、国庫負担がどうだ、診療報酬がどうしたとか、そんなことはどうでもよくて、要は病気になったときに医者に診てもらえて、そこできちんとした医療が受けられるかどうか、治してもらえるか、そのときに法外な治療費がかからないかどうか、これが大事なんですね。

年金もそうです。自分が65歳になったときにちゃんと年金が出るのか出ないのか、いくらもらえるのか、大事なことはそういうことです。特に年金はもらい始めたら保険料の負担はないですから、高齢者にとっては給付だけが関心事になります。制度の話はどうでもいい、ちゃんと払ってくれるんだろうね、間違いなく出るんだろうね、ということです。介護にしてもそうですね。自分の親になにかあったときに本当に介護を受けられるのか、特養に入れるのか、ヘルパーはちゃんと来てくれるのか、いざというときに役に立つのかどうか、というのが大事で、制度の仕組みがどうなっていようが、ファイナンスがどうなっていようが、極言すればどうでもいいんです。そういうことは政治家か役人が考えればいいんであって、ちゃんと機能さえしてくれていれば私はそれで構わない。

で、さらに話が難しくなるのは、社会保障が関わる「生活の接点」というのが、一人一人の市民によってみんなバラバラだっていうことです。例えば、一人暮らし、というか独身の若い男性、まあ女性でもいいですけど、若い会社員がいます。いい会社に勤めていて、給料もかなり良くて、別に病気もしてないし、親も元気だし、という人にとって、社会保障制度ってまず意味がないんですね。別に医療も関係ない、介護も関係ない、年金も関係ない、子供もいないから子育ても関係ない、特に障害もない、失業もまずしそうにない。となると、彼、彼女にとっての社会保障制度というのは取られている保険料、要するに負担だけが社会保障です。だから、別に医者になんか行かないのにこんな高い保険料を取られて、どこかに無駄に医療費を使っている奴がいるのはけしからん、そういう話になる。自分はちゃんと働いてこんなに税金やら保険料を納めてるのに、仕事もしないでプラプラして生活保護でパチンコ打ちに行っている奴がいる、実にけしからん、となる。彼、彼女には社会保障制度ってそう見えるわけですね。

それでもひとたび彼が大きな病気になった、親が要介護になった、あるいは結婚して子供ができた、子供が障害になった、奥さんが鬱になった、そうなった瞬間に彼にとっての社会保障は全然別のものになります。社会保障制度は彼にとってなくてはならないもの、それがなくては生活が成り立たない、生きていけないものになります。

社会保障とはそういうものなんですね。

かつ、さらにさらに言うと、この「なくてはならないものになる社会保障」は、人によって、場面によって、それぞれみんな違うんですね。

その人の生活の形によって、社会階層がどうか、家族形態がどうか、年齢、性別、就労形態、バリバリのサラリーマンなのか、非正規の人なのか、派遣なのか、そういったその生活スタイルによって、関わる社会保障制度が全部違う。高齢者にとっては大事なのは年金と医療です。もう子育てが終わっているし、まあ孫はいるかもしれないですが、児童福祉は遠いものでしょう。彼にとって大事なのはまず年金制度。障害者の家族を持っている人にとっては障害者のサービスが何よりも大事です。子育て世代なら保育サービスや児童手当、育児休業制度、母子保健、そういうものが優先です。

つまりみんなそれぞれ関わっている制度、大事だと考える制度が違う。

そうなると、政治家や役人や研究者が議論している、制度の全体像がどうだとか、社会保障の機能役割とか、ファイナンスとか、持続可能性とかそういった話と、一人一人の個人が社会保障と関わっているミクロの場面、生活実感の中での社会保障との間にはものすごく距離がある。しかも、そのミクロの生活実感というのもまたみんなバラバラで、およそ「社会保障に共通のミクロの風景」なんていうものはない。つまり、ミクロとマクロの間はものすごくギャップが大きいわけです。

このことは、制度や政策を議論する立場の人たちが、市民に社会保障制度についての理解を求める、制度改正をする、保険料負担を求める、給付の見直しをしたり改正をしたりする、こういうときの合意形成をするのが非常に難しい。理解を求める、理解をしてもらうというのがすごく難しいということに関わる話です。

社会保障理解の難しさー②

・社会制度や政治制度に対する一般国民の理解には、一定の限界がある

→人には「合理的無知」を選択する能力（性向）がある。

→この国の公教育は、社会の仕組みや政治制度、それを支える理念哲学を体系的に教えていない。

→社会保障の姿は、その国・社会の在り方に規定される。
社会の在り方に対する共通理解がなければ、社会保障制度への理解は形成されない。
「自助と共生」「自立と連帯」「助け合い」「相互扶助」
「官と民 / 公と私」　☆価値の共有と社会への信認

■ 社会保障を理解するには限界がある

社会保障理解の難しさについての二つ目。

そもそも社会制度とか政治の仕組みに対する国民の理解というのは、当然ながらどうしても一定の限界というのがある、ということです。

そもそも人のキャパシティは無限ではないわけですね。脳のメモリだって限界があるし、時間にも限界がある。有限なわけです。一方で、人間は日々日常いろんなことに関わって、いろいろなことを考えないといけない。限られた時間、限られた脳のリソースの中でいろんなことを考えたり判断したりしないといけないわけです。そうすると、ある意味当たり前ですが、自分にとって最も大事だと思うこと、自分にとって最も身近なこと、そういうことから先に時間とリソースを使っていきます。自分が直接関わっていること、自分の仕事、家族、趣味、そういったものから先に自分の時間を使っていきますから、制度のこととか、社会問題とかいうものに対して割かれるものは当然短くなる。

自分にとって優先度が低いものにリソースを割くことは、全体のリソース配分を歪めることになるので、人間は自分にとって優先順位の低いものはどうでもいい、どうでもいいというか関わりが薄いと思っているものにはあえてリソースを割かない、そういったものについて勉強したり、知識を持ったりしようとしない、メモリを使おうとしない、という判断をします。

それは、言ってみれば合理的判断としてある一定の物事については無知であることを選択する、あえて知識を求めないという判断をする。これを「合理的無知」と言います。人間はそういう判断というか、判断できる能力があります。

そもそも人間ってそういうものですよね。聞きたいものだけ聞く、ってことができますから。カクテルパーティー効果（cocktail-party effect）と言うんだそうですけど、ざわついたパーティー会場の中でも自分が聞きたいと思った音、聞きたいと思う人の話だけ選り分けて聞くということが人間はできてしまうんですね。それと似たようなことで、合理的判断として、あえて自分と関わりのないものに関しては無知であることを選択するということをします。そうなると、社会制度や政治制度のような抽象度の高いこと、自分の日常生活に直接関わらないと考えるようなことについての人々の理解には一定の限界があるということになります。それでも、例えば政治の問題であるとか、社会問題について、その問題は一人一人の人間にとっても重要なんだ、政治的意見を持って、それを発言し行動することは大事なことだと、それがあなたにとっても社会にとっても大事なことだということをきちんとその社会が市民に教育していれば、それなりに一定のリソースは割かれることになります。

ここはすごく大事なところで、社会保障だけの話ではないのかもしれませんが、実はこの国の公教育は政治や社会制度に関わることをあまりきちんと、まあ意図的になのかそうでないのかわかりませんが教えていない、と私は思っています。みなさん中学校や高校で、政治経済とか公民で習ったと思いますけど、例えば日本の社会の仕組み、例えば地域や家族ってどういうものなのかとか、地域社会ってどういうものなのかとか、人が生きていく上で様々なことに関わっていきますけど、例えば障害者の問題ってどういう問題なのかとか、非行ってどういうことなのかとか、日本ではあまりないのかもしれませんがアルコールの問題だとか、そういう様々な問題、我々が社会に出て直面するであろう様々な社会問題についてどう考えるか、あるいは政治というのは私たちにとってどういう意味を持っているものなのか、我々は主権者であり、政治と関わるということの価値はどういうものなのか、この国ってどういう仕組みで動いているのか、どういう考え方で政治の仕組みが作られているのか、そういうこの国の政治や社会の成り立ちを規定している理念とか哲学とか価値観っていうのをきちんと体系的に習ってきたでしょうか？

厚労省の役人時代、「社会保障教育に関する検討会」というものをやったのですが、この国の社会保障制度についての中学や高校の教科書の記述を見ていると、これで学生たちが社会保障制度について体系的な理解を持つということができるようになるとは到底思えない内容でした、残念ながら。

なんでこんなことを言うかというと、先ほどから言っているように社会保障制度というのは一人一人の生活に直接関わるものです。つまり社会保障の姿、在りようというのは、その国、その社会の市民が一体どのように物事を考えているか、その社会がどう成り立っているか、家族をどう考えているか、地域をどう考えているかという、その社会の価値観、その社会の在りように規定されます。例えば、日本の社会保障制度とアメリカの社会保障制度は全く違います。なぜ違うか。アメリカの社会を支えている価値観、アメリカ人にとっての社会の在りようというのは、日本とは全く違っているからです。

アメリカという国は、自分は自分で守る国です。自分自身を守るのは市民の権利、自ら武装して身を守る権利が憲法に書いてある、という国です。そういう国の人たちにとって、自立とか自己責任の持っている意味というのは日本とは全然違うので、社会保障制度の在りようも全然違ってくる。

自分たちの暮らす社会の在りよう、価値観について、みんなが共通の理解を持っていなかったら、社会保障のような制度に対する共通理解っていうのは形成されていきません。

例えば自助。この講義の中で、私は、市民社会は自助が基本で、自助の共同化によって社会保障が形作られている、と説明しましたけれども、自助っていう言葉でみなさんが理解する中身について、大まかでもいいので共通理解があるでしょうか。あるいは共助でもいい、連帯でもいい、なんでもいいですけど、そういった社会保障を支えている基本的な概念、例えば公と私、官と民、この二つは違うことを言っています。官＝公で民＝私ということではありません。民の中にも公があります。そういうことをどれくらい理解しているでしょうか。そういう社会を支える基本的な価値観、人と人とを結びつけ、この社会を成り立たしめているベースについての共通理解がなければ、社会に対する信認・信頼は形成されません。

そうなると、社会保障のような、それこそ一方で個別性が高くて一人一人によって心象風景が違っていて、同時に他方で社会経済全体の在りように大きく関わっているような、乖離の大きい制度の意義をきちんと理解してもらうというのは非常に難しい。なので、社会保障制度の改革、例えば給付をいじったり、保険料を上げたり下げたりする、制度の組み立てを変えたり、世の中の変化に合わせて新しい制度を作る、そういう時にどうやって合意を形成していくか、みんなに理解してもらうか、ものすごく難しいということになります。

いろいろな意味で、社会保障の理解というのは非常に難しい、ということをまずよく理解してほしいと思います。

第 2 章

社会保障の誕生

——現代社会における社会保障の位置づけ

みなさん、こんにちは。「社会保障論Ｉ」の今日は第２回です。

今回は、社会保障がどうやって生まれてきたか、社会保障の誕生について勉強していきたいと思います。

産業革命・近代産業資本主義社会の誕生

・古今東西、太古から「救貧」は為政者の仕事
　エリザベス救貧法（16c）　Hospices de Beaune（15c）　小石川養生所（18c）
　飢饉・天災・疫病・戦争・動乱　　「鼓腹撃壌」

・産業革命による社会の構造的変化（まさに「革命」）
　中央集権国家の誕生　　「国民国家」
　生産力の飛躍的発展・生産手段の私有ー「資本」
　　　　　　　　　　　　「自給自足経済から市場経済へ」
　工業化・都市の誕生　　封建共同体（農村・家族）の解体
　「階級」の誕生　「生産手段（商品）としての労働者」　格差・貧困

■ 救貧としての社会保障

まず前回のおさらいも含めてちょっとお話ししましょう。産業革命が起こり、そして近代の産業資本主義社会が生まれます。前回もお話ししましたが、救貧、貧しい者を救う、様々な生活上の困窮に陥った民、農民たちを助けるということは、これは為政者として大事な仕事で、古今東西こういった行為は行われてきました。

中国の古典「十八史略」の中に、帝堯の治世を示す言葉として「鼓腹撃壌」という言葉があります。「日出《い》でて作《な》し、日入りて息《いこ》ふ、井《せい》を鑿《うが》ちて飲み、田を耕して食らふ。帝力何ぞ我に有らんや」ということで、民がそうやって安心して毎日を暮らすことができる、あたかも治世がないかの如くそういった生活を送れる、それこそが理想の治世だと、まあこういうわけです

ね。最近漢文は高校でやらないのかな？　やらないとこういう言葉は知らないのかもしれないですけども、漢文は基礎教養として勉強しておいて損はないですよ。

ヨーロッパでも16世紀のイギリスでエリザベス救貧法というのができます。あのエリザベス１世の時代ですが、これは今でいう生活保護法の原型のような法律で、一定の水準以下の生活に陥った人に国が一定の生活の面倒を見る、そういう内容の法律です。

それからオスピス・ド・ボーヌ（Hospices de Beaune)、ご存知の人もいますかね。フランスにボーヌ（Beaune）という町があります。ブルゴーニュ地方の中心地ですけども、ここに大きな教会があります。その教会の中に、1443年オスピス・ド・ボーヌという施療院が作られます。世界で最初の施療院と言われているところで、病に陥った人や貧困にあえぐ人たちを教会が引き取って面倒を見たという施設です。今でもこの施療院だった場所は「貧しき者の間」として保存されているので、フランスに旅行する機会があったら、ぜひ訪問してみてください。

オスピスというのは、ホテルとか、ホスピス、ホスピタリティ、そういった言葉と同じ語源で、旅人や病人、貧者を収容して面倒を見る、そういった施設のことを言います。

日本でも８代将軍徳川吉宗が小石川に養生所を作り、病に倒れた人や、行き倒れた人や、生活困窮者を収容して面倒を見たというのがありました。飢饉や天災、疫病、こういったものは今日でも一度発生すれば我々の日常生活の大きな脅威となるものですが、昔のそれは現代とは比較にならない、市民の命そのものに直結する重大なことでした。こういったことが頻繁に起こりますので、それに備えるというのが為政者の大事な仕事だったわけです。

■ 産業革命以降の社会変化

そして、産業革命によって世界は大きく変わることになります。一つは中央集権国家の誕生、これは封建社会の終わりくらいに絶対王政ができていて、中央集権化が進んでいたんですけども、市民革命を経て国民国家という非常に中央の権力が強い国家レジームができます。逆に言うと、封建社会というのは、日本の江戸時代もそうですけども、非常に分権的なシステムで、各地に封建領主がいて、教会があって、神社仏閣があって、それぞれに権力を持って市民を支配している、という社会です。中央集権で国家の権限が強くなっていく、というのは、国家以外の中間組織の権限がどんどん弱くなっていくというプロセスでもありました。もう一つは産業革命です。産業革命というのはエネルギー革命ですから、生産力が飛躍的に大きくなります。

従来、GDP――社会の付加価値――は農民から、農村から、農地から生まれていたわけですが、工業化が進むので、今度は都市の工場から物が生まれ、付加価値が生まれる、そういった社会になっていきます。言ってみれば、封建時代の自給自足の経済から、今の私たちが住んでいるような市場経済のシステムに大きく変わっていきます。その背景にはもちろん、エネルギー革命によって飛躍的に生産力が上がったということがあります。習ったと思いますが、マニュファクチュア、工場制手工業という、専門のラインで生産を行うというようなシステムが既にあったわけですけども、そこに蒸気機関といったようなエネルギーが入ることによって、生産力が飛躍的に伸びるといったことが起こります。

これによって何が起こったかというと、まず一つは大量の人口が農村から都市へと移動してきます。私が学生の頃は農村で「囲い込み（enclosure）」があって、農村からあぶれた農民たちが労働者として都市に来たと言われていましたが、どうもそういうことではなくて、生産力の向上で人口が増え、その増えた人口を吸収するといったことで、都市における労働需要がこういった人たちを工場労働者として吸収して、農村から都会への人口流動が起こったと、最近はそういうことになっているらしいです。いずれにしても、一方で農村共同体、封建的な共同体が解体され、工業化によって、大量の賃労働者が都会に集まるといったことが起こります。

この過程で、生産手段を私有する資本家と、生産手段としての労働力を売り渡して生活をする労働者という二つの階級が生まれることになります。この二つの階級は、かたや生産手段を持つ資本家、かたや無産労働者ということで、まさにマルクスが言っている階級そのものです。この二つの間には超えがたい壁があって、格差が生まれます。そして都市部には大量の賃労働者、ギリギリの生活で働かされている大量の労働者が集まり、都会には貧困や衛生上の問題やその他様々な社会問題が起こるということになります。

この時代の労働者の生活は極めて悲惨なもので、この話をし始めると長くなるのでやめますが、農村共同体の中で守られていた労働者が、ある意味裸で都会にやってきて生活をする。当時の工場労働は、労働力は商品ですから、明日生き残るための最低限の食事と休息以外はすべて労働の時間として働かされる。かつ賃金は、生活していく上で最低限の賃金しか与えられない。過酷な労働環境、劣悪な住環境、衛生環境の中で、本当に非人間的な労働が行われ、徹底した収奪が行われていたということですね。

ロンドンは産業革命で、蒸気機関ができて、石炭を燃やしてモクモクやっていましたからスモッグがひどくて、「霧の街ロンドン」とか言いますけど

図表 2-1　産業革命以降の社会変化

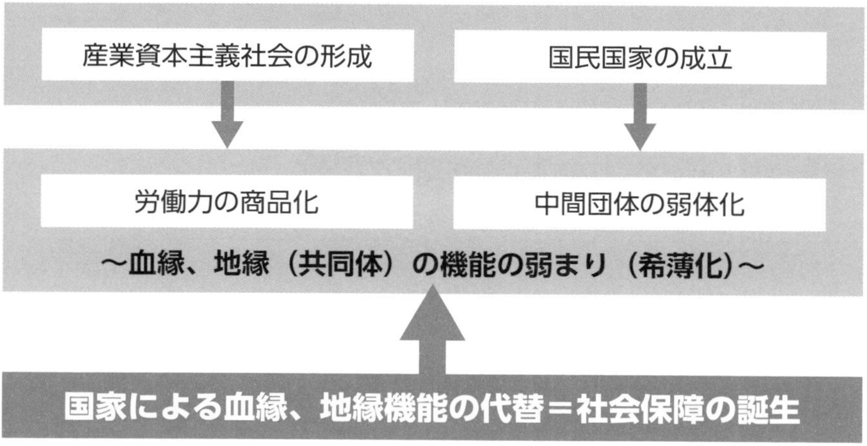

要するにスモッグですよね。で、陽が当たらなくなって日照不足になってくると病が起こる。「くる病」ですよね。そんなことが起こっていたわけですね。

実はこれが、産業革命で世界を率いる国になったイギリスの影の部分であったわけです。

図表２－１は教科書に指定した厚生労働白書に出ている図ですが、近代における産業資本主義の形成・国民国家の成立と社会保障の関係は簡単に言えば、一つは産業資本主義ができます。これによって、多くの賃労働者、多くの労働力が、労働力を商品として売り渡す人たちが多く生まれます。一方で国民国家、絶対王政の後で、国家主権という概念はこの頃からできるわけですが、国民国家が成立することによって様々な中間団体が弱体化していく。

こういった中で、都市の労働者の中には、地縁血縁といった元々共同体が有していた機能の中でカバーされない人たちが大量に増え、彼らの生活はこういった社会システムの中で脅かされることになります。こういった人たちの生活を守るために、いわば地縁血縁の機能が弱くなって守られなくなった人たちのために、彼らの生活を保障するために国家がいわば、介入をしていくということになります。その過程で生まれてくるのが社会保障制度、という理解になります。

01 近代社会保障制度の創設

■ ビスマルクが創った近代社会保障制度の基礎

近代の社会保障制度のポイントは、「防貧」ということです。生活困窮に陥った人たちを事後的に救うということではなくて、そういったことが起こらないように、あらかじめ様々なセーフティネットを張ることによって、人々が生活困窮に陥らないような制度を作っていく。これが近代の社会保障制度の基本的な考え方です。

現在の社会保障制度の基本的な形を作ったのは、言うまでもなくビスマルクです。

19 世紀の終わりに、ドイツではビスマルクが宰相になります。鉄血宰相と呼ばれた人ですが、彼が最初に疾病保険、労災保険、そして老齢・傷害保険、これは年金ですね。これらの制度を作ります。ポイントは、ここにもあるように医療、そして高齢の所得保障と合わせて、労働力を維持し労働者の生活を守るという視点があるということですね。病気や労災で働けなくなった、高齢で働けなくなった人の生活を守る、保障をする。つまり、労働力の再生産をきちんと維持すること、そういう意味合いもあるんですね。労働者の生活を守るだけではなくて、労働力の再生産というか労働のサステナビリティを守るということもあるので、社会保険制度というのは、労使折半、使用者側もコストの半分を負担するということになっているわけですね。

事後救済（救貧）から事前防貧へ　近代社会保障制度の創設

1880 年代　ドイツ疾病保険法　労災保険法　老齢・傷害保険法
→現在の社会保険制度の原型
→欧州各国に影響

1917 年　ロシア革命　社会主義国家の誕生

1919 年　ドイツ　ワイマール憲法　「社会権」規定の創設
第 151 条第 1 項：
経済生活の秩序は、すべてのものに人間たるに値する生活を保障する目的を持つ正義の原則に適合しなければならない（浦部法穂『全訂憲法学教室』より）

今でもそうですが、なんで年金保険や医療保険のために俺たち事業主が負担しなきゃいけないんだ、俺たち関係ないじゃないか、そういうことを言う経営者の方々がまだいますけれども、そもそも社会全体のシステムから見れば、生産手段の一つである労働力がきちんと再生産される、労働者が十全に安んじて労働現場で働けるということを保障すると、そういうこととして社会保障制度は存在しているという一面もあるわけなので、社会保障制度の受益者は被保険者だけでなくて、実は事業主もまた受益者なんですよね。だから彼らにも負担があるということなのです。

こういった社会保障制度が、西側の資本主義国家で生まれてきたもう一つの背景は、当然ながら社会主義思想というものが生まれたということですね。1848年、マルクスとエンゲルスが「共産党宣言」というものを発表します。共産党宣言の中で、「共産主義という妖怪がヨーロッパを徘徊している」という表現が出てきますが、実際社会主義思想は欧州で大きな影響を持ち始めていました。

悲惨な労働者の姿、こういった人たちの中から、今のシステムは非人間的だ、我々は収奪されているだけだ、実はこの社会の富を生み出しているのは自分たちじゃないか、働いている我々が富を生み出しているのに、なぜ我々が収奪され苦しい生活をしなければいけないんだ、そういう反体制的な思想が生まれ、それが燎原の火のごとくヨーロッパに広まるわけですね。この社会主義思想の影響というのは社会保障制度を作る一つのきっかけになります。

そして実際、第一次世界大戦中に生じたロシア革命によって、社会主義国家が生まれるわけですね。このインパクトは非常に大きかった。1990年代にソ連が崩壊して東西対立がなくなりましたから、みなさん社会主義国家が世の中に存在していることでどれほど西側の国が緊張感を持ったかということは、なかなかイメージがわかないかも知れませんけども、実はこういう時代であったわけですね。

第一次大戦中に、ロシアではロシア革命が起きてソビエト連邦ができるわけですが、戦後、敗戦国であったドイツでもドイツ革命が起きて第二帝国、プロイセン帝国が倒れて共和国になります。で、共和国憲法であるワイマール憲法というものが1919年にできるわけですが、そのワイマール憲法にはかの有名な社会権規定、生存権規定というものが初めて規定されることになります。

ワイマール憲法151条にはなんて書いてあるかというと、「経済生活の秩序は、すべてのものに人間たるに値する生活を保障する目的を持つ正義の原則に適合しなければならない」とあります。これは浦部法穂先生という有名な憲法学者の本に出てくる訳文ですけども、これ何を言っているかというとですね、一つ大事なのは、この憲法は人間たるに値する生活を保障をすると。

そういう目的を持つ正義の原則、つまり人間が人間に値する生活というものを保障するのは、絶対正義だということをいって、そういうことができるように様々な経済生活のルールを決めないといけないと書いてあります。これは日本国憲法でいうと、憲法25条と憲法29条の関係ということです。健康で文化的な最低限度の生活を保障すると憲法25条で書いてある、そして29条で財産権の行使は公共の福祉に属すると書いてあると。いわば生存権のために資本を規制すると、まあ裸でいうとそういう意味を持つ規定ということになります。なので、ドイツワイマール憲法というと当時最も民主的で

図表 2-2　社会保障は、産業資本主義の社会、国民国家の発展を支えてきた

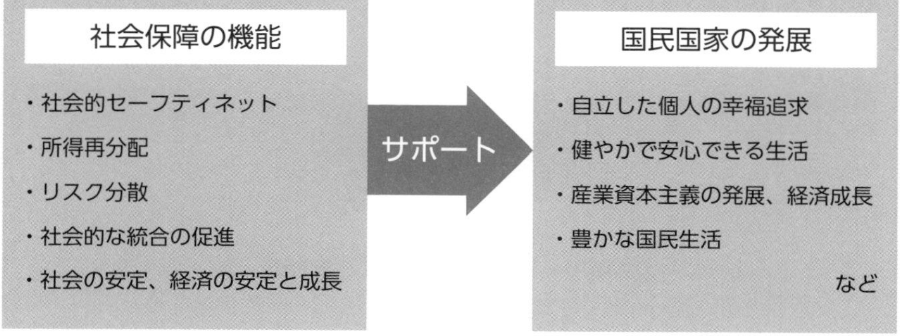

当時最も進んでいたと言われた憲法です。しかし、残念ながらこの憲法の寿命はわずか20年、ナチスドイツが授権法で殺してしまった憲法ということになります。

これも厚生労働白書に載っていますが、前回もお話ししたように社会保障の機能というのは、単に救貧ということではなく、社会的セーフティネット、生活万般について防貧のためのネットを張っているということです。経済学的に言えば所得再分配、社会にとって最も厚生の大きい付加価値の分配を行う、そして一人一人が持っている生活上のリスクを共同化することによって、リスクの分散を図る。こういった一連の行為によって、社会の正統性を高め、社会の統合を高め、社会の分裂を回避して社会の安定を図る。そしてその社会の安定が経済成長へとつながる、という機能を持っています。そして、こういった機能を担う国家として、福祉国家—— welfare stateが位置づけられます。

頭の体操１：救貧と防貧　何が違う？

☆　理念哲学は制度の在り方を規定し、現場を規定する

「劣等処遇原則」（エリザベス新救貧法 1834 年）
「社会的スティグマ（Social Stigma）」
「健康で文化的な最低限度の生活」（日本国憲法第 25 条）

「給付と負担」「給付ー反対給付」
「契約に基づく権利」と「行政処分による反射的利益」
「市民福祉原則」「普遍性と補足性」（「契約」と「措置」）
「自立支援」「参加」「当事者性」
「共助」「公助」との親和性
「包摂」と「排除・疎外」

→「社会福祉」は救貧？　それとも防貧？

つまり、近代国家の基本的機能の一つとして社会保障が位置づけられる。そのことによって、自立した個人が自らの自己実現、幸福を追求することができる条件が整えられ、人々は生活上の安心を得ることができ、健康で文化的な生活を送ることができるということになります。

同時に、それは資本と労働の対立の中、労働は大事な生産手段の一つですから、国民の生活の安定を図ることによって資本主義そのものの発展、成長を条件づけるということになります。そして成長の豊かさを国民に等しく分配することによって、我々は豊かな生活や経済成長を享受することができる、こういう好循環が生まれます。

まさに社会保障制度を整備することによって、民生の安定と安定した経済基盤を作ることができたというのが、この時代の社会保障制度の意味ということになるわけです。

■ 救貧と防貧は何が違うのか

さて、前回と今回、救貧と防貧ということをお話ししてきました。もう一度、改めて救貧と防貧って何が違うのか考えてみましょう。事後的に救うか事前に予防するかの違いです、というのはその通りなんですけど、そういう手法とか現象面の違いだけではなくて、そもそも救貧と防貧というのは理念そのものに違いがあるのではないだろうか。その違いは制度の作り方とか、自己負担の在り方だとかそういうものにも影響しているのではないか。生活保護制度はどうしてああなっているんだろう、医療保険制度ってなんであういうふうに作ってあるのだろうか。

理念や哲学というのは制度の在り方を規定しています。現場はその制度に基づいて動くわけですから、理念哲学は現場も規定していることになります。なので、自分たちが拠って立っている制度、自分たちの現場を支えている理念とか哲学とはなんだろうかという、いわば原点に戻って考えてみる、ということを時々やっていただきたいということです。

先ほどエリザベス救貧法についてお話ししました。救貧制度、生活保護法の原型みたいなものですが、イギリスは1834年に新しい救貧法（新救貧法）ができます。この新救貧法の世界には「劣等処遇原則」というものがあります。どういうものかというと、救貧法の対象者は国によって生活の面倒を見てもらうわけですよね、いわば無条件に。最低生活以下になったらそこまでは国が面倒を見るということですから。そうすると法の世話にならず自立して生活している人と同じ生活水準だったら、一生懸命働いている人が納得しないわけですよね。したがって、救貧で面倒見てもらってる人の処遇レベルは、普通に働いてる人の生活水準より劣っていないといけない。７掛けとか８掛けとか、要するに劣等処遇じゃないといけない、という考え方です。

実際、この法律の中にはこういうことが書いてあります。

「救済を受ける貧困者の地位は労働して賃金を得ている最下級労働者以下でなければならない」

「労働能力のある貧民の救済は、独立自立している労働者の最低階層の労働・生活状態より実質・外見ともに低いものでなければならない」

福祉国家ということで有名な北欧諸国、デンマークとかスウェーデンでも、19世紀くらいまでは生活保護法に相当する社会扶助法という法律があって、それによって救貧的な給付が行われていたわけですけども、そういった社会的扶助を受けた人は参政権が制限されるとか、公民権が一時停止されるとか、要するに二級市民扱いになるという規定がまだ残っていました。もちろん今はもうありません。

今の日本でもそうですけど、こういった社会福祉、生活保護の給付を受けることについてはスティグマがついて回ります。このスティグマというのは非常に厄介なのですが、福祉にはそういったものがついて回ります。

私は若い頃、研修で福祉事務所に派遣され、ケースワーカーと一緒に地域を回ったことがあります。東京の山谷という、いわゆるドヤ街です。住民たちは生活保護を受けることを「福祉の世話になる」と表現していました。福祉という言葉は生活保護とほぼ同義だったのです。日本国憲法の書き方でも、健康で文化的な最低限度の生活という、要するに「ミニマム」という意味の言葉が出てきます。これもまた難しい概念で、いろんな授業で先生方に聞いてみたらいいと思いますけども、救貧の世界というのはそういう世界です。

他方、防貧の世界というのは給付と負担、給付と反対給付という負担と給付のバランスで作られています。

手法でいうと、社会保険制度というのは基本的には契約です。つまりどちらかというと市民社会の原則に従って作られているものです。他方、福祉の世界は、措置という言葉がありますが、権力の行使によって大変な人、困った人を公（おおやけ）が助けるという仕組みですから、基本的には行政処分とそれに伴う反射的利益という形で構成されます。つまりこれは権力関係によって成り立っている世界です。したがって、防貧の世界というのは、普通の市民の生活をお互いが保障し合う仕組み、ということになっているので、基本的には市民福祉原則に立脚していて、社会の構成員すべてに等しく適用される普遍的な制度です。

それに対して、救貧というのは一定の水準以下に陥ってしまった人、陥ってしまった理由は問いませんが、陥ってしまった人に対して行政が措置をするという考え方なので、基本的には補足性の原則が働きます。日本中の人が全員生活保護を受けるということはあり得ません。もうそうなったら救貧でもなんでもないです。

例えば、自立支援とか当事者参加とかは救貧の世界ではなかなか登場してきません。救貧とは公助と親和性が高い世界であるということになります。もう一つは社会的包摂、つまり包摂という概念、inclusionという概念と救貧と防貧、あるいは排除と疎外ということと救貧と防貧ということを考えた時に、救貧と防貧はただ単に現象面での違いだけではなくて、物事の考え方にかなり大きな違いがあるということにみなさん気がつくと思います。

ということで、最後の質問。ここは社会福祉学科です。そしてみなさんはこれから社会福祉論を学ぶわけですが、社会福祉というのは社会保障制度の非常に重要なパーツですけども、社会福祉というのは、救貧ですか？　それとも防貧ですか？　どっちの機能を担っているんでしょう。少し考えてみてください。

頭の体操２：君はアダム・スミスを読んだか？

資本主義の祖と言われるアダム・スミスは、「神の見えざる手」を説いた有名な『諸国民の富』に先立って『道徳感情論』という本を残しています。

この本の中でアダム・スミスは、近代社会を成り立たしめている要素（個人と個人の関係をつなぎとめているもの）として「個人の利己心（に基づく競争）」とともに「共感」を挙げています。

社会は競争だけでは成り立たない。共感が「他者の目」を個人の中に内面化させ、そこに「常識－良心」が形成され、内なる道徳－自己規制としてのフェアプレイ＝公正という行動規範が生まれるのだ、と述べています。

自由競争・市場競争にもルールが必要で、神の見えざる手が機能するためには、資本主義そのもののロジックからは生まれてこない、社会の構成員＝競争に参加する者を律する「行為規範」が必要だということです。

■ アダム・スミスの『道徳感情論』

他学部聴講で、経済学部から来ている人にはある意味当たり前で面白くない話かもしれませんけども、古典的な資本主義、産業資本主義を支えた経済哲学を主唱したのは、言うまでもなくアダム・スミスということになっています。

「神の見えざる手」、アダム・スミスといえばみんなこの言葉が出てくるわけですけども、この言葉は『諸国民の富』という彼の書いた本の中に出てきます。

実はそのアダム・スミスはですね、この『諸国民の富』を書く前に、『道徳感情論』という本を書いています。

彼は経済学者であると同時に哲学者、社会学者でもありました。この本の中でアダム・スミスは近代社会を成り立たしめている要素についてこんなことを言っています。

社会というのは個人と個人とのつながりで成り立っていますが、人と人との関係をつないでいるのは経済的な関係だけではない、世の中は競争だけで成り立っているのではない、とアダム・スミスは言うわけです。

個人の利己主義、自分の利益を最大化するという人が、それぞれ自分の利益を最大化するように行動して市場で競争すると結果的には最適な分配になる、というのが市場原理ですけども、実はそういったことだけではなくて、社会を成り立たしめている要素には「共感」というものがあるのだ、と。

共感というのは何かというと、他人の目を自分の中に内面化させることだと言うんですね。今自分がやっていること、自分がしていることは他の人から見たらどう見えるかということをいつも考える、他者の目をいつも意識するということ、それを内面化する。そうするとそこにディシプリンあるいはコンシャス、常識とか良心が生まれる。それが内なる道徳として、自己規制としてのフェアプレイ、つまりフェアネス、公正という行動規範が生まれるというわけです。

フェアプレイ、公正という行動規範があって初めて市場競争とか契約自由とか優勝劣敗とか、そういう市場競争機能が働く。逆にいうと自由競争とか自助競争とかいっても、そこにはルールがちゃんとあって、プレイヤーが公正という行動規範を持っていることで、それで初めて市場競争というものは機能するんですよというわけですね。

つまり「神の見えざる手」というのは、市場そのものから当然に出てくるロジックではない、経済のメカニズムから生まれてくるロジックではない、社会の構成員、要するに競争に参加する人を律する行動規範というものがあるんだと。

これは当たり前のように思うかもしれませんけど、すごく大事なことで、企業人たちは時としてこれを忘れる。社会保障っていうのは、経済のサブシステムであると同時に社会のサブシステムでもあるということを前回申し上げましたけども、そのこととこの議論は実は通底している議論です。

『道徳感情論』は岩波文庫にも入っていますし、そんなに厚い本でもないので、御用とお急ぎでない方は『道徳感情論』を一度お読みになってはいかがかと思います。

02 福祉国家の理念と発展

■ 福祉国家の理念を考える

さて、福祉国家の理念について考えましょう。

一つは民生の安定。構成員の生命、生存と生活を守ることです。それがなければ社会は安定しません。社会が安定しなければ経済も社会も発展しませんから、構成員が直面する様々なリスク、生活上の不確実性、そういったものを確実にヘッジする、そのための社会的なスキームを用意することによっ

福祉国家の理念

・民生の安定
　構成員の生命・生存と生活を守ること
　社会の安定がなければ社会も経済も発展しない

・社会経済の発展
　社会の分断の回避・社会統合　公正の実現　→ 統治の正統性
　所得再分配・中低所得者層の所得の「底上げ」→有効需要の創出

・相互扶助機能の代替
　弱体化した社会—community —の相互扶助の機能の代替・補完

て構成員が安んじて生活ができる。単に安んじて生活ができるではなく、自らの能力と可能性を最大限に生かして自己実現をしていく、その条件を保障する。そういった一人一人の自己実現の集積値が社会全体の活力につながっていく。つまり民生の安定は社会の活力を生み出すということです。

次は、社会や経済の発展を支えるということ。社会が分断をしていくと、富める者と貧しい者、その社会を支える者とその社会を支えない者、その社会に反旗をひるがえす者が生まれます。そういった形で社会が分裂し分断されていくことがないように、社会の構成員がきちんとつながってその社会を支えていく、そのためには前のパートでお話ししたように、その社会における公正というものが実現されていないといけない。この社会はみんながフェアだと思うような、一人一人の能力の発揮、一人一人の可能性が平等に開かれている、そういった社会でなければいけないということで、統治の正統性に関わる議論につながります。そして経済学的には所得再分配というものを通じて、中低所得層の底上げをする、これは格差の解消ということでもあるんですが、同時に社会の付加価値を最も経済発展につながる形で、具体的に

福祉国家への道

・世界恐慌（1929）　→　第二次世界大戦（1939～）
　New Deal 政策（1933-1939）
　ケインズ革命（『雇用、利子および貨幣の一般理論』（1936））
　ベバリッジ報告（1942）「From the Cradle to the Grave」

・夜警国家から福祉国家へ
　経済成長と完全雇用を通じた国民福祉の向上
　「完全雇用」「有効需要」

☆戦時立法としての社会保障法
　旧国民健康保険法（1938）　労働者年金保険法（1941）

言えば有効需要を最適化するような形で再分配するということを通じて、社会経済の発展を図るということです。

そして最後に、資本主義社会、近代社会の発展によって、弱体化していくコミュニティ、地域や家族の機能を、そういった地域や家族のインフォーマルな相互扶助の機能をある意味代替し、ある意味補完をしていくというのが福祉国家の基本的な理念でもあり、機能でもあるということになります。

前回、18 世紀、19 世紀、産業革命、産業資本主義の誕生とともに生まれた社会保障制度ということを申し上げましたが、福祉国家という意味で言えば、福祉国家というものが生まれたのは、基本的には第二次世界大戦後の世界ということになります。

1929 年に世界恐慌が起きます。ところでみなさんは、世界恐慌の時に世界では何が起こったかということを、どのくらい学校で習いましたか？　高等学校や中学校の歴史の勉強では 20 世紀までたどり着かないうちに 3 学期が終わる、あるいはもう 3 学期になると入試になってしまうので、あまりきちんと学校に行かなかったり勉強しない、日本史でも世界史でも現代に近いところの勉強というのをあまりしないんで、もしかしたらみなさんよく知らないかもしれませんが、1929 年の世界恐慌後に何が起こったかというと、世界中の経済はみんなブロック化していくんですね。みんな閉じていくわけですよ。自国中心主義に走るわけです。ドイツもイギリスもフランスもそうやって自分を守ろうとした。植民地のある国は植民地を囲い込んでその中で閉じこもって経済を回そうとしたんですね。みんなそうやってブロック経済化することで世界がどんどん小さくなっていったんですよ。それで、閉じた国の閉じた人間たちの間で争いが起きて、最後は爆発して世界大戦になるわけです。

今回のパンデミックで、2020 年の 4 月、5 月、第 1 波が世界を襲った頃に、世界の知的巨人と言われる人たちが一斉に発信をしています。ジャック・アタリとかノア・ハラリとかマルクス・ガブリエル、いろんな人たちが、世界中が内向きになって一国主義に走る、まあトランプのアメリカなどは典型でしたけど、アメリカからしてそんな状態になっていることはある意味非常に危険なことだ、と警鐘を鳴らしているんですね。

確かに、今から90年前の世界恐慌の後、世界がどういう行動様式に出て、最後どうなったか、どこに行ったのかということを考えると正直心配になります。

人間は、なかなか歴史からは学ばないものなんだなあと思ったりもします。

いずれにしても、世界恐慌の後、第二次世界大戦になるわけですね。その過程で、アメリカはニューディール政策というものをとります。つまりこのときまでは、国家と経済の関係というのは、基本的には経済には国家は介入しない、市場は自律的に回っているものなので国家は経済には介入しないという考え方だったので、世界恐慌の後でも、今我々が当たり前にやっているような金融政策だとか財政政策だとか景気対策というのは、基本的にはやってないんですね。

古典的な経済論によれば、失業が起こるというのは、要するに、需要と供給の関係で言えば、労働力の需要がないのに労働者が余っているということだから、基本的に賃金は下げないといけない、賃金を下げれば下がったところで均衡する、とこうなるので、基本的には何もしてないんですね。それでみんなブロック経済に走っちゃうわけですよね。そんな中でアメリカはニューディール政策というものをとって、積極的に政府が財政支出をすることで雇用を生み出し、有効需要を生み出す政策をとるわけです。これによってアメリカは、不況を脱していくわけですね。

さらに、戦争になって戦時経済の中でアメリカの経済は復活していくわけですけども、時を同じくして、かの有名なジョン・メイナード・ケインズが『雇用、利子および貨幣の一般理論』という本を著して、のちにケインズ革命と言われる経済学の基本的な枠組みの変更をするわけです。ケインズ革命後の経済政策というのは今我々が普通に行っているもので、有効需要を政府が創出すると、あるいは財政政策によって政府は有効需要を作り出すと、あるいは積極的に市場に介入する、財政政策・金融政策をとることよって、失業をなくしていく、つまり完全雇用を目指す、完全雇用を目指すことによって経済の安定を図り、成長を図っていくと、そういう考え方になるわけです。

これはもう、まさに革命と言われているように古典派経済学の考え方を大きく変えるものであったわけですね。

そして、ベバリッジ報告。これは1942年イギリスで戦争の真っ最中に、戦争が終わった後どういう国を作るかという議論をする中で生まれた報告ですが、「ゆりかごから墓場まで」という副題がついていたように、国民の生活をきちんと保障していく、そのことが国家の機能であり、それが経済と国家の発展につながっていくことになるんだということ、それこそ前回からこの講義の中で言っているようなことを書いているのがこのベバリッジ報告ということになります。ベバリッジ報告の現物は図書館でもなかなかお目にかかることがないですが、ベバリッジ報告についての解説本とか解説している論文はネットでも見つけられますので、さわりだけでもいいのでぜひ一度みなさん目を通しておいてほしいと思います。

ケインズ革命やベバリッジ報告によって何が起こったかというと、古典的な夜警国家観から福祉国家観への国家観の大転換が起こるわけです。

夜警国家というのは、要は、市場は「神の見えざる手」によって律されていて経済はちゃんと回っている、だから国家は余計なことはしない、市場経済は自律的に回っているのだから国家が余計なことをすると市場の効率が下がる、つまり市場に対するほぼ絶対的な信頼の上に成り立っている国家観です。この考え方では、国家は必要最低限のことをすればよい、警察と防衛とかそういうことをやっていればよいので余計なことはするな、極端に言うとこういうのが夜警国家ということです。国家は基本的には小さければ小さいほど良い。小さい政府ということになりますね。

社会契約論というものがありますよね。国家とか社会ってそもそもどういうふうにしてできたのか、それは自由な人たちが大勢いて、何の制約もない自然人が自分たちの利益のためにお互いに契約をして、いわばお互いの自由を少しずつ切り出して、それで国家なり社会を作ったんだ、という考え方です。つまり個人、文字通り原子（アトム）のような個人があって、それが集まって社会ができるんだ、個人の間の社会的な契約によって成り立っているのが国家であったり社会であったりする、そういう考え方ですよね。

この考え方からすると、中間的な共同体ってのは基本的に出てこない、存在してないんですね。一人一人、個人と個人の契約によって作られた何かでっかい共同体が国家っていうことになるわけですよね。そして、基本的人権とか国民主権というのもそこから出てくるといえばそこから出てくるんですけども、そういう考え方からすれば基本的には国家っていうものは個人の自由とか市場の独立というものを妨げるものであって、必要最小限がいいに決まっているんですよね。さらにいえばその社会（＝市場）で自由に競争してより優秀な者、より力のある者は勝ち残っていくと。その勝ち残った者が能力にふさわしい報酬を受けるというのはすごく当たり前じゃないかと。自由に競争して、その結果より良いものが残っていくと。それって当然でしょ、というわけです。

ちょっと考えてみてください。実はこれって進化論の考え方ですよね。適者生存、優勝劣敗、自然淘汰、弱肉強食。ダーウィンが『種の起源』を書いたのは1859年で、まさに産業資本主義発展の全盛期でした。進化論が提示した生物の進化の概念は資本主義の論理と極めて整合的だったわけです。

進化論もそうだし、社会契約論なんかもそうだけど、こういったものって当時の社会の在りようというか、人々の価値観ととてもとても整合的なものだったわけです。19世紀は科学の時代、自然科学の時代でもありました。社会の発展を生物の進化になぞらえる。社会が個人、自由で何の制約もない個人が集まってできている、なんてのは、人間が細胞からできている、物質は元素からできている、っていう自然科学の知見のアナロジーにも見えるでしょう。そういうふうに考えると、ある時代に人々の価値観とか国家や社会を支えている理念・哲学とかいったものは、全部どこかでつながっている、通底しているということがよくわかりますよね。しかもそれは時代時代によって変化していく、ということもわかる。

ちょっと余談になったので元に戻りますが、こういった夜警国家の考え方から、いやいや、経済成長のためには政府が一定の介入をする必要がある、市場は必ずしも無謬ではないと。「市場の失敗」という表現になりますけども、そういうことは必ず起こるんだと、目指すべきはすべての人がきちんと雇用され、人々の生活が雇用を通じて守られる、つまり完全雇用、無駄に余っている労働力を生まない、すべての人が労働を通じて生産活動というか社会に貢献する社会を目指す。無駄に余っている労働力をなくすというのが経済成長にもつながるし、それが国民福祉の向上にもつながるので、そのための積極的な役割を国家が果たすべきである。

ここでのキーワードは完全雇用と有効需要、経済学的にみてもそういうことになるわけですが、それが福祉国家の考え方になっていくわけです。

■ 第二次世界大戦後、福祉国家の発展

さて、ここまでは教科書を読むと、どんな教科書にも書いてある話ですが、ここでもう一つある大事なことが、社会保障の基本立法が作られたのは実は戦時中だった、ということです。

多くの社会保障関係立法は、戦時立法として作られるんですよ。例えば、今我々が持っている国民健康保険法っていうのは戦後できた法律です。1961年、まさにこの年に国民皆保険が達成されたのですが、実は戦前、1938年に旧国民健康保険法というのが制定されていたのです。

これはどういう法律だったかというと、当時日本は中国と戦争していた、つまり戦時体制下にありました。戦時体制下の健民政策として作られたものだったんです。

同じように今我々が持っている厚生年金保険法の前身である労働者年金保険法っていう法律があって、これは1941年に作られている。これも、国家非常時に、労働者たちが安んじて忠勤報国できるようにって作られたもので、そもそも戦争中に作った法律に「労働者」なんて言葉が使われているのは、実に信じられないことなんだけれども、これも戦時立法としての社会保障法

なのです。先ほど言ったベバリッジ報告も戦争中に作られていますよね。

戦争と社会保障。興味ある人は自分で勉強して調べていただくといいのではないかと思います。

〈第二次大戦後の福祉国家の発展過程〉
（神野直彦、広井良典、エスピン＝アンデルセンによる）

：福祉国家の黄金時代（～ 1970）
ー「社会保障と経済成長の幸せな結婚の時代」ー

再分配を通じた総需要の拡大　「平等と成長」の同時達成
「産業社会モデル」ー労働生産性の持続的向上
先進国は安定した高度成長を実現
完全雇用　制度の拡充・給付の充実を実現

第二次大戦後、西欧諸国、そして日本もそうですが、国家は福祉国家を標榜し福祉国家をいわば国是として発展していきます。

第二次大戦後の福祉国家の発展過程については、大きく３段階くらい、まあ今は令和に入ったから４段階になるかもしれませんが、３段階あると言われていて、第二次大戦後の福祉国家の発展過程については神野（直彦）先生が詳しい本を書いておられますし、広井（良典）先生、広井先生は元厚生官僚で私の何年か後輩ですが、彼が書いている本にも出てきますが、1970 年代、戦争が終わってから 1970 年代までの約 25 年、四半世紀の間というのは、福祉国家の黄金時代だと言われています。

この時代というのは、社会保障と経済成長の幸せな結婚の時代、これは確かエスピン＝アンデルセンの表現だったかな？　まあウィンウィンの関係だった時代ということになります。これはどういうことかというと、社会保障を通じて所得再分配が起こります。所得再分配をすることで消費の底上げが行われる。つまり中低所得層にあった膨大な需要、それを有効需要化する。中低所得者層にきちんと所得を分配することで社会全体の需要を拡大するという効果があった。したがって所得再分配によって格差を縮小し、平等な社会を作ることが成長につながると、こういう好循環が働いていた時代ということになるわけです。

この時代は、戦争の後だから、まあ言ってみればゼロからいろいろなものを作っていく時代で、そういう意味でいうと、次々と新しいものが導入されて作られていく時代、まあ産業社会の基本的なモデルが作られた時代でした。この時代は平和になって人口も増えていました。戦争が終わると人口は増えるんだよね、日本もそうだったけど（笑）。戦争中って「産めよ増やせよ」って政府は言うんだけど人口は増えない。人間やっぱり不安な時になかなか子供は作らない。戦後、貧しくなったけども人々の気持ちが解放されて、日本だけではなくて世界中で戦後はベビーブームになるわけで、この時代は労働生産性も飛躍的に上がっていったし、先進国はみんな安定的な高度成長を実現できた。

この時代は高度成長の時代で、完全雇用が達成できていて、完全雇用が達成できているので国民生活も安定しているし、持続的に給料も上がっている

：**福祉国家の危機の時代（1970年代〜）**
ー成長の鈍化・新自由主義の時代ー

オイルショック　産業構造の転換　「ポスト産業社会」
ブレトンウッズ体制（国際通貨管理体制）の崩壊
—資本流動化・グローバリズムの進行
総需要そのものの飽和（成熟社会化）・再分配による需要拡大
機能の低下　→　低成長下の社会保障費の増大

新自由主義の台頭　サッチャリズム　レーガノミクス
小さい政府　規制改革　民営化

ので、社会保障制度も拡充ができ、給付の拡充ができ、そのことがさらに成長を支えるという非常に好循環が続いた時代ということですね。そして、この時代の最たる成功例は日本、日本の高度成長なのですね。これも後でお話ししますけど、日本の社会保障制度は60年代に基本骨格が作られています。

■ 福祉国家の危機の時代

70年代を過ぎると、福祉国家の危機の時代、まあ危機というと大げさですが大きな転換期を迎えます。まず経済成長が鈍化します。成長の鈍化の最初のきっかけは1973年の第一次オイルショックでした。当時、１バレル＝３ドル程度だった石油価格が一気に４倍以上、13ドルにまで高騰することで世界中が大インフレになります。それによって、一種の産業構造の大転換を各国が迫られることになる。

で、この時までは、ブレトンウッズ体制という基軸通貨のドルが国際通貨となって世界の市場を管理するというシステムが作られていた。各国通貨は固定相場制。円の価格は１ドル＝360円。そのブレトンウッズ体制が崩壊をします。通貨は変動相場制に移行し、この時から資本が国境を越えて動き始めるという、今のグローバル化が始まっていくことになります。もう一つはだんだん全体的に社会が成熟化していくので、そもそも総需要そのものが飽和をしていく。成長がピークアウトしていくんですね。したがって、所得再分配によって需要を拡大していくと言っていますけれども、そういう効果も必ずしも発揮できなくなる。需要拡大機能が低下をしていくことになり、そうすると、成長が鈍化をしていきます。

そして、成長が鈍化する中で社会保障費が多くなっていくので、経済と社会保障の関係はそんな予定調和的なウィンウィンの関係ではなくなっていく。そうすると、社会保障の負担が経済にとって重荷になってくる。そして社会保障の給付というのは、コントロールするのが難しい。これはいろいろな理由で、歳出の性格上も政治的にもコントロールするのが難しいので、そもそも社会保障そのものを国家の機能と位置づけることに限界がある。

1983年、私がOECDで働いているときに、OECDは一冊の本を出しました。『福祉国家の危機』（ぎょうせい、1983年）という本です。これはこの時代の福祉国家に対するヨーロッパ社会のものの考え方の大きな変化を象徴している本です。この時代は若年失業がヨーロッパで非常に大きな問題になっていて、若年失業を減らすために高齢者に早期引退を迫る、そのために年金を早期に支払うということを選択した国が多いんですね。今とは逆に支給開始年齢を下げたわけです。

それでこのあと大変な思いをするんですね、ヨーロッパ諸国は。といったことが当時あって、こういう中で小さな政府を志向する考え方が生まれ始めて、「新自由主義」という考え方が登場します。それはアメリカのレーガンであり、イギリスのサッチャーであり、様々な規制改革であり、あるいは肥大した政府の機能の役割を見直す、民間でできるものは民間に任せて政府を身軽にするということで規制緩和や民営化ということが起こり始める。これが80年代から90年代にかけての世界、というか先進諸国の動きということになります。

90年代から2000年代以降は福祉と経済に新しい時代が来ることになります。一方で、世界はどんどんグローバル化が進んで、規制緩和の流れが進んでいくわけですけれども、そういった中で国民生活の安定という、本来国家が担ってきた機能、福祉国家の機能というものをどうやって維持していくかということをみんな考え始めるんですね。

こういった中でいろいろな動きが出てき始めます。一つは、ニューレイバーと呼ばれているイギリスのブレア政権が打ち出した方向性。from welfare to work、welfareじゃなくてworkfare、つまり就労を通じた社会保障、福祉の保障。まあ考えてみれば当たり前なんですね、できるだけみんな働いて支え合ってもらわないと、支えられる人ばかりになったら社会は倒れるわけですから。能力のある人にはできるだけ就労をしてもらう、働く機会を与えることを通じて福祉を実現する。つまり貧困の再生産みたいなことを行わせない、生活保護をもらう家に生まれた子供は長じてもなおまた生活保護を

：福祉と経済の新たな段階（1990（2000）～）
一失われた 10 年　成功の 10 年（神野）一

「第三の道」 ブレア政権（New Labour）From welfare to work
「積極的労働市場政策」（flexicurity） 北欧諸国（デンマークなど）

日本の失敗と北欧の成功（「周回遅れ」の日本）
日本：減税・規制緩和による成長政策　→　産業構造転換の遅れ
北欧：租税負担維持、知識社会への転換・産業構造の転換による成長の維持

「EU における雇用政策 2006」　積極的労働市場政策への転換を提言

もらう、つまり働かないで福祉に依存して生きるのが当然、みたいなことが起こらないようにする。これを新自由主義な自己責任の道筋でもなく社民主義的な大きい政府志向でもないその中間を行く道で実現する、これが「第三の道」というわけで、これはギデンズという人が本を書いています。

これは 1990 年代に書かれた本ですが、日本ではこの本が読まれるようになるのは 2000 年代に入ってからです。菅直人元首相など民主党政権の人たちがよく引用していましたが、これも後でお話ししますけど、新自由主義にしてもそうでしたし、第三の道もそうでしたけど、こういったモノはだいたい日本では 10 年くらい遅れて、周回遅れで導入されて物事が動きます。万事そういうふうに思ったほうがいいですね。

もう一つは北欧諸国が採用した積極的労働市場政策、これも雇用重視という意味では似ていますけれども、基本的には労働市場の流動性をすごく高くする。それまでの「完全雇用」を目指す労働市場政策は、雇用を守る＝失業を出さない、という考え方でしたから、日本でも、不況期でもできるだけ企業に抱えさせて失業者を出させないという政策をとっていたのですが、これだけ社会が大きく変化して産業構造が大きく変わっていく中で、衰退産業に

労働者をずっと抱えさせ続けるということは意味がないので、考え方を根本的に変えて、基本的に労働力を企業に抱えさせないで外へ出す。失業させてもいいので、失業したら失業した人たちはきちんと再教育をして訓練をして成長産業に労働力を移行させる。産業政策のほうも大胆に転換して、衰退産業は救わない。成長が期待できる分野に資源を集中投入し、労働力もそっちに移行させる。そのために、失業対策とか失業手当にお金を使うのではなくて、新しい産業分野で働けるように職業訓練などを積極的に行って労働者の職業能力—— employability と言いますが——を高める政策を採る。新しい産業分野で働けるように再教育をしたり職業訓練をすることのほうにたくさんお金を使うようになります。

北欧の国は確か GDP の２％だか３％といった規模のお金をこれに使っているんですね。これを積極的労働市場政策、flexicurity ——これは flexibility と security の合成語だそうですが——と言います。

これも民主党政権の時代に結構議論されたんだけれども、日本ではこれが政策として形になることは当時もなかったし今もありません。

日本では一億総活躍とか女性活躍とか、とにかくみんなで頑張ろう、撃ちてし止まん、みたいなことやってますけど、政策というものはきちんとした論理的根拠に基づいた体系的なものでなければダメです。

神野先生は、「失われた 10 年 成功の 10 年」というふうに仰っています。

いち早く、いち早くというか、90 年代 2000 年代にこういった新しい道を模索して政策転換を図り、産業構造を変えて IT 化・知識産業化に取り組み、それに合わせて労働市場の形を変えていく、ということを積極的にやった国と、遅れてきた新自由主義、規制緩和と減税と小さい政府みたいなことを行って、結局産業構造の転換が遅れて 20 年 30 年不況に悩んでいる日本、積極的な労働市場政策を採って、元々あった租税負担を下げないで、つまり福祉国家の基本構造を維持しながら、経済のほうを強くすること、労働市場のほうを改革することで成長を維持し、付加価値を作っていってそれを分配するというシステムを維持した国と、10 年間 20 年間を無駄にした日本、そういう対比で言われているのですが、実際、結果として日本は今なおデフレに悩んでいるわけですね。

2006年にEUがレポートを書いています。EUにおける雇用政策の提言というものです。北欧の成功に倣って積極的な労働市場政策への転換というのを積極的に真剣に考えたほうが良いのではないかという内容です。

第 3 章

社会保障を支える理念・哲学を考える（1）——自立と連帯

今回と次回は社会保障を支える理念・哲学について考えてみましょう。

自立と連帯、効率と公正といった社会保障を考えるときに必ず問題となる概念、社会保障の根本に関わるこういった理念哲学について少し考えてみようということです。

■ 近代社会の人間観

前回、近代の社会保障が、産業革命、そして産業資本主義の誕生とともにその形が作られ始めたというお話をしました。近代社会というのは、人間というものをどういうふうに見ているか、その前の時代と人間観がどのように変わったのかということについてお話をしたいと思います。

近代社会を特徴づけるのは、個人、あるいは個人の自由、可能性というものを基本に社会の成り立ちを考える。個人主義というやつですね。これが近代を特徴づけているのですが、個人と社会、あるいは個人と国家――国家も社会の一つですから――その関係をどう考えているかということを見ると、近代社会のものの考え方とはどのようなものなのかが見えてきます。

そこに、「ゲマインシャフト」と「ゲゼルシャフト」と書きました。これ

近代社会の人間像
ー近代社会における「個人」と「社会」 の基本的関係ー

・ゲマインシャフト（共同体組織）とゲゼルシャフト（機能体組織）
　社会契約論　自然権思想（天賦人権）　理性主義・合理主義・啓蒙思想
　進化論（適者生存）　近代科学思想

・資本主義を支えた思想　　経済における自由競争・私有財産制・功利主義
　　　　　　　　　　　　　政治における自由主義・個人主義

・近代社会における「国家」
　国民国家（Nation State）　市民社会の自律性　夜警国家論

は19世紀の終わりにドイツのテンニエスという社会学者が唱えた概念です。簡単にいうと、ゲマインシャフトというのは家族や地域社会、あるいは民族といった共同体組織のことを言います。これに対してゲゼルシャフトというのは会社組織や学校のような特定の目的のために人が集まって作った組織のことを言います。

これは、人間が組織や集合体を作るときの二つのスタイルを示しているわけですけども、近代社会とはとにかく個人を制限するものとか個人の自由を束縛するものをなくしましょう、そうやって個人を解放することで社会を発展させていく社会ですね。

高校の政治経済で社会契約論を習ったかもしれませんが、そもそも社会というのは、人間は自然において自由な存在であって、最初に自由でなんの束縛もない人間がいる。天賦人権という言葉がありますけども、そういうなんの制約もない自由な人間がいて、そういう人間たちが自分たちの財産や生命、治安を守るために少しずつ自分の自由を切り出して、お互いに契約をして社会や国家を作る。自分たちの自由を守るためにそういうものを作ったのだ、と。

個人の意志が集まって契約をしてできたものが社会や国家というものである。これが社会契約論ですね。これって、まず個があって、個がなんらかの形で集まって集合体や組織を作る、そのときの作り方はお互いに契約をして作る、みんなの自由意志で作る、したがってその社会の意志は個人の意志の集積ということになります。

この考え方というのは、自然で自由で全なる人間が存在する、というところから始まるわけですよね。理性的で合理的な人間たちというのがいて、その人たちがお互いに合意の上で自らの意志で自らの自由なり権利を処分して、そして集まって社会や国を作っている、というふうに考えるわけですね。

つまり、人間は、その本性において極めて理性的で合理的な存在なんだということでしょ？　そうすると旧弊に属している人というのは、そういう自分の中にある理性とか合理性というものに目覚めたことがない人たちだということになります。その人たちが人間本来の姿に目覚めれば、その人は理性的で合理的で、正しい行いをする人間になるんだ。そういう人たちに必要なことは、教え諭すこと、つまり暗闇の中で迷っている人たちに光を与える。そうすることによって人々は理性に目覚めるのである、迷いから解かれるのである。だから「啓蒙」っていう考え方が出てくる。啓蒙って英語でenlightenment、明るく照らすって意味ですね。

考えてみると「理性的で合理的に考える」っていうのは、我々の科学の思想でもあるわけです。客観的に観察し、事実を積み上げて考える。例えば人間、人間っていうのは要するに細胞、細胞が最小単位にあって、本当は厳密にいうと最小単位ではないんだけれども、生命体の最小単位である細胞が集まって臓器になり、臓器が集まって器官ができ、そしてそれが全部集まって、系になって人間という完成体が出来上がるわけだよね。人間というのは最小単位である細胞が積み重なってできている。自然界のいろいろな物質も全部そう、元素があって——今や元素も最小単位じゃなくて、陽子があって中性子があって、さらにもっと小さい素粒子があって、ってなってますけど、要は最小単位ってものがあって——、その元素が積み重なってものができる、物質となる、こういうことですね。つまり個が集まって全体ができる。そして、分析的理性っていうんだけれども、ものごとは細かく、細かく、細かく分けていって、分けていって、分けていって最後にこれ以上分けることができない最小単位——アトムがあって、そこに物質とか現象の本質があるんだと考える。

それを突き止めると、今度はそれをずっと積み重ねていく。そうすると全体が見えてくる。自然科学ってそういう方法論だよね。細かく分けていって、最後に見えてきたものがものごとの本質、これだ！　とこうなるわけだよね。これも基本的に個というものがまずあって、それが集まって集合体ができているという理解ですよね。実際人間の体もそういう集合体が集まってそうなっているわけで、今や原子すら解体されて素粒子になってるけど、とにかくそういうものの考え方で成り立っている。

■ 進化論と資本主義

さらに言うと、前回も少しお話ししましたが、この時代に流行ったのは、進化論なんですね。進化論ってどういうものかというと、別に動物は神様が作ったものではない、自然にできたものなんだと。そして生命というのはみな進化をするもので、その中で、時代時代でその環境に最も適合したものが生き残っていく。生存競争で生き残り、生き残ったものの中でより進化したものがより遅れたもの、より弱いものを駆逐し淘汰して生き残っていく。つまり自然界というのは、まさに自由競争で進化をしているんだと。そしてその進化の頂点に立っているのが「万物の霊長」たる我々人類なのである、と。

この進化論というのは、資本主義の考え方にぴったり合っているわけですよ。つまり資本主義というのは経済のことだけではなくて、近代のありとあらゆる科学や哲学や思想の根底に共通する何かを持っているってことなんですね。

少し余談になりますけど、上部構造と下部構造という概念がありますよね。マルクスがなんと言ったかというと、生産的諸関係、いわゆる経済関係だよね、生産的諸関係っていうのがいわゆる下部構造で、人間の形而上学的な思考とか価値観とかものの考え方、哲学とか文化とか芸術とかその手のものが上部構造。そして、上部構造は下部構造に規定されている。上部構造は下部構造に規定されているから下部構造が変われば上部構造も変わる。資本主義の社会には資本主義の哲学があり、共産主義の社会には共産主義の哲学がある。そして「生産的諸関係」は経済の発展によって、それこそ「進化」していく。資本主義の次に来るのが共産主義で、そこへの移行過程に存在するのが社会主義。まあ簡単にいうと彼はそういうことを言ったんだけど、実際我々の思想はそういう下部構造、それこそマルクスの言葉を借りると生産的諸関係によって規定されている。

そもそも共産主義思想って 19 世紀の資本主義によくマッチした思想だと思いますね。だから 21 世紀の資本主義にはマッチしてなくて、流行らないのかもしれないですけど（笑）。

これも余談になりますが、19 世紀の資本主義を支えた思想ってどのようなものがあるかというと、経済においては私有財産制、個人の財産、生命は絶対。これがまず基本にあります。で、自由競争、基本的に国家は市場には余計な介入はしない、市場の自律性によって最適な資源分配、最適の社会の発展が導かれると。功利主義、まあ若干功利主義というと特別な意味合いを持ちますが、簡単に言うと私有財産制と自由競争によって社会が発展していくと、それを止めてはならないということですね。

したがって、政治においても基本的には単位は個人。個人の権利の束の上に社会があると。だから基本的には個人の自由、自由な選択、自由な意志表明というものをとにかく尊重する。権力は市民社会の自律性に介入しない、とこういう考え方に立つわけですね。ジョン・ロックのように、元々人間は自然で自由な存在で、そういう人間たちが集まって、契約して国家を作る、社会を作るというふうに考えるか、トマス・ホッブズのように、自然状態は万人の万人に対する闘争だったので、万人の万人に対する闘争を統制するために、仕方がなくてお互い少しずつ譲り合って国家や社会を作ったと考えるのか、どちらで説明しても構わないですけれども、要するに、個人が集まって国家や社会を作ったんだって考えるところは同じですよね。

■ 国民国家を正しく理解する

近代国家は、国民国家、Nation State だというわけですよね。近代以前の国家（そもそも「国家」という概念自体が同じではなかったんだけど）は、王様とか領主が支配する領土（と領民）のことだった。言ってしまえば国家ってのは支配者のことで、領地と領民は彼の所有物。

国民国家というのは、国家主権という概念があって、国家主権は至高で不可侵なもの、制約を受けない権限だということになるのですが、国民国家ってどういうもので、国民国家に主権があるって、どういう意味でしょうか。みなさん考えてみてください。

国民国家は英語で言うとNation Stateですよね。NationもStateも日本語だと「国家」と訳すので、同義反復になってしまいます。でも、NationとStateというのは言葉の意味がちょっと違うんですね。Nationという言葉は国民とも訳せるわけだよね。あるいは民族という意味合いもある。ネイションの語源はラテン語のnascar、これは「生まれる」という意味で、natureとかnaturalと語根は同じです。自然のもの、天然に存在するものってことで、Nationとは共通の文化や共通の言語や共通の価値観を持った人間集団を指します。典型的には民族、ethnic groupだね。それに対してStateというのは、先ほども言った社会契約論ではないですが、具体的に人間たちが作った、我々がイメージする国家権力を持っている国家、つまりシステムとしての、機能体としての国家を指します。

だから、Stateを構成する人間集団が単一のNationであるとは限らないし（むしろそっちのほうが稀。現存する国家Stateのほとんどは、厳密な意味で言えばみんな多民族国家です）、同一のNation（民族）が複数のStateに分かれて帰属している、なんてこともいくらでもあるし、自らの国家を持たない民族集団、というのもいくらでもある（世界最大の「国家を持たない民族」はクルド人と言われています。その数推計約3500万人）。

そうするとNation Stateというのは、一方では、近代的な個人と社会の関係によって成り立っているまさに社会契約論的な国家、近代に人間たちが定義した主権国家という意味があります。

この考え方からは、国民国家というものは個人が集まって作ったものだから、国家の意志を決めるのは構成員たる個人。つまり国民（構成員）こそが国家の主人＝主権者ということになる。国家は王様のものでも貴族のものでも領主のものでもない。市民＝人民のものなのだ、という考え方が出てくる。主権在民ということですね。そして、国家権力の源泉は国民にある。国民は存在において自由。だから国家もまた何者にも制約を受けない。国家には主権（Sovereignty）がある、となる。

同時にもう一方では、民族とか特定の集団が国家を形成するという意味で、国民国家＝民族国家という意味もある。「民族自決」とか「一民族一国家」とかって言うでしょ？　それはまさに民族が単位となって国家を作るんだ、民族には自分の国家を作る権利――根源的権利――があるのだ、ということになります。

つまり国民国家というのは民族主義的な国家の作り方でもあるわけで、実際、国民国家という考え方が生まれたことで、世界中（まずヨーロッパ中）で「民族」の覚醒が起こる。19 世紀のヨーロッパの大国、ハプスブルク帝国やオスマン帝国は、要するに多民族国家だったわけで、領域内の民族集団が自分の「民族」に目覚め、「自分たちの国家を」と言って独立運動を始める。ドイツやイタリアでも「統一運動」が起こる。19 世紀というのは「民族主義」の世紀でもありました。

日本人は、一民族一国家（本当はそうではないが、意識の上ではそう）で、島国でずっと同じところに住み続けているから、そのへんの感覚が理解できないのだけれども、日本みたいな国は極めて珍しい、珍しいというか、ないと言ってもいいので、この国民国家という概念が持っている多義性、あるいは両義性というのはなかなか理解できない。

この国民国家という概念の持つ多義性、両義性と、主権国家、国家主権の不可侵性という考え方は、19 世紀以来、国家と民族の関係性を考えるときに非常に難しい問題を日常的に惹起することになります。

■ ゲマインシャフトとゲゼルシャフト

先ほど言ったゲマインシャフトとゲゼルシャフトのお話です。テンニエスはなんと言ったかというと、社会というものは人間が作るもの、人間が集まって作るものだからそこには人間の意志がある。社会における人間の意志には、本質意志と選択意志があるのだ、と。

本質意志とは何かというと、人間の本質そのものを表現するものだ、というのです。人間は社会的な存在だ、故に社会との関わりを必ず持っている、本質的に持っている。本質的に持っている関わりとは何かというと、他人との共感とか、一体感とか、愛情とか、共通に持っている慣習とか宗教とかそういう人間の本質に関わる要素で、それによって人間が結びついている。つまり損得とか利害とかそういうことではなくて根源的に人間が持っている本質的・本能的な資質、要素によって結びついているものだと。彼はこれをゲマインシャフトと呼びました。

例えば、家族（血縁）とか共同体（地縁）とかそういうものですね。あるいは宗教とか。こういうものって恣意的に自分の意志によって帰属を変えるということができないものですよね。人間の、私の本質に関わるものとして私は存在していて、そこに分かち難く結びついているものですから。

それに対して、人間が選択して作る組織というものがある。利害の一致に基づいた合理的な判断とか、意識的な選択として人間がこういう組織を作りましょうと言って作り出した組織というものがあるというわけ。それが選択意志。現代社会の組織ってほとんどこれでしょ？　特定の目的のために作る組織なので。会社もそうですね、学校もそうです。いろいろなスポーツクラブその他人間の集合体、みんなそうですね。これをゲゼルシャフトと呼びま

ゲマインシャフトとゲゼルシャフト
（Gemeinschaft und Gesellschaft　1887 Tönnies）

・社会を形作る人間の意志には、「本質意志」と「選択意志」がある

本質意志：人間の本質そのものの表現
他者との共感・一体感、慣習・宗教に基づく本質的な結合
（社会的存在としての人間の本質から生まれた組織）
→ゲマインシャフト（共同体組織）

選択意志：利害の一致に基づく合理的な判断・意識的な選択によって作られる
人工的な組織　→ゲゼルシャフト（機能体組織）

近代社会：「ゲマインシャフトからゲゼルシャフトへ」

した。

前者はゲマインシャフト。共同体組織で、まさにコミュニティの組織。後者はファンクショナルな組織、機能体組織だと言われます。彼は、近代社会っていうのは社会を構成する形、世の中にある社会がゲマインシャフト的なものからゲゼルシャフト的なものへとどんどん移行していく、ゲゼルシャフト的な組織がいわば社会の重要な組織体になっていく。それが近代社会なんだと言いました。

これも確かにそうですね。まさに近代社会の活動、生産を支えている主体は基本的にはみんなゲゼルシャフトになっていますからね。

これがゲマインシャフトとゲゼルシャフトということです。

01 貧困・格差の拡大・深刻化する社会問題

■ 資本主義の負の側面

19世紀の終わり頃になると、資本主義、産業資本主義のマイナスの部分がいよいよあらわになってきます。私有財産の自由だ、資本家は自由にいろいろなことをして生産活動を行うんだ、とやってきた。そうすると資本主義的な生産関係の中で、資本を持っている人、生産手段を持っている人、豊かな少数の資本家、基本的にそこに富が集まっていく。社会が発展して豊かになればなるほど資本家は肥え太る。他方で、自分の労働しか売り渡すものがない大多数の労働者は生活に必要な最低限度の賃金だけもらって貧困にあえぐ。

そして、この頃の考え方では、労働というのは生産の手段・要素だから、とにかく徹底的に労働者は使い倒す。本当にそうでした。食事の時間と睡眠

貧困・格差の拡大、社会問題の深刻化

・労使対立　　豊かな少数の資本家 vs. 貧困に苦しむ多数の労働者
・都市問題　　過酷な労働環境・労働災害・劣悪な衛生水準・住環境
（貧困な都市インフラ＋労働者階級の困窮→都市のスラム化）
↓
古典的経済学（自由主義思想）は問題解決の術を持たない
（救貧は慈善団体の仕事。国家の仕事は自由と財産の保全）
↓
社会主義思想の広がり　　粗野な資本主義の自省（Fabian Socialism）

☆国民国家・経済思想をめぐるもう一つの流れ
ドイツ歴史学派　ドイツ・ロマン主義　有機体としての国家

の時間、とにかく明日もういっぺん仕事ができるために必要な、生存に必要な時間以外はすべて労働に費やさせるというのが当時の働かせ方ですから、嫌なら辞めればいいでしょうと。あなたと契約するかしないかは私の自由だという世界だからね。そうすると当然豊かな資本家と貧困に苦しむ大多数の労働者、まさに階級が生まれ、階級の対立がどんどん激化していくことになります。

こういった労働者たちはみんな都市に集まってきます。そして、非常に過酷な労働環境の下で働かされる。しかも工場労働、炭鉱労働は大変危険な労働で、労働災害も頻発する、労災で働けなくなる人もいる。だから、都市部に人が集まるのですが、都市インフラが脆弱なので、衛生水準が悪くなる。下水道だってまともにない。飲み水だってちゃんと手に入らない。しかも住んでいるところも非常に劣悪で住環境もひどい。つまりたくさんの人が住んでいるのに都市には必要な都市インフラが整備されていない。そんなところで労働者階級は極めてギリギリの生活を強いられている。ということで、都市がどんどんスラム化していくことになります。

スラム化すれば、当然治安も悪くなるということで、都市問題というのは非常に大きな社会問題になってくる。なってくるんだけれども、当時の経済学、古典派の経済学はとにかく夜警国家です。したがって、経済活動において政府は余計なことはするなということですから、基本的に問題解決の術を持たない。もしかすると問題だとも思ってなかったのかもしれませんけどね。救貧ですら国家の仕事ではないと彼らは考えている。それは慈善団体や教会あるいは資本家たちが慈悲で行うと。それはもうご勝手にということだけれども、国家の仕事ではないと。国のやることはとにかく市民の自由、市民の自由というのは要するに資本家の自由な経済活動、資産、財産を守ることだけれども、要するに自由と財産を守っていけばいいと、そういう考え方だったので基本的には放置をされることになります。

で、どうなったかというと、こういうことは許されるべきではない、問題なんだ、資本主義的生産関係の中で労働者が搾取されている、そのことこそがそもそも問題の根源だという社会主義の思想が生まれ、それが燎原の火の如くヨーロッパに広まっていくわけですね。特に大陸では、これもまた後でお話ししますけど、大陸では民族主義の流れと合わせてこれがどんどん広がっていくということになります。

イギリスでもこういった社会主義思想の広がりの前に、今みたいなことをやっていてはいけないと、それこそ革命が起きるということで、こういった資本主義の粗野な、乱暴な考え方に対する反省というか修正が起こります。これはフェビアン主義、フェビアニズム、フェビアンソシアリズムと当時呼ばれていて、フェビアン協会という、こういうことを提唱する社会団体があって、ウェッブという夫妻が主導していたのですが、そういったような流れがイギリスからも少しずつ出始めてきました。

1833年に初めて工場法という労働者保護法ができます。年少労働を制限するとか労働時間を制限するとかいう法律で、今の労働立法の40時間労働と比べたら、こんなものかと思うような内容ですけれども、それでも労働者の働かせ方に一定の制約を課す法律が初めて作られたことになります。こういった法制度の流れっていうのは、基本的には産業資本主義の先進国であるイギリスの経済、イギリスの社会、イギリスの思想の変化、変遷を表していると言えます。

大陸の側ではまた違った流れが起こります。それの一つの大きな潮流はドイツです。ドイツは1870年にプロイセンがドイツを統一するまでは、統一ドイツ、国民国家、民族国家たるドイツというものは存在しておらず、ドイツは歴史的な理由、神聖ローマ帝国からの歴史的な理由で、小さな公国に分かれていました。習ったでしょう、ドイツ選帝侯とか。小さな公国がたくさんあって群雄割拠していたんですね。今でもドイツは連邦国家だけど、1870年まで統一的なドイツは生まれていなかった。

フランス革命の後、先ほども言った民族意識の高まりというものがヨーロッパに伝播をして、先ほど言った国民国家のほうで言えばNationのほうに力点がある国家観、民族自決、それぞれの民族が自分の国家を持つと、そういった民族主義的な考え方が広まっていく。ドイツでも統一的なドイツ、民族的なドイツの覚醒を、というロマン主義的、ドイツ・ロマン主義と言いますが、そういう考え方でドイツを統一すると、国家というものを民族と対に考える、文化というものを通じて考える。つまり自分たちの民族的なルーツであるとか自分たちの共同体、文化・芸術、歴史というものを基盤にして自分の国を作っていく。まさにドイツ民族の覚醒が起こるわけですよね。

こういう考え方からすると、国家というのは、裸単騎の個人が集まって、人工的に作ったものではなくて、民族とかそういう共同体を単位として作られるということになる。そうするとそういう社会では、ドイツという国家はドイツ民族を体現するものですよね。国家それ自体がいわば生命体ごときものなんです。国家というのは一種の有機体だと。生きているんだと、つまりレーベン（Leben：ドイツ語で「生」という意味）があるんだというふうに考え、国家有機体説なんていうものが出てくる。

こういう考え方からすると、例えば労働者だって農民だってドイツ国民ですよね。つまり有機体としての国家の一部なんですね。つまり、あいつらと俺たちではなくて、同じ同胞なんですよ。そういった考え方で資本主義の問題を見ると、資本と労働、と言ってもそこには全然違って見える風景がある、ということになります。

「連帯（Solidarité）」概念の再構成

「連帯」（1896　レオン・ブルジョワ　Léon Bourgeois）

：有機体（＝人体）における諸器官の関係は「適者生存」ではなく「協調と結合＝連帯」である（→人間はそう作られている）。
　→「自然的事実としての連帯」は、人間の意志に関わらない、普遍的かつ必須の法則

：他方、我々は「社会に生きる人間」
　→固有の目的である「正義」を実現するために、自然的連帯を超えた「義務としての連帯」が存在する

■ 連帯という概念――社会保障を理解するキーワード

次はフランスです。フランスはフランス革命、ブルジョワ革命の発祥の場所ということになるわけですけども、フランス革命のスローガンはみなさんよくご存知だと思います。「自由、平等、博愛」ですね。Liberté, Égalité, Fraternité。フラタニテ（Fraternité）というのは日本では「博愛」と訳していますけれども、語源的には同志愛とか同胞愛、仲間内に対する愛情という意味です。つまり日本語の博愛、すべての人に対する愛っていう意味――博愛の博は博学の博、博士の博――とはちょっとニュアンスが違っていて、当時の文脈でいえばブルジョアジーの団結、つまりブルボン王朝と対峙して革命を遂行していった戦う仲間たちに対する愛情、という、むしろそういう意味合いのものでした。

ちなみに在日フランス大使館は、フラタニテの訳語として「友愛」を使っています。同胞愛、ってことですから、こっちのほうが正確ですよね。フランス人のほうが日本語の使い方ちゃんとしてる（笑）。

この自由・平等・友愛ですけれど、最初の革命の時に出された有名な「人権宣言」の中では、「自由・平等・私有財産の尊重」って出てきます。1848年、第三共和制憲法の起草時に、「自由、平等、友愛」が正式に共和国の「原理」として定義されました。

さて、スライドにある「連帯」、これもフランス人の大好きな言葉ですが、この「連帯」って概念はフランス革命の時には存在していません。で、19世紀の終わりに、レオン・ブルジョワっていう政治家、のちにノーベル平和賞をもらう人ですが、政治家であり、いかにもフランスらしい哲学者でもあり社会学者みたいな人でしたけれども、彼が連帯という概念を提唱します。あるいは連帯という言葉は昔からあったかもしれませんが、それを定義し直すんですね。

彼はなんといったかと言うと、人間の体を見てくれと。人間というのは有機体だ、生命体だと。人間の体はそれこそ細胞からできていて、その体には様々な器官が、臓器がある。そして人間の体を構成しているパーツパーツの臓器は、器官は別に競争なんかしてない、適者生存ではなくて、それぞれがそれぞれの役割を果たしながらお互いに協調し、そして結合することで人間は生命体として存立している、と。

それはそうですね、確かに。

で、彼は言います。人間というのはそういうふうに作られているんだ。それはそうしようと思ってそうなっているわけではなくて、人間とはそもそもそういうふうに作られた、と。つまり自然的事実によって生まれている連帯というものが世の中にはあって、それはこの世界の普遍的で必須の法則なんだと。

つまり連帯というものは自然的事実として我々の中に備わっているものなのだ。まあこういうわけです。

他方で、そのようにして作られた有機体である人間は、社会の中で他者と関わりながら生きている。我々自身、そういういわば「内なる連帯」によって生命体として存在しているように、我々は社会の固有の目的である正義を実現するために、そういった自然的連帯を超えた連帯をしなければいけないんだと。それは義務としての連帯だと主張しました。

まあわかるような、わからないような（笑）ことを言っているのですが、要するに、人間は社会的存在なのであって、社会的存在として他者と連帯をすることがいわば当然の義務として存在しているんだ、と彼は言ったわけです。

図表 3-1　レオン・ブルジョワの「連帯」の体系

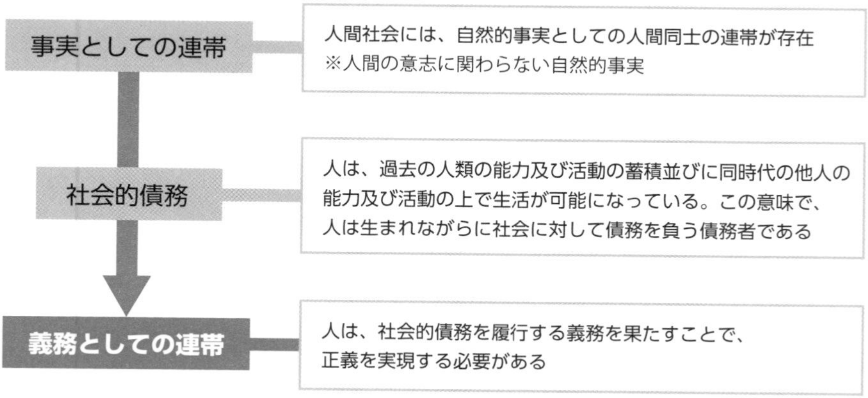

この義務としての連帯について、彼の書いたものを読んでみました。

彼はなんと言っているかというと、こういうふうに言っています。私たちは誰もが社会の中に生まれて、社会で生きている。現に我々はこういうふうに生きているじゃないか、これは事実だと。我々がこうやって社会の中で生きている、生きていけるというのは、過去、そして今私たちと同時代に生きている人類、つまり他の人がこの社会を作り、維持している。そういった人

「義務としての連帯」とは

「現に、私たちは、誰もが社会の中に生まれ、社会の中で生きている。
これは事実である。そしてその事実は、過去及び同時代に生きる人類の能力と活動の蓄積によって実現されている。
ゆえに、共同体のメンバーであるすべての個人には、自分以外のメンバー、すなわちその社会に生きるすべての人に対する「何らかの」義務（「社会的債務」）が生じる。
各メンバーは、自らの社会を存立させていくために、メンバー間の不公平を是正したり、生活のリスクへの負担を分け合うことについて、自由な議論と合意を通じて義務としてのルールを設定し（「義務としての連帯」）、それを果たすことで正義を実現することが必要となる。」（香取抄訳）

たちの能力と活動が積み重なって出来上がった、そういう社会の中で実現されている。つまり他の人が、過去の人や同時代に生きる人がその能力を発揮し、活動してきたその蓄積によって、私たちは社会の中で生まれ、生きていけているのだ。社会、共同体のメンバーである人は全員、自分以外の他のメンバーがいることで生きていけてるんだから、社会に生きるすべての人は他のすべての人に対して、自分がそこに、そこの社会で生きていけることに対しての対価としての債務、社会的債務、義務がある。

すなわち、社会のメンバーは、自分が属している社会がずっと存立していくために、維持できるために、メンバー間の不正を是正したり、生活上のリスクを分け合うことについて、自ら自由な議論を起こし、その合意を通じて義務としてのルールを自分たちで作り、守らなければならない。

それが義務としての連帯だと。それを果たすことで正義を実現する。そういうことが必要になるんだ、とこういうわけです。

さて、この議論って、冒頭でお話をしたゲマインシャフトとゲゼルシャフトの話に重ね合わせてみるとちょっと面白い議論だと思いませんか？　つまり一方で、我々は社会の中に生きている。その社会で生まれた、だから私たちはその社会・共同体と分かち難く結びついている。我々が生きていけるのは、存在しているのは共同体があるが故だ。つまり共同体の一部として僕たちは生きているんだ、と。これって非常にゲマインシャフト的な議論ですよね。

他方では、我々はこの社会とどう関わるか。それは自らの意志、自らの自由な議論と自由な人たちの合意によって義務を作る。その義務としての連帯を自分たちが実践する。連帯をして自分たちが共同で正義を実現する、そのことを通じて我々は社会に貢献する義務があるんだ、と。これは、自らの意志で人々が横につながって共同の目的を達成する、ということですから、まあゲゼルシャフト的なものの言い方ですね。しかもそれは「正義」を実現するためというわけです。

そして、正義とは何かというと、その社会を正しく存立させること、メンバー間の不平等を是正したり、生活のリスクの負担を分け合うことだと。それこそが正義だ、とこういうわけですね。

ここまで話したら理解できると思いますが、この連帯っていう概念こそ、この後、我々が社会保障や福祉や社会的公正を考えていく上で極めて重要な概念、キーワードになる言葉だということです。

02 補論：経済システムとしての社会保障を理解するために

続いて、補論です。

まず、経済システムと社会システム、我々の社会を支えている経済的な部分とそうでない部分、市場的分野と非市場的分野と言ってもいいですが、それがどういうふうに重なっているのか。第１回の講義で、社会保障というのは経済のサブシステムでもあるし、社会のサブシステムでもあると申し上げましたが、そのことをもうちょっと深掘りをして考えてみます。

もう一つは労働、つまり働くってことはどういうことなのだろうか、人間にとってどういう意味を持つのだろうか。この「労働」の意味が、資本主義社会になってから変わってくるんですね。そのへんの話を整理してみよう、ということです。

補論１：経済システムと社会システム

・経済活動は人間の根源的な営みであり、社会の重要な要素である。経済という切り口なしに社会の機能を語ることはできない。そして現代経済の基本的枠組みは資本主義＝市場原理であり、資本主義を特徴づける諸原則（市場システム・競争・契約自由・効率性など）は、同時に現代社会の基本的な構成原理となっている。

・しかしながら、当たり前のことであるが、いかに現代が「経済の世紀」であっても、社会は経済＝市場の論理だけで成り立っているわけではない。社会には経済＝市場の論理では語り尽くすことのできない「非市場的」な人間の営みが存在している。
我々は、経済の論理だけで生きているわけではない。現実に生きている人間は「社会的存在」であって、「Homo Economicus」ではないのである。

・そのような、「経済の論理では律されない人々の営みの領域」は、当然ながら経済の論理とは異なる行動原理によって成り立っている。

■ 経済システムと社会システム

まず経済システムと社会システムについての議論です。

経済活動というのは人間の根源的な営みですね。社会の持っている重要な要素の一つです。生産活動をし、それを交換し流通させ、消費する。生産活動を通じて付加価値を産み、その付加価値を分配し、それを人々は消費する。

それで人々は日々の糧を得て、生活をし、自己実現をし、社会は豊かになっていくというわけですね。つまり経済の切り口なしに我々の社会の機能を語ることはできません。それこそ国家の四つの機能のうちの一つは、国富の増大、まさに経済活動ということになるわけです。

で、現代の経済活動の基本的な枠組みは資本主義、市場原理です。そして、ここまでずっと産業資本主義の話をしてくる中でお話ししてきたように、資本主義的な生産関係を特徴づけているいろんな諸原則、市場システム、市場原理、そして競争、自由な競争、契約の自由、それから効率性、費用対効果、こういったものの考え方は、単に経済関係だけではなくて様々な面で我々の現代社会を規定している基本的な原理になっています。

他方で、確かにそれはそうだけれども、先ほどのゲマインシャフトとゲゼルシャフトの議論を思い出してみると、いかに経済の意味合い、経済の重みが大きい社会になっているとはいっても、我々の身の回り、我々が生きている社会はすべて経済で埋め尽くされているわけではない、市場の原理だけで動いているわけでもない。当たり前なことだが社会には市場の原理では動いてないところ、市場の原理では語り尽くせない非市場的な、非経済的な、社会的なと言ってもいいんですが、そういう人間の営みは必ずある。

ホモ・エコノミクスという表現がありますが、我々はもちろん経済人として生きているわけですけれども、それ以外の分野、それ以外の部分というのは我々の日常生活において当然存在をしている。そういう世界は経済の論理では動いてない。別の論理で動いている。

では、それってどういうものなのでしょうか。

経済システムとはどういうものでしょうか。どういう原理で動いているのでしょうか。経済主体である個人がいて、その個人によって創造される市場というものがあって、市場というのは自律的に動いている。市場ではそれぞれのプレイヤーが自由に物を売り買いし、自由に行動し、自由に判断し、自由に選択している。そういうことですよね。そこに基礎を置いていて競争だとか自由とか効率性だとかいう原理がこのシステムを動かしているわけです

・経済システムが、個人（経済主体）によって構成される市場（の自律性）に基礎を置き、競争・自由・効率性といった諸概念を構成原理としているのに対して、非市場的な領域のシステムは、地域や家族（への帰属意識＝人間の社会性・関係性）に基礎を置き、協働・連帯・共生（相互依存）・信認・互恵といった諸概念を構成原理にしている。

・この２つの行動原理は、我々の社会・日常生活の中で共存・併存し、社会における人々の様々な営みは、常にこの両面を持っている。個人と社会の間にある様々な中間的な個人の帰属集団（家族・企業・地域社会等々）はそれぞれに「社会システムの構成要素」として機能し、同時に「経済システムにおける主体」として機能している。

・そして、重要なことは、この２つの原理は、対立するものでも截然と区分できるものでもなく、相互依存的・補完的に機能して社会全体を支えているということであり、経済システムも含め、社会全体を支える様々な諸システムは、整合的な相互連関と役割分担があって初めて、それぞれが有効に機能するものだということである。

ね。

それに対して、そうでない世界、非市場的な領域というのは、例えば地域とか家族、そこに帰属をしている人間の行動。そこは、人と人との関係性というのが基礎にあって、競争とか効率性とかいうことではなく、協働とか連帯、相互の信認とか互恵、そういったことで成り立っている世界ですね。家族もそうだし、恋人同士も、地域コミュニティもそうですね。

この二つの行動原理は、我々の日常生活の中に両方とも存在しています。別に対立しているわけではなくて並存している。例えば家族もそうだし企業もそうだけど、それぞれどっちの要素も持っている。家族も立派な経済主体。お金稼いできてお金使っているわけですから。それは経済主体でもあるし、もちろん社会的主体でもある。企業だってそう、地域社会だってそう。それぞれに、社会システムの構成要素でもあるし、経済システムの主体でもある。

両方の要素を常に持っている。

だから、この二つの要素は別に対立をしているわけでもないし、線引きができるものでもない。両方あって初めて全体として機能している。考えてみると他にも社会にはいろいろなサブシステムがあります。全部がそれぞれに違う原理で動いているのですが、全体として相互連関と役割分担がそれなりにあって、ちゃんとそれが整合的につながっているから社会というのは機能している。あたかも人間の体がそれぞれの臓器がそれぞれの役割を果たしながら全体として機能しているようにできているように。

こういうふうに考えていくと、人間の身体から説き起こして連帯を説明するのもそれなりに説得力があるような気がしてきませんか？

次に労働というのを考えてみましょう。

補論２：「労働」とは

・「労働」という行為は、生産要素としての労働力の提供であり、それによって社会に付加価値を生み出し、対価としての賃金（所得）を得、その賃金（所得）で消費活動を行うという意味で、人間が経済主体として行う極めて根源的な「経済行為」であるが、同時に、この同じ「労働＝働くという行為」は、「他者のための活動」（エンゲルス『猿が人間になるについての労働の役割』）として、地域社会や家族関係の中で（場合によっては生産現場である企業内においてさえ）働くことを通じた他者との関わり、他者に貢献し他者の信認（信頼）を得ることによる帰属集団の中での「役割と居場所」の獲得＝メンバーシップ・アイデンティティの確立による「安心と安定」の獲得につながっている。

・何故ならば、人間は「意味」を求める動物であり（京極純一『日本の政治』）、「私が生きていることの証＝アイデンティティ」は、他者との関係の中で自身の存在に意味（役割・価値）を見いだすことを通じてしか獲得できないものだからである。

■ 労働＝働くとは何か

まず労働というのはどういう行為でしょうか。

労働力というのは、生産要素の一つです。資本と労働。で、人は生産要素としての労働を提供します。まさに働く、という行為ですね。働くことによって世の中に付加価値を産み出す。その産み出した付加価値の対価として所得、賃金をもらう。そのお金で我々は消費活動をしている。つまり我々は労働という行為を通じて生産活動に関与し、消費に関与しているのです。それは我々が経済システムに関わっている一番根源的な部分、経済主体としての一番大事な行為で、経済という観点から見ても労働という行為はその根幹を成すものですね。労働がなければ経済は成り立たないわけですから。

そうなんですが、他方で働くというのは、自らの意志を持って他者のために何かをすること、ですよね。働くという字は、人が動くと書くでしょう。高校時代、政治経済の先生に「働くというのは、側（はた）を楽にすることだと。つまり人間が働くということは、誰か他の人のために何かをする、自らの意志で他者のために何かをすることを労働というのだ」と言われて、なるほど、そうかと思いました。

で、エンゲルス、例のマルクス＝エンゲルスのエンゲルスですけど、エンゲルスが『猿が人間になるについての労働の役割』という本を書いています。この先生が言ったのは実はエンゲルスの書いていることでね、エンゲルスはこの本の中で、人間と猿の違いは何かと言うと、猿は人のために働かない。人間は他者のために労働をする。そこが人間との決定的な違いだ、って言っているんですね。

つまり、労働というのは、実に社会的な行為だと言うわけです。これはお金を稼ぐ、会社で働くっていうことだけではなくて、様々なところで人間は働いている。つまり、他の人のために何かをしている。地域社会の中で他と関わる、家庭の中でもそう、家族関係もそう。つまり、働くってことは人間が何かをアクションすることで、そのことを通じて他者と関わるっていうことです。で、他者と関わることで他者に貢献をする、そのことを通じて、他の人の信認や信頼、承認を得る、自分の存在を認めてもらう、そのことで自分で自分を確認することができる。

つまり、帰属集団の中で、役割と居場所を獲得するための一番重要な行為だと。これをやるのは人間だけだ。何となれば人間は社会的存在だからだと、そこにつながっていくのですが、つまり労働というのは他者のための活動で、それは同時に自分が帰属するコミュニティの中で、自分のポジションを得ること、同時にそのことを通じてアイデンティティを得ること。それが自分にとっての居場所、安心と安定につながるということなんですね。

つまり労働というのは単に金稼ぐことだけではない、賃労働だけが労働なのではないということですね。人間はなぜ労働するのか。猿と人間はどこが違うのか。それは、人間というのは意味を求める動物なんです。自分のしていること、自分自身に意味を求める。だから自分が生きているということの証、自分が自分であることの証し、アイデンティティがとても大事で、アイデンティティというのは他の人との関係の中でしか、自分の存在が意味のあるものだと確認することを通じてしか確認できない。だから、自分探しというのは自分の中だけを見つめていても探せない、他の人との関わりの中で自分の存在の意味を見いだすのが自分探しなんだ、というわけです。

となると、働くということは、結局他の人に何かの貢献をする、何かの役に立つことをする。他の人も同じように、働くことを通じて他の人のために、自分以外の人のために何かをする。そうすると働くことを通じて人間は他の人との間でコントリビューションの相互交換をすることになる。そして相互にそれを承認し確認し合う、労働っていうことはそういう行為だということになるわけですね。

そうすると、人と人との相互交換・互恵の関係がたくさん束のように積み重なっていく。それこそウエッブのようにつながっていく。その積み重ねが、その集団、構成員間の社会的な紐帯になる。紐帯とはまさに「紐でできた帯」と書くわけですからね。無数の紐が人と人との間をつないで帯のように

・さらに言えば、そのような「働くこと＝他者への貢献の相互交換・相互承認」の積み重ねが構成員間の社会的紐帯＝連帯意識の基礎を形作り、人間集団としての社会の形成と安定をもたらすという意味で、「働く」ということは極めて重要かつ根源的な「社会行為」でもある。

・だからこそ、経済の世界では労働としての意味を持たない「対価のない労働＝経済行為としての労働ではない地域活動やボランティア、家内労働、家族機能としての老親や子どもの私的扶養」もまた、人間にとっても社会にとっても不可欠で重要な意味を持つ「労働」となるのである。

なる。それが我々の連帯意識の基礎を作っている。そこから人間集団としての社会が生まれ、そして社会の安定をもたらすということですから、働くという行為はまさに社会を形作っている根源的な行為だということになります。

そこまで考えてくると、経済という切り口からすると、対価の支払われない労働は労働としての価値がない。つまり付加価値を生まない労働、経済的な意味で付加価値を生まない労働、賃金としての対価を支払うに値しない労働は経済行為としては意味のない労働だということになる。

しかし、例えば地域活動とかボランティアとか、家庭内労働もそう、扶養や育児、家事といった経済システム――市場システムと言ってもいい――以外の場で行われている様々な労働、フェミニストの人たちはアンペイドワークと言ったりしますけど、こういった労働は、経済の目から見ると別にやってもいいけどやらなくてもいいというか、経済システムの中で意味を持たない労働であっても、人間にとっては、そして社会にとっては実は不可欠な労働で、社会を社会たらしめている人間の根源的な行為なんだってことがわかります。

つまり労働というのはそういうものなのですね。人間が社会的な存在であること、人間の社会が社会として機能していることの根源に関わる行為だということなんです。

知識補給：「類的存在」Gattungswesen
「疎外」Entfremdung

・「労働」とはどういう行為か（カール・マルクス『経済学・哲学草稿』）対象に働きかけ、何かを生み出す行為
∴生産物は労働が「外部化ー客体化」したもの。　→労働価値説

・猿は労働しない。労働するのは人類だけ（エンゲルス）
人間の本質は「生産ー協働としての労働」を通じて他の人間と関わり、自分自身と人間を知る。すなわち、
「人間は生産共同体において共同生活を営む社会的存在＝類的存在である。」
→「共感」や「情愛」ではなく、労働や生産こそが人間の共同生活の中核をなす。　→産業資本主義における「労働＝組織労働」！

■ マルクスの慧眼――類的存在と疎外

本日の講義の最後は知識補給です。一つは類的存在、もう一つは疎外についてです。

マルクスは『経済学・哲学草稿』という本を書いていて、この中で労働と疎外の話を書いています。19 世紀の世界、資本主義、産業資本主義の初期の、特に工場労働を中心とした労働の世界を彼はずっと見てきて、労働価値説、付加価値は労働から生まれる、という学説を展開します。きっと当時の世の中を見てそう見えたんだろうなと思います。

経済学説として正しいかどうかは経済の先生に聞いてください（笑）。だけど労働の本質とは何か、という点についてはマルクスは非常に鋭いことを言っていて、労働というのは、先ほども言ったように何か他者（他の対象）に対して働きかけることですね。そうすると、物を作るという行為を考えればいいのですが、対象に働きかけて何かを生み出す行為ですね、鉄の塊に働きかけて車を作る、とまあこういうふうに。

そうすると、マルクスたちが考えていた労働価値説によれば、生産物というのは労働が客体化したものだ、外部化したものだ、形になったものだということになります。で、先にも言ったように猿は労働しないわけですから、労働するのは人間だけ、人類だけなんですね。そうすると、働くことを通じて、生産活動を通じて人間は他者と関わって自分の存在を知る。人間の本質、人間が営む共同体の本質は何かというと、それは生産することだ。生産共同体という共同体で共同の生活を営む社会的存在、それが人類なのだ、ということになります。

ここで類的存在という言葉が出てくるんですね。つまり種族としての人類は生産活動、労働によって社会的存在として定義づけられるというわけです。類的存在、というのは共同体の本質の定義みたいなものだから、別に労働とは限らないのですが、この時代の哲学はまさにその時代の社会の下部構造、資本主義的な生産関係に規定されてこういう考え方が出てくるわけです。そうすると、要は人間と人間のつながりとか人間と人間の連帯というのは共感とか情愛とかっていうフワフワしたものではなくて、まさに労働とか生産とかそういうものによって形成される、それこそが人間の共同生活の中核をなすものである、とこうなるんですね。

これって、産業資本主義の下における労働の姿そのものですね。まさに工場での労働のイメージ、組織労働ってことでしょ？

だから、共産主義的な革命理論によれば、階級を象徴するものは労働組合ということになります。労働者の団結とはまさに人間の本質に関わる、類的存在に関わる活動で、階級闘争に勝ち抜くのは労働者階級だと。こうなるわけですね。

非常にわかりやすいのですが、なぜ、このような考え方が出てくるのかというと、まさに産業資本主義的な生産関係とか労働関係というものがそういうものであったから、つまり、19 世紀とはそういう時代であったということになります。

第 4 章

社会保障を支える理念・哲学を考える（2）

――効率と公正

今回の講義のテーマは「効率と公正」です。

効率を英語でいうと efficiency、形容詞だと effective ですね。公正は、fairness、形容詞は fair です。fair trade なんていう概念も最近ありますね。効率と公正というのは、ある時は両立するし、ある時は両立しない。社会保障の中でも効率と公正というのはいつも議論になります。

効率と公正をめぐる議論

・市場メカニズムへの信頼（古典派経済学－功利主義の流れ）

→個々人の利益の追求（市場における自由な経済活動）は公共の利益と一致し、それによって社会の調和がもたらされ、資源の最も効率的な配分が実現される。

∴国家による市場外からの統制・介入は、市場の機能を阻害し、不効率な資源配分をもたらす。

☆自由放任思想を奉じる資本家たちは、都市問題を解決するための立法（工場法、教育立法、公衆衛生立法）にさえ反対した。

■ 自由放任から社会主義へ

まず、何度も申し上げていることですけども、市場メカニズムに対する信頼というのが資本主義の基本にあります。これは古典派の経済学以来、資本主義経済の基本にある考え方で、個々人の利益を個々人が自由に追求する、市場において自由に自らの判断において自らの利害を追求する、それが合理的な行動、経済的に合理的な行動だということになっています。そして、みんなが市場でそうやって活動をすると、結果的にそれは最終的には公共の利益と一致して、それによって社会全体の調和が実現し、資源の最も効率的な分配が実現される。なので、国家が市場の外側から、中途半端に余計なことをすると、市場の本来の機能が阻害されて非効率になる。だから余計なことはするな、とこういうことになります。

もちろん、今では「市場原理」と言っても、手放しで自由放任、って言ってる原理主義学者はそんなにはいなくなっていますが、市場機能に対する基本的な信頼というか、市場機能をどうやって補完するか、という議論はあっても、市場それ自体を否定するという議論はまあありません。その意味では、市場は資本主義経済の本質的要素というか前提というか、そういうものですね。

当時はと言えば、初期の産業資本主義、「粗野な資本主義」と言われますが、素朴な自由放任の考え方が支配していた時代ですね。この時代の資本家たちは、先ほど言った様々な社会問題、都市問題、労働問題、そのために政府は工場法のような労働規制法規だとか労働者のための教育、公衆衛生の立法に取り組むわけですが、そんなのすらそれは政府のすることではないといって反対をしたんですね。

歴史の潮目　19 世紀後半の欧州

・欧州諸国における社会主義思想の広がり
　共産党宣言（1848）　欧州諸国における労働者政党の誕生

・ドイツにおける社会保険立法（ビスマルク）
・フランスにおける連帯思想の再構成（ブルジョワ）
　→イギリスにおいても、フェビアン社会主義が登場（ウェッブ夫妻）

経済的自由主義を「ナショナル・ミニマム」（最低賃金、労働時間制限、安全衛生、義務教育）を保障する社会政策（制度）で補完する。
☆単なる再分配政策ではなく、快適な労働条件によって労働者の健康、知力、活力を増大させ、また、劣悪な条件でしか労働者を雇用できない非効率な企業を追放することで、経済を成長させることを目指す。

18 世紀から 19 世紀にかけての時代の雰囲気というのは、そういうものだったわけです。

歴史の潮目が来るのは 19 世紀の後半以降です。

前回お話ししたように、ヨーロッパ全土で社会主義思想がどんどん広がっていきます。本当に燎原の火のごとく広がっていきます。そしてフランス革命のあと、ナポレオンがヨーロッパの古いアンシャンレジームの国々と戦いました。プロイセンやオーストリア帝国、オスマン帝国です。その結果、フランスの革命思想、自由民権思想がヨーロッパへ広がっていく。

で、どうなったかというと、ヨーロッパにあった大きな帝国の中で「民族の覚醒」が起こります。同時に、バラバラだったドイツとかイタリアでも、それぞれの民族がそれぞれの統一民族国家を作ろうという動きが出ます。帝国のくびきから逃れて独立し、自らの意志で自らの国家を作る、国民国家を作る運動が起きていく。そういった形でヨーロッパを支配してきた各帝国は挑戦を受けることになるんですね。

1848 年という年は非常に象徴的な年で、マルクスとエンゲルスが「共産党宣言」を発表しました。「ひとつの妖怪がヨーロッパを歩き回っている——共産主義という妖怪が」で始まる序文や「万国の労働者たちよ、団結せよ」は有名なセリフですね。実際 19 世紀半ばには、様々な形で各国の労働者たちが声をあげ、いわゆる労働者政党というものがヨーロッパ各国に生まれます。この労働者政党はヨーロッパの様々な民族主義運動、独立運動、国家建設運動に関わっていくことになります。1848 年っていうのはヨーロッパの各地でそういった市民運動、独立運動、革命が起こった年で「諸国民の春」と言われる年です。

そんな中、ドイツではビスマルクが登場し、ドイツ統一に向けて国内の団結を強化し、社会保険立法を次々と作ります。フランスでも前回お話ししたような連帯思想みたいなものが生まれます。イギリスでも、これもフェビアン社会主義といったこれまでの資本主義の流れをいわば修正するような運動が起こります。まあ簡単にいうと、今までやってきたような自由放任でやるのはまずいよね、やっぱりナショナル・ミニマムが必要だと、ナショナル・ミニマムというのはフェビアン協会のウェッブ夫妻が1897年に出版した『産業民主制論』の中で提唱した概念なんですが、最低賃金だとか、労働時間の制限だとか、労働安全衛生とか、義務教育とか、こういったものできちんと労働者に保障するということを国家が制度として行う、社会政策としての制度を整備していくことが必要じゃないかと言い出すわけですね。

こういう考え方が出てきた背景には、もちろん社会主義の流れがヨーロッパ全土で強くなってきた、ということがあります。彼ら社会運動家たちは資本家たちをどういうふうに説得したか、どういうふうに言ったかというと、これは市場原理の否定、資本主義の否定じゃないんですよと。考えてみてください、快適な労働条件で労働者を働かせる、彼らの健康を守り、彼らの知的水準を上げ、彼らの労働能力を高める、そうすれば労働力の再生産もできるでしょう？　労働者の生産性も上がるでしょう？　それからもう一つ、劣悪な条件でしか労働者を雇用できない企業っていうのは、結局、非効率な企業なんですよ。そういうものをむしろ排除する、市場から撤退してもらう、そういう企業は潰れてもらったほうがいいんじゃないんですか？　そういう企業って結局経済の足を引っ張りますよね？　そのほうが結果的には全体が

世界恐慌・第二次世界大戦

・ある意味、マルクスの予言通りのことが（形を変えて）起こった。
　かつ、古典派経済学、自由経済はこの事態に対処できなかった

ケインズ経済学の登場　ベバリッジ報告　資本主義の修正
「完全雇用」と「有効需要」　厚生経済学

危機に対処し、市場の失敗を補完する国家の役割の増大
→「福祉国家」の登場

経済成長するでしょ？　と。

これは、最近でもどこかで聞いたようなロジックですね（笑）。どこかで聞いたような、ですけど、これは実に正しいロジックで、こういったことをきちんとやるほうが実は経済の底支えにもつながる。自由放任ばかりでは経済はサステナブルじゃない。まさにそういう議論になっていくわけです。

■ ケインズ経済学の登場と福祉国家への道

そして、20世紀の時代に入り、世界は帝国主義の時代になります。ヨーロッパの資本主義諸国は市場を求めて世界の分割、植民地獲得競争を始めるわけですね。イギリス、フランス、そして遅れてきたドイツがそれに加わる。最も遅れてきたロシアは国内で革命が起きる。1905年、第一次革命です。

そして帝国主義諸国間の対立はついに世界大戦を引き起こします。1914年に勃発した第一次世界大戦ですね。第一次世界大戦の最中、ロシアに第二の革命が起き、社会主義政権が生まれます。妖怪がついに本当に姿を現しちゃったわけですね。第一次世界大戦後の世界は残念ながら安定しませんでした。戦間期の混乱があって、わずか20数年で第二次世界大戦が起こってしまう、まあそういうふうになるわけです。で、第二次世界大戦の引き金となるのは1929年の世界恐慌ですね。

恐慌というのはマルクスが予言していたわけですね。資本主義経済は生産力と市場との乖離によって必ず生産力過剰になって最後は弾ける、と言いました。弾け方は少し違っていましたが、実際問題弾けるってことが起こったわけです。

そして大事なことは、この世界恐慌の時に、当時の主流派経済学、古典派経済学は処方箋が書けなかった。危機に対処できなかった。ここに登場したのがケインズ経済学であり、ニューディール政策なんですね。

そして、世界恐慌を切り抜ける過程で、経済思想に大きな転換が起こる。ケインズ革命と言われていますけど、経済学、経済政策が最も大事にすべきこと、目指すべきことは完全雇用だと。そして、経済がきちんと発展していくためには有効需要を増やさないといけない。そのために、市場の失敗を補うために国家が一定の介入をすることが必要だ。危機に対処し市場の失敗を補完するという意味で国家が一定の役割を果たすことが必要なんだ、と。

第二次大戦中に、戦後の国家、戦時体制を脱した後の国家をどう設計していくか、ということでベバリッジ報告が作られる。そこで戦後の福祉国家の骨格が作られると、そういう流れになるわけですね。

効率と公正　話はそんなに簡単ではない

・右側の経済学と左側の経済学（権丈善一）
・市場への信頼と合成の誤謬
・市場の失敗？　政府の失敗？
・不確実性に対処する経済理論

・1990 年代以降の「新自由主義」の台頭

・改めて、社会保障が持つ「公正の実現」と「最適の付加価値分配」という機能について考えてみよう。

01　効率と公正について考える

■ 効率と公正は相反関係なのか？

さて、効率と公正ということですけども、話はそんなに簡単ではありません。

慶応大学商学部の権丈（善一）教授が「右側の経済学と左側の経済学」という話をされています。市場に信用を置き、生産、供給を起点として考える経済学と、市場の失敗や合成の誤謬を頭に置き、不確実性に対処するため市場に対する一定の介入が必要であり、かつ、議論の起点を生産ではなく分配に置くべきと考える経済学、大きく二つの経済学の考え方がありますよ。そしてこの経済学の二つの系譜はそれぞれ効率、公正について違う概念を定義していますよ、と。

この話は、出発点において市場への信頼を基本にするのか、それとも市場の失敗、合成の誤謬は必ず起こるので一定の補正が必要と考えるのか、ということなんですが、市場は失敗するという考え方もあれば、いやいや政府の考え方は常に政治的なバイアスがかかるんだから政府こそ判断を誤ることがあるじゃないか、政府だって失敗するだろう。不確実なことというのは確かにあるけど、人はその不確実性を織り込んで行動するんだから市場に任せても大丈夫なんだ、そういうけど不確実性を人間はどういうふうに自分の行動の中に織り込むんだ、人間はそんなに合理的に行動できるのか……と、論争は続いていくんですね（笑）。

そもそも効率的っていうのはどういうことなのか。

「効率的」っていうのは投入した財に対して最大の付加価値を生むということですね。一方、「公正」はその産み出された財の分配の仕方、つまりは分配の局面に関わる話なので、効率性を求めることと公正さを求めることというのは矛盾しないはずなんですが、財の分配はその次の経済サイクルでの投資や消費に影響するので、無関係っていうわけにもいかない。なので、効率を求めれば公正が損なわれるとか、公正さを求めると経済活動が非効率になるとか、そういう議論になる。でも事柄の原点に立ち戻って考えれば、経済の持続的成長、っていうことを考えても、効率と公正はそんなに対立するものではないと私は考えています。

社会福祉学科の話ではないのでこの話はこの辺でやめときますけれど、先ほどの右側の経済学と左側の経済学の話で言えば、実際に政府が採っている経済対策、成長戦略は、右側と左側の間を揺れ動いています。これは日本だけではなくて世界の潮流です。

社会保障の歴史でお話ししたように、戦後ずっとケインズ経済学的な政策がとられてきたわけですけども、1990年代以降、成長の鈍化に伴って経済政策は右に振れることになります。レーガノミクス、サッチャリズム、規制緩和、民営化、小さい政府……新自由主義が先進国の経済政策を席巻します。

それが、リーマンショック以降、格差の拡大や社会の分断が進む中で左に揺り戻っている、というのが今の状態。そんな中で起きたのが今回のパンデミックで、COVID-19が収まった後、果たして世界経済はどちらのほうに揺り動いていくのか。私は非常に興味があります。

で、改めて社会保障について考えると、もちろん分配の公正を実現するということでもありますし、同時に市場での分配への介入（所得再分配）によって最適な付加価値分配を実現し、社会の発展とか持続的成長を支える、という機能も担っています。

この機能について、改めて考えてみるということが必要なのではないかと思います。

■「正義」をめぐる議論

「正義」について、議論をしておきたいと思います。

ここまで効率と公正について考えてきましたが、もう一つ重要な概念があります。

公正さを根拠づけている「正義」の概念です。レオン・ブルジョワの議論の中にも正義という概念は出てきていますが、正しい行い、あるべき姿は何々……と言うんだけれど、では、正義というのは一体どういうものなのでしょうか。

この「正義」という概念も難しいですね、いろいろな議論があります。例えば、自由と平等。自由も正義ですし、平等も正義ですね。それから、公平という言葉と公正という言葉がありますね。みんなを同じように扱うのが公

「正義」をめぐる議論

・「公正」を根拠づける概念として登場する「正義」とは何か？

自由と平等　　公正と公平　　権利・富・自由の分配における「正義」
「能力に応じて負担し必要に応じて給付する」は公正？
自由な競争の結果生まれた「勝者による市場の独占」は正義にかなう？

リベラリズム（Liberalism）　リバタリアニズム（Libertarianism）
そしてコミュニタリアニズム（Communitarianism）

☆ freedom と liberty の違いって、理解してますか？

平ですが、体の大きい人にも小さい人と同じように、茶わん１杯のご飯を配るのが公平か、あるいは、能力のある人間が頑張って働いた、一方でサボった奴もいる、そのときに同じ給料を払うのは公平かもしれないけれど、公正ではないという議論になりますね。そうすると、我々の身の回りにある権利だとか、富であるとか、食べ物、考えたら「自由」そのものもそうかもしれませんが、そういうものを構成員の間で分配するときに、どういう配り方をするのが正義と言えるか、という話になるわけです。

よく「能力に応じて負担し、必要に応じて給付する」と言いますね。それぞれ能力に応じて、お金持ちはお金持ちなりに、貧しい人は貧しい人なりに負担をすると。みんなでお金を出しあって、いざ何か起きたときには、それぞれの人の必要に応じて給付をしましょう、と言うのですが、能力に応じた負担＝応能負担や、ニーズに基づく給付というのは公正と言えるのでしょうか。なんで俺はあいつの４倍も５倍も保険料を払わないといけないのか。保険料をたくさん払っているから、俺は病院に行って個室で特別扱いしてもらえるのか、というとそんなことはないわけですよね、必要に応じて給付するわけですから。みな同じように、風邪をひいたときは同じように薬が出てくる。これはどう考えればいいのでしょう。

それから、仮に市場がとても公平＝フェアで、恨みっこなしのヨーイドンで競争しているとします。競争の結果、当然、勝ち負けが出ますね。負けた人は市場から退出して、勝った人が残る。次の競争でも勝った人が市場に残る、とこうなるわけですね。競争して競争してずっと競争していくと、甲子園と同じで最後に一人が勝ち残る。勝った人は激烈な競争を勝ち抜いて優勝する、金メダルを取る。そうすると、市場はその人が独占することになりますね。競争相手がいなくなるわけだから。別にズルをしたわけではない、フェアに競争した。その結果、勝ち残って市場を独占した。今や競争はなく、市場は思うがままです。

この勝利は正義にかなうと言えるのか。別にズルしたわけではない、何が問題なのか、正当な努力の結果なんだから「正義」でしょ、Might is right でしょ。果たしてそういうことになるのか？　という話です。

「正義論」は昔から話があって、いくつかの立場があります。

一つは、リベラリズムと言われている立場です。もう一つは、リベラリズムと言葉は似ているのですが、リバタリアニズムというもので、これは原理的な自由主義と考えられるものです。そしてもう一つ、マイケル・サンデルなどが言っているコミュニタリアニズムがあって、それぞれ自由と正義、正義というか「善」ということ、何か善かということについての考え方が違っています。

正義論というのは、前回、今回とお話ししてきた、個人と社会の関係をどう考えるか、ということにかかわってくる話です。

ところで今、リベラリズムという言葉が出てきました。日本語の「自由」に相当する言葉が英語では二つあります。freedom と liberty。日本語ではどちらも「自由」という訳語になりますね。言論の自由は freedom of speech、報道の自由は freedom of press です。一方、liberty も「自由」で、自由の女神は the Statue of Liberty、自由民主党は Liberal Democratic Party です。日本語ではどちらも自由ですが、freedom と liberty は、実は意味が違うんですね。freedom と liberty の違いって何だと思いますか？ちょっと考えてみてください。

■ ジョン・ロールズの「正義論」

まず、ジョン・ロールズの「正義論」です。ロールズは非常に有名で、正義論というと必ずロールズが出てきます。ロールズはいわゆるリベラリズムの立場に立って、この正義論を展開します。彼はなんと言ったかというと、正義を形作るもの、それは「自由で平等である市民の間で実現される『社会的協働』を律する公正なシステム」が正義だと言うわけです。そこで彼は「無知のヴェール」という概念を持ってくる。人々は無知のヴェールに覆われていて、無知のヴェールに覆われている人たちがいかに行動すべきかと考えたとき、人々が選択する行動原理は三つある。一つは、自由と権利が平等に分配されている。これを人々は選択すると。もう一つは社会的な活動、職業や社会的地位へのアクセスの機会が公平であること。機会均等だと。そし

ジョン・ロールズ『正義論』（1971）
～リベラリズムの立場

「自由で平等である市民の間で実現される『社会的協働』を律する公正なシステム」

「無知のヴェール」に覆われた時に人々が選択する原理（正義の３原理）
- ・自由と権利が平等に分配される（基本的自由の平等）
- ・職業や社会的地位へのアクセスの機会が公平であること
  （公正な機会均等の保障）
- ・所得や富の格差は最も恵まれない者の状況を改善するために最大限資するものである限りにおいて正当化されるものであること
  （格差原理（または格差是正原理））

→　格差の少ない社会こそが目指すべき社会

て、もう一つが、これが面白いんだけど、富や豊かさ、所得の格差はもっとも恵まれない者の状況を改善するために最大限資するものである。その限りにおいて、富の格差は正当化される。これを格差原理、または格差是正原理と呼んで、格差がないという社会が正しい社会であり、格差の小さな社会が正義の社会である、と言いました。

ロールズは、あるべき社会の原理を見出すための思考実験として、人々が、自分の社会的地位、天賦の資質、人生についてどんな目標を持っているのかがわかっていないという状況（「無知のヴェール」）を仮定する。

人は、自分に関する情報を知っていれば、自分に有利になるように社会の原理を選択してしまうが、これでは、公正な原理を見出せない。

そこで、誰も自分に関する情報がわからないとの仮定を置いて社会の原理を選択するという状況を考えるのである。そしてその場合には、人々は、「誰もが社会の最も恵まれない立場に置かれる可能性を想定し、それをできる限り良いものにする」ような社会の原理を選択するはずであるとした。

「無知のヴェール」に覆われた人々は次のような原理にコミットするとされる。

(1)　すべての人に基本的な自由と権利が平等に分配されること（平等な基本的諸自由の保障）
(2)　職務と地位に関するアクセスがすべての人に公平に開かれていること（公正な機会の均等の保障）
(3)　所得や富の「格差」の存在は社会の最も恵まれない人の改善に最大限資するものであること（格差是正原理）

（平成24年版厚生労働白書より）

「無知のヴェール」というのがよくわからないと思うので、厚生労働白書にわかりやすい解説が出ていたので、引用します。

ロールズは言います。あるべき社会の原理を導き出すために、思考実験をしてみましょう。自分がなんたるかをわかっていない、社会的地位とか自分にどんな才能があるのかわかっていない、人生にどういった目標を持っているのかも全くわかっていない、文字通り「無知な人」、頭空っぽ状態の人間というものを仮定してみましょう、と。

そういう人がぽつんと社会の中に存在する。つまり、自分で自分のことがわかっていない人たち。自分がなんたるかを知っていれば、どう行動すればよいだろうか、どういうふうに社会の原理を組み立てれば自分に有利になるだろうか、をみんなそれぞれ考える、要するに自分にとって一番都合のいいルールにしようと「利己的」に考える、そこからは公正な原理は見いだせないと。なので、自分に関する情報がわからない、自分も他人も区別がない、そういう状態の人間を仮定しましょうと。それが、すなわち「無知のヴェール」ということです。「無知」というヴェールで覆い隠されてしまっている人間ということですね。

そういう状態で人々はどんな社会原理を選択するだろうか、自分のことがわからない、どこにいるかもわからない、自分が何者なのかわからない、そういうときに人々はどう考えるかというと、人々はみんなこう考えるはずだ。誰もが自分が社会でもっとも恵まれない立場に置かれると、ハブられる可能性がある。その可能性を考えて、こういうことがないような社会であってほしい、そういう原理原則を選択するはずだ。もし、そうだとすると、無知のヴェールに覆われた人たちはどのような社会原理を選択するだろうか。そこで、先ほどの三つの原理が出てくるわけです。

一つめは、基本的な自由、束縛され脅かされることがない、誰かが特別扱いされることもない、権利が平等に分配されている。そういう社会をみんな望むはずだと。二つめは、職務と地位に関するアクセス、言ってみれば自己実現の可能性がすべての人に公平に開かれていること、公正な機会均等。そして三つめは、格差が全くないとみんな努力しなくなる、だから格差はあってもよいけれど、それは社会のもっとも恵まれない人たちの改善に資する、そういうものである限りにおいて一定の格差はあってもよい。格差というのは、そういう範囲内にとどまるものでなければならない。そこで、先ほどの原理が出てきて、正義とは格差の少ない社会を目指すことが正義である、すべての人に機会均等や基本的自由が保障されている社会こそが正義であると、彼は結論づけるわけです。

ロバート・ノージック『アナーキー・国家・ユートピア』(1974)
～リバタリアニズムの立場

・自由とは、自身の所有物の処分を自由に決めることができることである。
即ち、身体の自由、自身の労働やその産物、対価として得た財産を保有し、自由に処分する権利を尊重する、ということである。
故に、他者がある人の保有する資源に対して権原（entitlement）を持つのは、「占有による獲得」「同意による移転」「不正行為の矯正」のみである。

・所得再分配（富裕者の資源の貧困者への移転）は、富裕者が自発的に行うものでなければ、財産権の侵害である。

・そのようなことを行う国家は「拡張国家」であり、そこにいかなる正義もない。

■ ロバート・ノージックが唱える「正義」

次はロバート・ノージックという人です。彼はリバタリアニズムの立場の人で、『アナーキー・国家・ユートピア』という、タイトルからして内容の想像がつくような本を書いています（笑）。この人はなんと言っているかというと、自由とは、我々が持っているもの、自分の所有物を自由に処分してよい、俺のものをどうしようが俺の自由、それが自由だと言っています。なんの束縛もない、すなわち身体の自由、それから自身の労働、労働によって得られた産物、労働の対価として得た財産、そういったものをどう保有し、どう処分するか、それはもう自由だ、そういった人間の自由な処分の権利というものを尊重すること、これが自由だと。

だから、他人が持っているものについて、他の誰かがちょっかいを出す、ここに書いてある表現で言えば、他者がある人の保有する資源に対して権原、法律用語で使う原理的な権利っていう意味でentitlementと言いますが、そういうものを持つのは、占有で獲得する、無主物占有っていうやつだよね、それで占有したか、もしくは本人の同意によって相手に渡すというかたちで移転したか、さもなければ、不正行為によって取得したものを矯正する、こういう場合以外は、他の人の持ち物に他の誰かが処分権を及ぼすことはない。そう考えれば、所得再分配などあってはならないことになるわけです。所得再分配というのは、富める者の資源を強制的に、本人の同意なく貧困者に移転するということで、富裕者の同意による移転でなければ、これはもう財産権の侵害だと。こんなことを行う国家は、彼は「拡張国家」と言っていますが、むやみに権限を拡張していると、そんなことを行う国家にはいかなる正義も存在しない。バリバリの自由主義です。

なかなか激しい議論だなと思うかもしれませんが、アメリカという国は、欧州からピューリタンたちが逃れてきて自分たちで作った国ですね。アメリカの歴史を見ると、建国の過程では「万人の万人に対する闘争」みたいな状況があったわけです。

マーティン・スコセッシが監督してレオナルド・ディカプリオが主演した「ギャング・オブ・ニューヨーク」という映画があります。一度ご覧になるといいと思いますが、19世紀のニューヨーク（マンハッタン）で、移民2世の住民と後からやってきたアイルランド系住民との対立抗争を描いた映画です。19世紀の話ですよ。本当に街中で集団で殺し合うんですよ、斧を振り回して。まさにヤクザの抗争そのもの。

アメリカという国は、欧州大陸から逃れてきた人たちが、自分たちの「信仰の自由」を守りながら自分たちの力で社会を築いてきたわけで、そういうアメリカでは、自由を守る、自分の力で自分の自由を守ることはものすごく大事なこと、そういうことなんですね。なのでノージックのような考え方が十分に受け入れられる素地があるということなのでしょう。

マイケル・サンデル『自由主義と正義の限界』（1992-1999）
～コミュニタリアニズムの立場

若きマイケル・サンデルのロールズ批判

・個人が価値中立的で普遍的な価値観を持ち、自らの幸福（＝善なるもの）を自由に選び取ることができる、という人間観は誤りである。

・もし、「無知のヴェール」に覆われ、自らの状況も他者もわからなかったら「格差原理」に同意するはずがない（その動機付けがどこにもない）

・個人が格差原理に同意するのは、共同体の持つ価値観＝「共通善」があるからである。「善（共通善）は正義に優先する。共同体が持つ共通善と切り離された正義はあり得ない」。

■ マイケル・サンデルの「正義論」

三つめは、マイケル・サンデルです。彼はハーバード大学の教授で、みなさんが中学生くらいだったと思いますが、「ハーバード白熱教室」っていう講義のライブ番組をNHKが放映して、大変人気を博した人です。NHKのアーカイブにはあると思いますが、非常に講義が上手です。学生たちの理解を引き出して、積極的に授業に参加させるような授業を、何百人もの学生たちとやり取りをしながら授業するんですね、とても面白い授業です。

彼はコミュニタリアニズムという立場で、『自由主義と正義の限界』という本を書いています。彼は若い頃に正義論の大家であったロールズの正義論を批判します。批判するところから頭角を現すわけですが、『自由主義と正義の限界』につながる彼の思想の原点としてロールズ批判をしています。

彼がなんと言ったかというと、まず「無知のヴェール」というのはおかしい、と。つまり、人間が無知の状態になっていれば、個人は価値中立的で普遍的な価値観を持つ、自らの意志で善なるものを自由に選びとる能力がある、と言っているが、そんなものはない、とサンデルは言うわけです。

もし、無知のヴェールに覆われていて、自らの状況もわからない人間がぽつんと居たならば、他の人との間に格差があってはいけないだとか、みんなが平等でなければいけないだとか、なんでそんなことを思うんだと言うわけです。一人でぽつんと荒野の真ん中に、それこそ目隠しをされているとすれば、他人のことなどわからないではないか、他人がいるかどうかもわからないではないか、自分のこともわからないはずで、そういった中で平等原理だとか、機会均等だとか、そんな判断をするはずがない、そんなことを判断する動機付けがあるはずがない、と言うわけです。

では、なぜ、個人が格差原理みたいなものに同意するかというと、それは自分が属している共同体の価値観がある、つまり自分の前に共同体というものがあって、その共同体の共有している価値観としての善＝共通善があると。これがあるから格差原理に個人は同意するんだと。だから、正義という議論の前に、コミュニティの善があると。共同体が持つ共通善と切り離された正義というものはない、と彼は言っています。それで彼は、コミュニタリアン、コミュニタリアニズムと言われます。

この正義論の話を聞いていると、前回の講義でお話ししましたけれども、社会契約論的なものの考え方と、国家有機体説的な考え方、共同体みたいなものがまずあって、そこから人間の価値観が規定されていくという考え方と、あの議論の延長線で議論しているように思えますよね。

いかがですか。効率と公正、公平と公正、そして正義。議論していくと、社会とは何か、個人とは何か、人はいかにして社会と関わるか、社会を作るか、社会の中でいかに振る舞うか、自己と他者、存在の拘束性と被拘束性、みんなつながっている、ということが理解できたかと思います。

02 規範やルールの本質を考える

■ 太古の昔から存在した規範とルール

さて、ここでアダム・スミスの話を思い出してください。

第2回の講義の中で、彼の『道徳感情論』の話をしましたね。自由競争、市場競争というのは、ルールがある。それがあっての自由競争だとアダム・スミスは言っていますという話をしたんですが、普通に考えてみると、資本主義の前だって、日本だって商売はしていたわけで、取引はあったし交易もあったわけですね。

人類の歴史をみてみれば、初めて会った人同士が物々交換したり、売り買いしたりしていたわけです。人間って太古の昔から取引をしているわけですね、マーケットがあって。それこそかつてのシルクロードなどを考えれば、ひょっとしたら言葉なんて通じなかったかもしれないのに取引はしていた。マーケットでの取引というのは、気に入らないからといって奪って持っていくというのではなく、お金を払って、あるいは対価を払って、物々交換をして取引をしているわけですね。そこにはやってはいけないルールがあって、自分も守るし、相手も守るという暗黙の前提がある。お互いの信認というのがあって取引は成り立っている。つまり社会の構成員全体が市場のルールを守って行動する。自分も守り、相手も守るとみんなを信じて行動するわけだけど、なんでみんなはルールを守るのか。どうしてルール破りをする奴がいない、あるいは暴力で奪っていく奴、市場を壊す奴が出ないと言えるのだろうか。

経済学者はルールが明文化されていると言います。ルールに対して違反した時のコスト、いわば罰金とか罰則とかが、ルール違反をやって得られる超

ここで、「アダム・スミス」の話を思い出してみよう

・市場の取引は、「相手もルールを守る」というお互いの信認の上に成り立っている。
構成員が市場のルールを守って行動する（とみんなが信じる）のは何故か？

・経済学者がいうように「違反をしたときのコスト（罰則）が利益よりも大きい＝ルール通りに行動した方が最終的に利益になる」からか？
「ルールを守る」という行為それ自体が社会で規範化されているからではないのか？

・その「規範化」はどこからくる？
経済システムではない。それは、社会システムによって＝正に社会的規範として＝基礎づけられている。
「相手もまた規範を守る」という信頼関係が成立するのは、人々の間にこの「規範の共有」が成立しているからである。

・「情報の非対称性を解消したり事後規制を万全にして『ルール違反のコストが抜け駆けの利益よりも大きいことを認識させ』れば公正な競争が成立し最適な資源配分が実現される」
→本当にそうか？
人間は社会的存在＝類的存在であるという当たり前の事実を無視ないしは軽視していないか？

・「お金儲けって悪いことなんですか？」（村上世彰　村上ファンド総帥）
→もちろんお金儲けは悪いことではない。しかし、金儲けのためにやっていいことと悪いことというのがあって、その「やってはいけないこと（＝市場での行動としてはやっていいかもしれないが社会に生きる人間としてはやってはいけないこと）」とは何なのか、ということは経済の論理からは出てこない。
人を騙してはいけないとか人を不幸にしてはいけないとかいう行動基準は、社会の規範であって経済の論理それ自体から出てくるものではない。

・「売り手よし・買い手よし・世間よし」（近江商人の家訓）
→「世間」とは、「市場」ではなく文字通り「世間＝世の中・社会」のことである。
社会＝世の中のルール（規範・倫理）が内面化されていない経済人は、経済の世界では勝者になれるが「世間＝社会」では承認されないし尊敬もされない。

過利益より大きい、つまり、ルールに従ったほうが最終的に利益になるから、みんなルールを守るのだ。だから、ルール違反をした時のコストがルール違反で得られる超過利潤より高いという罰則をかければ、経済合理性の観点から、みんなルールを守るんです、と言います。

本当にそうだろうか。違うのではないでしょうか。

なぜなら、国を超えて取引は行われるわけで、かつてのシルクロードは複数の国家の間を隊商が通っていくわけですが、ルート全体を管理する者なんていないわけですから、罰則なんてあってないようなものです。ルールを強制できる管理者がいるわけではない。そうするとそれは、違反のコストがどうとかではなく、ルールを守ること自体が一種の規範として存在している。だから機能しているんではないのか。先のマイケル・サンデルの話に近づくんですけれども、取引のルールがプレイヤーの中で規範化している、内面化している。なんでそうなるのかというと、それは経済システムによるものではなく、共同体、つまり社会のシステムの中に存在する、文字通り社会的規範だからなのではないのか。

みんなそれぞれ自分の中に規範を持っていて、それが基礎づけられている。自分も守って、相手も守るという信頼関係ができているのは、この規範を共有しているから。人のものを盗んではいけないとか、嘘ついてはいけないとか、人を殺してはいけないとか、そういうのは別に人を殺した時より殺さない時のほうが利潤が大きいからではなく、人は殺してはいけないんです。これは当たり前に存在している規範としてみんなが持っているわけです。

つまりルールとか規範ってそういうことなのではないのでしょうかということなんです。よく「公正な競争」という、まあ市場競争の基本ルールがあって、公正競争のルールについての法律もあるわけだけれども、実際の世の中というのは情報の非対称性がある。例えば医者と患者の間では、患者は治し方を知らないけど医者は治し方を知っている。だから患者と医者の間で治してほしい病気があるとき100万円治療費がかかると医者に言われたとしても、本当に100万円の医療行為の価値があるかどうかは患者にはわからない、つまり情報の非対称性がある。情報の非対称性はそこら中にあるわけで、そういうのをなくしていく、情報開示を徹底して、すべての人間がすべての情報を等しく持てる、取引の場面において非対称性がないようにする。あるいは何か悪いことをしたら、確実に罰則を与える。ルール違反のコストが抜け駆けのコストより大きいという認識をみんなに持たせれば、公正な競争が成り立つ。そして最適な資源分配ができる。公正競争に関するテキストには、そういうことが書いてあります。

本当にそうでしょうか。まさに人間は経済人であると同時に社会的存在である。ホモ・エコノミクスであると同時に前回言った「類的存在」でもあるわけです。当たり前と言えば当たり前で、みなさんは自身の価値観や行動規範をいかにして獲得したか、どうやってそれが内面化したか、そういうことですよ。それは社会的存在として、コミュニティの一員として他者と関わっていく中で、振る舞いを学び、他者との関わり方を学んでいくわけで、ルールというのはそういうところから生まれているのではないかということなんです。

■ 市場の正義と社会の正義

諸君は村上世彰さんを知っているでしょうか。村上ファンドという投資ファンドを主宰している人で、いま彼はシンガポールにいて、そこで投資組合を作って、顧客から資金を集めてファンドにして投資をしています。彼は私より3つ下、昭和58年に当時の通産省に入省して、その後役所を辞めて投資業を始めた。今は60歳くらいで、若い人たちに投資教育なんかもしているけど、若かりし頃、TBSの買収とか、フジテレビの買収とか、ホリエモンと同じでマネーゲームで名をはせた人で、有名なファンドだったから、世の中からすごく叩かれた。あまりにも叩かれるからシンガポールに行ったんだけど、しばらく前にお目にかかりましたら元気そうでした。

彼はさんざんマスコミに叩かれるわけですけど、記者会見で彼は思わず「お金儲けって悪いことなんですか」とつぶやいたんです。これは根源的な問いで、彼は一生懸命お金儲けしたわけです。それこそ小さい頃からお父さんに投資教育を受けて、お前に10万円やるから、この金で投資してお金を作ってみろと、そうやってお金を投資し、株に投資をし、ビジネスに投資をして地位を築いた。彼は東大を出て当時の通産省に入り、通産省を途中で辞めてこのビジネスをやって成功しました。

もちろん資本主義なんだから、お金儲けをするのは悪いことではない。利潤を最大化するのは悪いことではない。ただお金儲けのために何をしてもいいかというと、そうではなくやっていいことと悪いことがあるわけで、やっていいことと悪いことというのは、どこで決まるかというと、実は市場のルールだけで決まっているわけではない。例えば人より早く情報をつかんで、人を出し抜いて利益を得るとか、売り抜けるとか。それはもちろん市場の行動としてはあり得るわけで、情報戦で勝ったことだからやっていいわけです。

そうなんですが、市場の行動としてはやっていいかもしれないけれど、社会的存在としてやってはいけないことがある。市場の行動としてはやっていいかもしれないけれど、世の中のルールとしてやってはいけないというのがあって、それが何なのかというのはマーケットの論理からは出てきません。人をだましてはいけないとか、人を不幸にしてはいけないとかいう行動基準は、経済の論理ではなく、まさに我々の社会規範ですね。そこの感覚がどうか、というのが問われたわけです。今思い返せば、当時の彼の行動が社会規範に反していたか、というと必ずしもそうではなかったかもしれませんが、でも、自らの行動が問われたときに彼の口から出た言葉が、これだったんですね。

確かに金儲けは悪くない、アメリカに行ったらお金持ちになるというのは成功の証しだから、称賛されることですね。

それで、近江商人の家訓の話。近江は今の滋賀県で、近江の商人は非常に商売上手だということで、日本中で近江商人が商売をしていて、近江商人と言えば商売上手と今でも言われています。近江商人の家訓として、「売り手よし・買い手よし・世間よし」という言葉があります。商人だから売り買いをする。取引というのは売り手も買い手も満足する、ウィンウィンだと。そういう取引でないといけない。でもそれだけではない。もう一つ世間よしというのがある。ここで言ってる世間というのはマーケットのことではなく、まさに世間、世の中、社会のことを言っているんですね。つまり売り手にとっても買い手にとっても、そして世の中にも受け入れられるようなビジネスでないとだめだと。というのが近江商人の家訓です。

つまり世の中のルール、社会のルール、規範、倫理が内面化されていない経済人は、経済の世界では大儲けをして勝者になるかもしれないが、世の中のルールが内面化されていない経済人は世間では承認も尊敬もされない。そういう経済人って今もいますよね。

この話というのは、こういう話につながっていきます。経済、社会、そういう二つの行動規範の中で、僕たちは生きている。もちろんこの二つは対立しているものではなく、相互補完的なもの。経済があって富が生まれるから社会が成り立っている。でも経済活動がサステナブルであるのは、社会的規範があって、社会が安定しているから。社会保障制度が社会の安定と経済成長につながるというのは、まさに両方のサブシステムとして、社会保障はこの接点に存在している、ということを理解してほしいと思ってこの話をしました。

■ ハイエクとフリードマンの福祉国家批判

最後に頭の体操です。現代の福祉国家批判論、福祉国家の代表的な例を二つ挙げます。

一つはハイエクです。ハイエクは、国家が介入して所得再分配をする。なぜなら市場で分配が適正に行われない、市場が失敗することもあるからだ、と言うけれど、国家が介入する所得再分配って、本当に恣意的じゃないってなんで言えるのか、と問い返します。国家の意志決定っていうのは政治的に行われるわけだから様々なバイアスが加わる。その時々によって政権の考え方も変わる。そうなると恣意的な所得再分配が行われないって保証がどこに

頭の体操1　現代の福祉国家批判論

・ハイエク
　国家による「所得再分配」は恣意的でないとなぜ言える？
　国家による強制的資源再分配は個人の自由を侵害し、市場の自動調整機能を損ない、社会の発展を阻害する。

・フリードマン『資本主義と自由』（1962）
　政府のやる「裁量的福祉政策」は成功していない。家族の絆を壊し、社会の活力を損ねている。
　政府は経済活動のルールを定め、単一にして包括的な「負の所得税」を導入すればそれでよく、多額のコストのかかる社会保障制度は解体廃止すべきである。

あるんだというわけです。個人、あるいは企業が自発的にそういう分配について協力するというのならともかく、国家が強制的に分配するというのは個人の自由を侵害する。結局は個人の自由を損なって社会の発展を阻害する、と。

もう一つはかの有名なミルトン・フリードマン。フリードマンは新自由主義の権化みたいな人ですけれども、彼はなんて言ったかというと、アメリカが50年代60年代にやっていた様々な裁量的な福祉政策、アメリカはニューディールの後もしばらくの間様々な社会政策・福祉政策をやった時期があるんですね、アメリカの裁量的福祉政策は成功してない。社会の活力を生んでないし、成長にも貢献してないし、結局は伝統的な家族の価値を壊して社会の活力を損ねただけだ、つまり政府の介入は成功してないと言ったんですね。

政府っていうのは経済活動のルールを決めればいい。もう一つはどうしてもこういう所得再分配的な福祉政策をやりたいんだったら、あれこれあれこれいろんなことをやって複雑な制度を作って費用のかかるようなことをするよりも、負の所得税という単一の制度を入れて、これを使ってシンプルに所得再分配をすればいいと、そうしたらあとはいろいろな福祉のサービスなどは市場で調達できる。市場で供給されるんだから、政府は購買力をならす意味で負の所得税を入れればいい、それで十分だ、と彼は言います。

負の所得税というのは、最近一部で議論されている、というか言っている人がいるベーシックインカム、それもいわゆる右側の人がいうベーシックインカムの一つの柱になっている議論ですね。

負の所得税というのは、課税最低限、今日本の課税最低限は夫婦（子供なし）で年収170万くらいだったと思いますが、そこから下の所得の人は所得税、地方住民税は非課税となるわけですね。つまり非課税の人はゼロ課税。で、彼はなんて言ったかというと、所得再分配したいんでしょ、所得のある人からは所得に応じて所得税徴収するわけだよね、じゃあ課税最低限以下の人たちは、課税されないくらい所得が低いんだから逆に補塡してあげればいいではないか、所得税の裏側のマイナスの所得税（つまり給付）を入れてやればいいでしょ？　と。そうすると租税政策だけで所得再分配できるではないか。

そうして所得を調整したら、あとは様々なサービス、医療やら福祉やらは市場が供給する。年金（老後の所得保障）だって民間が商品作って市場で売り出します、それを調達すればよいので、それ以上のことを国がやる必要はないでしょう、とてもシンプルでいいでしょ？　っていうことですね、非常にラフに言うと。

なので、彼の考え方からすると、今日本にあるような公的な医療保障とか福祉サービスとかはすべて民間でできる、公がやる必要はなくて、政府がやるべきことは市場のルールをきちんと作ることとか、租税政策を通じた購買力調整を行うことだけ、ということになります。

実際アメリカの医療は民間保険会社が担っていて、公的保障は障害者、低所得者、高齢者に限定されています。アメリカという国はこういう考え方が一定の影響力を持つ、そういう素地がある国だということなんですね。

第 5 章

社会保障を理解するということ（1）
——通時的視点と共時的視点

今日の講義は、社会保障を理解するということの（1）として、通時的視点と共時的視点ということについてお話をしたいと思います。

日本の社会保障制度の基本的考え方（教科書的説明）

○　我が国の社会は自助、共助、公助の「適切な」組み合わせで成り立っている。
　社会保障は、国民の「安心感」を確保し、社会経済の安定化を図るため大きな役割を果たすもの。

○　すべての国民が社会的、経済的、精神的な自立を図る観点から、

①自ら働いて自らの生活を支え、自らの健康は自ら維持するという「自助」を基本として、

②これを生活のリスクを相互に分散する「共助」が補完し、

③その上で、自助や共助では対応できない困窮などの状況に対し受給要件を定めた上で必要な生活保障を行う公的扶助や社会福祉などを「公助」として位置づけることとされている。

○「共助」のシステムとしては、国民の参加意識や権利意識を確保する観点から、負担の見返りとしての受給権を保障する仕組みとして、国民に分かりやすく負担についての合意が得やすい社会保険方式が基本となっている。

01 日本の社会保障制度の基本的考え方

■ 基本的な考え方を理解する

日本の社会保障制度はどういうふうに作られているか、教科書的な説明と

いうことでもう一度おさらいをします。

そもそもこれは日本だけではありませんが、社会というのは自助と共助と公助、まず自らが自らを助ける、自分で自分の責任を持って自己判断で自分の責任で生きていくということ、次にお互いに支え合う、自助の共同化の共助、これにはインフォーマルなものや社会的な制度的なもの、インフォーマルなものを互助と呼んで制度的なものを共助と呼んでいますが、機能としては同じです。そして公が行う公助、まあ救貧に相当するものですね。その組み合わせで成り立っています。そんな中で社会保障制度というものは国民に安心感を与える民生の安定と社会経済の安定を果たすためにとても大きな役割を果たしています。

【昭和 25 年（1950 年）10 月 16 日】
社会保障制度審議会　社会保障制度に関する勧告　抜粋　（総説）

国民が困窮におちいる原因は種々であるから、国家が国民の生活を保障する方法ももとより多岐であるけれども、それがために国民の自主的責任の観念を害することがあってはならない。その意味においては、社会保障の中心をなすものは自らをしてそれに必要な経費を醵出せしめるところの社会保険制度でなければならない。

しかし、わが国社会の実情とくに戦後の特殊事情の下においては、保険制度のみをもってしては救済し得ない困窮者は不幸にして決して少くない。これらに対しても、国家は直接彼等を扶助しその最低限度の生活を保障しなければならない。いうまでもなく、これは国民の生活を保障する最後の施策であるから、社会保険制度の拡充に従ってこの扶助制度は補完的制度としての機能を持たしむべきである。

しかしながら、社会保障制度は前述のような措置だけではいけない。更に、すすんで国民の健康の保持増進のための公衆衛生に対する行政や施設を同時に推進しなければならない。更にまた、国民生活の破綻を防衛するためには社会福祉行政も拡充しなければならない。社会保障制度は、社会保険、国家扶助、公衆衛生及び社会福祉の各行政が、相互の関連を保ちつつ総合一元的に運営されてこそはじめてその究極の目的を達することができるであろう。

そして、この自助・共助・公助の関係ですが、人々が社会的にも経済的にも精神的にも自立をする、っていうのが基本で、それをどう支援するかっていうのが社会保障ですから、まずは自助、自らが働き、自らの生活を支え、自らの健康は自らが守るというのが基本、それをお互いに支え合う共助があって、自助や共助で対応できない困窮その他については、公的扶助や社会福祉などの公助で支える、とこういうことになっています。

で、共助のシステムとして用意されているのが社会保険ということになっていて、国民の参加意識と権利意識の確保という観点で、負担と給付の関係が明確な仕組み、負担の見返りとして権利としての受給権が保障される、負担についての合意がきちんと得られるということで、社会保険方式が基本となっていますと、こうなっています。

社会保険方式にしているのはこういう、何かテクニカルな理由だという説明の仕方なのですが、これは確かに一面の事実ではあるのですが、さて本当にそうかな、それだけかなということを考えてみましょう。

これは社会保障制度審議会が昭和25年に出した勧告の抜粋です（下線は筆者によるもの)。一般に「25年勧告」と呼ばれる、日本の社会保障制度の歴史において最も重要な文書の一つです。

いまはもうこの審議会はなくなってしまいまして、経済財政諮問会議に吸収されてしまったわけですが、戦後、日本の社会保障制度がつくられていく中で非常に大きな役割を果たしてきた、大変権威の高い審議会でした。その審議会が、戦後の日本の社会保障制度をどのように作っていくか、大きな方針を示したのがこの25年勧告ということになります。皆保険、皆年金が達成されるのが1961年、戦後15年経ってできたわけですけれども、この制度審の勧告は終戦からわずか5年後に取りまとめられた勧告です。

この勧告はいまなお、日本の社会保障制度の基本的考え方を支えているものです。ですから、社会保障を学ぶ人であればぜひ一度は目を通していただきたい文書です。厚生労働省に入省してくる若い公務員諸君にも、諸君はこれを読んで厚労省を志望しましたかと聞くことにしていました。

25 年勧告は何と言っているか。

国民が困窮に陥る原因は様々であるから、国家が国民の生活を保障する方法は元より多義である。しかし、国家がそういった国民の生活を保障するための様々な制度的な枠組みを用意することで、国民の自主的責任の観念、つまり自らをして自らをたらしめるという自主自立の精神、観念を害すること

図表 5-1　日本における社会保障制度の変遷

●現在の社会保障制度は、
戦後の復興期を経て、高度成長期であった1960～70年代に骨格が築かれた。

昭和 20 年代
戦後の混乱・生活困窮者の緊急支援

戦後の緊急援護と基盤整備（いわゆる「救貧」）

昭和 30・40 年代
高度経済成長・生活水準の向上

国民皆保険・皆年金と社会保障制度の発展
（いわゆる「救貧」から「防貧」へ）

第二次世界大戦以降の社会保障の世界的な流れ:行財政への依存の拡大（行政国家化）

- 第二次大戦とその後の東西対立は社会主義拡大への対抗策としての社会保障充実に圧力。
- 社会保障改革への重要な指針（英ベバリッジ報告など）も用意されたことが基盤となり、1970年代にかけて、社会保障の積極的な拡充への改革が進行。

・基本的な特徴：貧困予防と受給権利の尊重と社会保険制度の包括化・一般化・給付改善。

※これにより、先進国の社会保障の潮流に、重大な変化。

① 負担能力が低い非被用者の被保険者や財政力が低水準の保険者への財政補助、給付改善に要する財源の調達などを通じ、財政への依存が拡大。

② 社会保険の管理・財務における国家責任の拡大。

昭和 50・60 年代
高度経済成長の終焉・行財政改革

安定成長への移行と社会保障制度の見直し

平成以降
少子化問題・バブル経済崩壊と長期低迷

少子高齢社会に対応した社会保障制度の構造改革

があってはいけないから、社会保障の中心をなすものは、自らをしてそれに必要な経費を醵出《きょしゅつ》せしめる社会保険制度でなくてはならない、と言っています。

国民の負担を求めやすいとか合意が得やすいということ（だけ）ではなくて、自らをしてそれに必要な経費を醵出せしめる、つまりきちんと自分の責任で自分の割り前を払うということが大事で、それがまずある、そういうのが先だと制度審は言っているんですね。

ここは重要なポイントで、負担と給付の関係、あるいは社会保障制度における負担っていうのをどう考えるか、ということに関わります。保険料のことを英語で contribution と言います。なぜ contribution と言うのか。それは「自立の証」「共同体への貢献」、それこそ「義務的連帯における義務の形」でもあるからなんですね。

負担というのはそういうものだということをまず理解することが必要なのではないかということであります。

■ 日本の社会保障制度の変遷

日本の社会保障制度の変遷を、簡単に頭に入れておこうと思います。

日本の社会保障制度は基本的には戦後作られたものです。今の国民健康保険制度の前身にあたる旧国民健康保険法、厚生年金保険制度の前身にあたる労働者年金保険制度というのが戦前戦中に作られていますけども、基本的な社会保険制度の形は戦後作られたと考えていいでしょう。

昭和 20 年代は戦後の混乱期、国民の生活は貧しく、社会は非常に混乱していて、人々は困窮していた時代です。この時代は救貧、まさに路頭に迷った人たちがたくさんいたわけです。生活困窮者、孤児、浮浪児、戦争未亡人、戦災被災者、こういった人たちへの救貧的な支援、大陸や南方から何十万という兵隊さんが帰ってきたわけですからこの人たちの生活をきちんと保障しないといけない。ありとあらゆる戦後の混乱期を切り抜けるための緊急支援、さらには日本を再建していくという観点からの様々な社会経済基盤を整備していかないといけない。その一環として福祉、社会保障の制度ということになります。ですからこの時代に作られた制度は基本的にはみんな救貧の制度です。

その後、朝鮮戦争を経て日本は戦後復興の時代を迎えます。昭和30年代に入ると高度成長が始まり、それこそ福祉と経済の幸せな結婚の時代を日本も迎えるということで、この時代に今の日本の社会保障制度の基本骨格である国民皆保険、国民皆年金といった制度が作られます。その意味では日本の社会保障制度の基本骨格は1960年代から70年代にかけての高度成長期に作られたわけです。

この第二次大戦後の社会保障の流れというのは、日本だけではなくて世界中そうだったわけです。戦後、西側諸国はいずれも福祉国家を標榜し、戦後復興と歩調を合わせて社会保障制度の整備に取り組んでいました。その背景には東西対立というものがありました。

前回もお話ししたように、産業資本主義社会ができて資本主義が発展し豊かになり、それぞれの国が市場競争をし、市場＝植民地を奪い合う帝国主義の時代を迎え、大恐慌を経て、二つの大戦を経て戦後に至るわけだけれども、この過程で社会主義思想というのは非常に大きな影響力を持ったわけだね。

NHKが「社会主義の20世紀」という特集番組、NHKスペシャルをシリーズで制作しました。これは確か5冊くらいの本にまとまっていますけども、20世紀の大きな歴史の流れの背景に底流のように流れていたのは社会主義だったのですね。現実に1917年に社会主義国家ソビエト連邦が誕生し、ソビエト連邦は第二次大戦の戦勝国となり、戦後は東ヨーロッパに次々と社会主義国が生まれ、中国にも社会主義政権が生まれる、そして世界は二つに分断されるわけですね、西側と東側に。つまり社会主義ってものはただの妖怪じゃなくて、現実の脅威となった。現実に社会主義国家ができて東側ブロックの諸国ができたわけだから、西側ブロックの諸国にとっては非常に脅威だったわけです。

したがって東側の社会主義に対抗して、資本主義の社会でも豊かで公平で人々を守れるような社会が作れる、ということを示していくことが必要でした。そんなこともあって、西側諸国は、アメリカも日本もヨーロッパも、社会保障に一定の力点を置いてその充実を図ってきたわけです。豊かさをきちんと分配していくことに意を払ったわけです。ベバリッジ報告があり、それぞれの国で日本の25年勧告のような社会保障制度をきちんと作っていくという流れができて社会保障制度は各国で整備されていったわけです。

西側諸国では社会保障制度が整備されていきます。その過程では日本がそうであったように、貧困を予防するということだけではなくて、より積極的に生活上における様々な給付を受けることを権利として保障する、一定の拠出を求めそれに見合う給付を保障することで権利としてそういった社会保障の受給権を形にしていく、より一般的で包括的な制度が作られ、豊かさを背景に給付の改善というのがずっと行われていきました。

このことによって、先進国の社会保障の潮流は大きく変わります。負担能力のない人間たちについても必要な給付をする、そのために国家が財政支出を行う、給付改善をするための財政調達、保険料をとったり公費を入れたりしていきますので、社会保障制度の財政規模がどんどん大きくなっていきます。そうすると国家財政というものに社会保障制度は依存していくことになって、国家財政の懐具合と関係なく、社会保障制度を運用していくことは難しくなります。と同時に、国家財政の側からも社会保障制度の給付規模が大きくなりますから、社会保障制度の給付をきちんとコントロールするということが財政運営上、非常に重要なことになっていきます。

さらに、社会保険制度というのは、元々市民社会を構成している個人が、それこそゲゼルシャフトをベースに互いにお金を出し合って助けるという、市民社会の自律的・水平的なつながりによって保障が行われる、そういうものでした。ビスマルクが創った社会保険制度もギルドが制度のオリジンだったわけですが、まさにそういうものだったわけで、社会保障制度の充実が図られる過程で、社会保険の運営について財政という面でも、あるいは給付水準の面でも政府が様々な形で介入するようになります。

例えば、医療保険の給付率は５割、７割と上がっていくんだけど、それは法律で決まっていくわけだよね。つまり健保組合がどういう割合で給付するのかを決めていくのではなくて、これこれの給付をきちんとしてください、そのための財源をきちんと確保してくださいということを、政府が言うことになるわけだよね。そういう意味で、市民社会の側の自律的なシステムであった社会保険制度に対する国家のコミットがどんどん大きくなる。もちろん国家は口も出すけどいろいろな財政支援もすることになりますから、国家の規模・機能も肥大し、社会保障制度について国の役割、責任も大きくなっていったということです。

そして、昭和50年代、60年代に入ると、日本もそうですし、世界もそうですが、高度成長が終わりを告げて、いわゆる安定成長の時代に入ります。高度成長の時代、1960年代から70年代前半にかけての日本の年平均の経済成長は10%を超えていました。今の中国みたいな感じですね。10%で成長するとね、確か７年か８年でGDPが倍になるんじゃなかったかな、それくらい成長したわけですが、それがピークアウトし安定成長に移行します。以前にお話ししたように２度のオイルショックもあり、経済は低成長、安定成長、まあ安定成長というのは聞こえはいいけど要するに低成長に移行するわけです。

他方で、社会保障の給付は、制度的に保障された給付なのでそう簡単に上げたり下げたりするわけにはいかないわけですね。そうすると、社会保障の給付は下方硬直的なコントロールの難しい給付なので、国家財政上も国民経済上も相対的に社会保障給付が大きくなって負担も大きくなってくる。そうすると、一方的な給付改善をし続けるということができなくなってきて、給付の効率化とか見直しをしないといけない、という話になる。経済政策全体でも、政府が大きくなりすぎているのではないかと、過剰な政府の役割、介入が経済の足を引っ張っている、社会保障負担や税負担が成長を阻害しているという議論になって、行財政改革だとか新自由主義的な規制改革、民営化といった議論がこの頃から起こるようになっていきます。

図表 5-2　各ステージで整備された主な社会保障制度

昭和 20 年代 戦後の混乱・生活困窮者の緊急支援	**戦後の緊急援護と基盤整備（いわゆる「救貧」）** 昭21　生活保護法（旧法）制定 昭22　児童福祉法制定 昭23　医療法、医師法制定 昭24　身体障害者福祉法制定 昭25　制度審勧告（社会保障制度に関する勧告）
昭和 30・40 年代 高度経済成長・生活水準の向上	**国民皆保険・皆年金と社会保障制度の発展（いわゆる「救貧」から「防貧」へ）** 昭33　国民健康保険法改正（国民皆保険） 昭34　国民年金法制定（国民皆年金） 昭36　国民皆保険・皆年金の実施 昭38　老人福祉法制定 昭39　母子寡婦福祉法制定 昭48　福祉元年（老人福祉法改正［老人医療費無料化］、健康保険法改正［家族7割給付、高額療養費］、年金制度改正［給付水準引上げ、物価・賃金スライドの導入］）
昭和 50・60 年代 高度経済成長の終焉・行財政改革	**安定成長への移行と社会保障制度の見直し** 昭57　老人保健法制定（一部負担の導入等） 昭59　健康保険法等改正（本人9割給付、退職者医療制度） 昭60　年金制度改正（基礎年金導入、給付水準適正化、婦人の年金権確立） 　　　医療法改正（地域医療計画）
平成以降 少子化問題・バブル経済崩壊と長期低迷	**少子高齢社会に対応した社会保障制度の構造改革** 平元　ゴールドプラン策定 平2　老人福祉法等福祉8法の改正 　　　（在宅福祉サービスの推進、福祉サービスの市町村への一元化） 平6　新ゴールドプラン策定・エンゼルプラン策定 　　　年金制度改正（厚生年金の定額部分の支給開始年齢引上げ等） 平9　介護保険法制定 平11　新エンゼルプラン策定 平12　介護保険開始 平15　次世代育成支援対策推進法制定・少子化社会対策基本法制定 平16　年金制度改革（マクロ経済スライドの導入等） 平17　介護保険改革（予防重視型システムへの転換、地域密着型サービスの創設） 平18　医療制度改革（医療費適正化の総合的な推進等） 平24　社会保障・税一体改革 　　　子ども子育て支援法（子育て新システム）被用者年金一元化等

そして、90年代、元号で言うと平成に入ると日本はバブルとバブルの崩壊を経験していよいよデフレの時代になっていく。あわせて人口減少、これはまあ90年代からずっと続いていた出生率低下がいよいよ効いてきて、総人口が減り始める。2007年が日本の人口のピークで、そこからは日本の総人口は減少に転じている。人口が減少するという、かつて経験したことのない時代になっていきます。その何十年か前から日本の高齢化は進んでいたので、少子化と高齢化が同時に来てかつ総人口が減るという未曽有の事態になった。そういう大きなトレンドの中で経済はどうする、国家財政をどう回す、社会保障制度をどうする、というのが大きな課題になって、社会保障と国家財政と安定的な経済成長を確保するという三つのテーマを同時に達成する、というのが、日本の課題になっているわけです。

■ 各制度が創られた社会的背景

そこで、いま申し上げた歴史の流れ、戦後の各時代にどんな社会保障制度が作られたのかを並べてみました。

昭和20年代、いわゆる戦後の混乱期に作られた制度は基本的に救貧制度です。昭和21年に旧生活保護法が制定されます。昭和22年に児童福祉法がまずできるんだね。そのあと医療法ができ医師法ができ身体障害者福祉法ができ、昭和25年に制度審勧告が出される。つまり児童福祉法、身障福祉法もそうだけど、これらは制度審勧告ができる前に作られた法律なんですね。

なんで昭和22年なんていう、戦後すぐにまず児童福祉法ができたのだろうか。ちょっと想像したらわかりますが、この時代の大問題は浮浪児の問題でした。極貧に生まれ育つ子供、親を失った子供、捨てられた子供たちが本当にたくさん路頭に迷っていた。その子供たちをなんとかしなくてはいけない。だから児童福祉法というのは保育所がどうだとか児童手当がどうとか、そういう法律ではない。今でいう児童養護、路頭に迷っている子供たちをどう守るかという法律だったんですね。

本当に子供を捨てるとかいうことが当たり前に起こっていた時代だったん

ですね、この時代は。というわけで児童福祉法ができ、続いて身障福祉法ができる。やっぱり厳しい時代というのは弱い人間から先に切り捨てられていく。そういう人たちをまず守らないといけないというのがこの時代の社会保障の大きな課題だったということです。

昭和30年代に入って高度成長が始まり、高度成長と合わせて日本は皆年金、皆保険制度を作ります。

昭和33年に、国民健康保険法の大改正が行われます。国民健康保険法は元々昭和13年に作られた法律ですが、戦後の大混乱の中で国民健康保険制度は財政的に破綻して一度空中分解しますが、この改正で立て直されます。健康保険法はこれより先にできていたので、サラリーマンは健康保険でカバーされていて、残された自営業者や農民に対する医療保険制度としてこの国民健康保険制度が作られ、段階的な施行を経て昭和36年から完全施行されて国民皆保険が達成されることになります。同様に年金制度では昭和34年に国民年金法が成立し、これも段階的な施行を経て昭和36年に全面施行されて、皆年金制度が実現されます。

国民皆保険・皆年金制度は、みなさん当たり前のように思ってるかもしれませんが、今から60年以上前、戦後わずか15年しか経っていないこの時期にこの制度を作ったっていうこと、これは大変なことですよ。これは後でお話ししますけども、こんなことは今後二度とできないというような大変な偉業です。

その後、昭和38年、39年に老人福祉法、母子寡婦福祉法、現在の母子父子寡婦福祉法、が成立します。

ところでみなさん福祉六法って、まあ「社会福祉六法」っていう六法全書ありますけど福祉六法って言えますか。ちょっとみなさんの頭の中で思い浮かべてください。社会福祉学科を志す者だからそれくらいは言えるよね？
生活保護法、児童福祉法、母子父子寡婦福祉法、身障福祉法、知的障害者福祉法、それから老人福祉法で六法だね。で、昭和36年に皆保険制度ができ、母子寡婦福祉法を以て福祉六法が揃う、基本的な法律が出揃うことになって、それぞれ高度成長期に給付改善が行われ、1973 年、昭和 48 年がいわゆる福祉元年と言われる年で、この年に大きな制度改正がいくつも行われて大幅な給付改善が行われます。

この年、老人福祉法の改正が行われて、老人医療費の無料化というものが行われ、70 歳以上の高齢者の医療費が無料になります。この時は善政だと言われたのですが、その後実はただより高いものはなかったということになるのですが。

それから健保法の改正が行われて、家族７割給付というものが実現します。実はこの時までは家族は５割給付だったんです。本人 10 割、家族５割だったものを家族７割にしたのと、一部負担が一定の金額を超えた場合にはそこで負担を頭打ちにして、それを超える部分は保険で給付するという、高額療養費制度がこの時導入されます。

年金制度の改正も行われました。年金の物価スライドと再評価です。年金の支給額を物価の上昇に応じて上げていく。当時は高度成長の時代だったので年率 10％近くの経済成長があり、物価も４％、５％と上がっていたので、金額が同じだと目減りをしていくことになるわけです。ということで、実質的な給付水準を守るために、物価に合わせてスライドをするといった制度をこの年導入します。また、年金をもらい始めるとき、年金額を決めるのを裁定と言いますが、年金額はその人の生涯給与の平均額を基準に算定します。裁定の時に、過去の給与を現在の賃金水準に置き直す、という制度を導入しました。これを再評価と言います。

このように、医療、福祉、年金、社会保障万般にわたって大きな制度改正、給付改善を行いました。なので、昭和 48 年というのは福祉元年と言われています。

皮肉なことに、昭和 48 年というのは第一次オイルショックの年でもあったわけですね。大幅な給付改善をしたと同時に日本の経済はオイルショックで揺さぶられるということになった。昭和 50 年代、60 年代は、経済が安定成長に移行することに伴って社会保障制度全体の見直しが求められることになる。まあ給付改善をし続けてきたので、重複給付であるとか、無駄な給付もあって批判を受けるようになる。例えば、老人医療費が無料になって無駄な受診が増えた、行き場のない老人が病院に集まっている。病院が老人サロンのようになってる、とかね。今日、斎藤さんとこのお婆さん、病院に来てないですわね？　風邪でも引いたんじゃないですか？　なんていうジョークが当時ありました。

昭和57年に老人保健法という新しい法律ができて、老人の医療費を各医療保険制度が持ち寄りで賄うという制度ができます。公費（国費・地方費）も入りますが、老人の医療費は国民みんなでお金を出し合って面倒を見るという制度です。それと合わせて、昭和48年以来無料だった老人医療費について、高齢者に一部負担を導入することになります。

昭和59年には、健保法の改正が行われます。この時までは健康保険本人は10割給付だったんですね。初診料800円だけ負担すればあとは無料、10割給付。本人にも1割負担を導入するという本人1割負担の導入が行われます。

昭和60年には有名な年金制度の大改正が行われて、基礎年金制度が導入されて現在の2階建ての年金制度が作られます。この時に3号被保険者という、家庭の専業主婦にも固有の年金権を保障するという改正をしました。それから医療法の改正。これまで規制のなかった病院病床数のコントロール、各都道府県が必要な医療計画を立て、必要な病床数を決め、過剰な病床については病床数をコントロールするという改正が行われました。

平成に入ってからは、グローバル化の進展など日本の経済社会を取り巻く状況もどんどん変わって、社会保障も様々な新しい社会課題に対応していかなければならなくなってきます。そのために、単に給付を上げるとか下げるとか、適正化するとか効率化するとかだけではなくて、制度の枠組み、仕組みそのものを見直すような議論になっていきます。例えば高齢化社会が来て要介護者が増える、他方で家族の介護力はどんどん弱くなる、そうなると、今までの高齢者福祉のリソースで要介護高齢者を支え切ることができるのか、今までの家族介護前提の措置制度のやり方で高齢者の介護を支えていくことができるのか、サービス基盤を抜本的に強化し、制度を基本的に見直して新しいやり方を考えていかなければならないのではないか。

あるいは福祉の様々なサービス、都道府県と市町村でやっていたわけですけれども、福祉のサービスは住民に最も近い基礎自治体で行っていくべきではないのか、地方分権の流れからしてもそうだろう、ということで、福祉に関する事務と権限を基本的には市町村に下ろす、という改正が行われます。これは福祉８法改正と呼ばれ、平成２年に行われました。さらには、従来はあまり大きな問題にはならなかった少子化対策、子供に対する施策もきちんとやらないといけないのではないか。ということで、エンゼルプランその他、今では少子化対策と言われていますが、少子化対策って言葉があるのは日本だけなんだけれども、とにかく少子化対策の施策をこの時代に本格的に取り組み始めます。

ということで、大きく言えば、少子高齢化に対応して社会保障制度をより構造的に見直しをしていく、そういう流れができていきます。

02　国民皆保険と国民皆年金

■ 皆保険と皆年金——日本の社会保障制度の基本骨格

日本の社会保障制度の基本骨格。様々な形で制度改正をしてきていますが、大きな骨格は変わっていません。

まず、すべての国民が医療と年金（と介護）のサービスを受けることができます。国民皆保険、国民皆年金。すべての国民はどこかの医療保険制度に入っている。保険料を払い必要な医療を受けることができる。年金もそうで

我が国の社会保障制度の基本骨格

1　すべての国民の年金、医療、介護をカバー（国民皆保険・皆年金体制）

・社会保障給付の大宗を占める年金・医療・介護は、社会保険方式により運営
・年金制度は、高齢期の生活の基本的部分を支える年金を保障
・医療保険制度は、「誰でも、いつでも、どこでも」保険証１枚で医療を受けられる医療を保障
・介護保険制度は、加齢に伴う要介護状態になっても自立した生活を営むことが出来るよう必要な介護を保障

2　社会保険方式に公費も投入し、「保険料」と「税」の組み合わせによる財政運営

・社会保障の財源は、約60%が保険料。約30%が公費、約10%が資産収入等で、保険料中心の構成

3　職域保険と地域保険の２本立て

・サラリーマン（被用者）を対象とする職域保険（健康保険、厚生年金）とその他の者を対象とする地域保険（国民健康保険、国民年金）の２つの制度で構成

4　国・都道府県・市町村が責任・役割を分担・連携

・年金等は国、医療行政は都道府県、福祉行政は市町村がそれぞれ中心となって、社会保障制度を運営
・医療・福祉サービスにおいては、民間主体が重要な役割を果たしている

すね。すべての国民は年金制度に20歳になると加入し、保険料を払い、65歳になると受給することができる。65歳以上の高齢者は全員介護保険の１号被保険者になっていて、保険料を払い、必要な介護給付を受けることができる。また、40歳以上のすべての国民は、２号被保険者として介護保険料を拠出しているということですね。

もしかしたら当たり前のようにみなさん思っているかもしれませんけども、社会保険方式で医療や年金を運営しているヨーロッパの国々、ドイツ、イギ

リス、オランダ等々社会保険方式でやっている国で、日本と同じような意味ですべての国民、すべての住民が保険に加入できて給付されている国というのは実はありません。厳密な意味での皆保険と皆年金をやっている国というのは極めて少ないです。

どういうことかというと、保険制度というのは自助の共同化ですね？　つまり、みんな保険料を払って、所得の高い人はたくさん払うし、所得の少ない人はそれに見合って払う、応能で負担するわけですけれども、いずれにしても保険料を払って、保険料を払ったことによって制度に加入しメンバーシップを得て受給権が発生し、必要な給付を受けることができる。そうなっています。そうすると、世の中には保険料を払えない人がいますよね、様々な理由で。ものすごく所得の低い人とか。そうすると、保険料払ってないと割り前を払ってない、義務を果たしていないことになるから、給付は受けられない。それはそうなりますよね、保険制度なんだから。

では、諸外国はどうしているかというと、保険料払えない人は制度に入らなくてもいい、ということで、制度には入れないんですね。だって保険料払えないんだから。そういう人はどうするかというと、初めから共助の枠組みではなくて公助の枠組み、日本でいう生活保護に相当する生活扶助のスキームで面倒を見る。保険制度の外側で面倒を見るというふうにするんですね。

もちろん医療保障はするんです。するんだけど保険制度の外側でやる。もう一つは、超金持ちは自分でやってください。保険料払わなくていいけども何が起こっても、例えばガンになっても、自分でやってください、ということで、適用しないか、あるいは任意加入にしてしまう。ドイツなんかがそうですね。

他方日本はどうか。日本は、日本は保険料を払ってない人も保険制度に入れる、つまり助け合い＝共助の輪に入れるという選択をしたんですね。

例えば国民年金。国民年金には保険料免除制度があるんだね。国民年金の保険料、今は確か月1万6000円くらいだね、20歳になると全員制度に加入して保険料を払う。学生諸君も払う。学生の場合は猶予制度もあるし、親御さんが払ってるケースも多いと思いますが、とにかく保険料は払う。そして、その保険料に見合って65歳から年金給付が出る。だけど、当然ながら保険料が払えない人、例えば今回のこのコロナの騒動で極端に収入が減ったりすると、ちょっと今は払えませんってことが起こるわけですよね。

そういうときどうするか。日本はそういう保険料を払えないような人でも被保険者にする。保険制度に入れるんですね。で、保険料の一部または全部を免除する。払わなくていい、でも制度に入れる。つまり排除の論理がないんです、日本の制度には。全員入れる、とにかく。払えなくても入れてあげる。

そうするとどうなるかというと、保険料払ってないですよね、払ってないから給付がない。そこでどうするかっていうと、保険料払ってない人には、税財源分の年金が出る。基礎年金の財源、半分はみんなが払う保険料ですけど、半分は税金で賄っている。保険料を払っていない人、免除を受けてる人は、免除期間は保険料財源で支払われる分の給付はない。例えば、全期間免除って人がいたとすると、保険財源で払われる給付は全くない。でも税財源部分の年金給付は出す。税財源部分だけになるから半分。20年間免除を受けてました、という人は、保険料払ってる期間＝20年分は全額出るけど、免除受けてる20年分は税財源分だけ、つまり半分。そこまでしてでも脱落者を作らない、入れない人を作らないようにしてある。これが日本の社会保険制度のいわば大きな特徴なのです。

保険の論理を貫徹すれば、保険料払えない人は制度に入れません、給付もありません、そういう人は日本で言えば生活保護で面倒見ます、になるんだけど、日本はそういうことはしなかったんだね。昭和36年の時に。

実は医療保険の中で、国民健康保険だけは生活保護の人は加入しなくていい、ということになっていて、国保の保険料減額制度というのは非常に手厚くて、国保の保険料は応能割と応益割、要するに所得に応じた部分と人頭割部分でできているのですが、所得の低い人は所得割がゼロになる。応能割部分には軽減措置があって、今の制度だと最大7割まで軽減される。災害とか事業の倒産とか特別な事情があると全額免除という場合もある。それでもダメで生活保護、ということになると国保に加入しなくていい、となって医療給付は生活保護から出る。これは日本の社会保険制度の中では例外になっていて、2000年に介護保険を作ったとき、同じ市町村保険者の制度なので生活保護の人をどうするかっていう議論になって、最終的には国保スタイルにしないで生活保護の人も介護保険の被保険者にする、ということになった。それで、保険料はどうしたかというと、生活保護で負担する、つまり保護費にその分の加算をするってことにした。

昭和36年というのは戦後15年しか経ってないから、日本は全然豊かではなかった。当時の日本の国民総生産は確か19兆円、一人当たりの国民所得が600ドルに満たない、そんなレベルでした。物価や賃金を勘案して今の価格水準に置き直してもせいぜい今のベトナムとかタイくらいの所得水準です。そんな国力のレベルの時代に、すべての国民から保険料をとって、必要な医療給付を提供するっていう全国民をカバーする医療保険制度や年金制度を作ったわけです。

■「平等」を重視した日本の社会保障制度

私が2000年3月までいたアゼルバイジャンという国は、ご存知の方もいるかもしれませんが、産油国です。石油のおかげで高層ビルが次々と立っています。首都であるバクーに行くとドバイみたいな高層ビルがいっぱい建っているんですが、あの国の一人当たり平均所得がだいたい今5000ドルくらいです。そして今、医療保険制度を作らんとしているのですが、正直言って、まだまだとても無理ですね。そもそも保険料払って、いざお医者さんへ行くとなったときに、国民の医療ニーズをカバーできるだけの医療インフラが整っているか、医者はいるか、看護師はいるか、病院はあるか、医薬品はきちんと供給できるか。政府は頑張っているけれど、正直言ってまだ難しい。インフラ整備が追いついてない。

けれども日本は1960年代にそれをやったんですね。

もちろん最初に作られた医療保険制度っていうのは、今みたいにいくらでも、いくらでもというか必要な医療はほとんど保険でカバーされている、というような立派なものではなくて、例えば入院は承認制だし、５割給付だし、薬は３剤までしか出してくれないし、抗生物質は保険外だしという、とても薄っぺらい医療保険でした。なので、保険制度ができた当初、お医者さんたちは、保険じゃまともな診療はできないと、こんな薄っぺらな診療しかできないんじゃ責任持てないから自分は保険の給付はしない、自由診療でやるんだ、そういったお医者さんがたくさんいました。それくらい薄っぺらな医療保険制度だったけども、でもすべての国民をカバーする。保険料を払えなかったら、免除したり徴収猶予をしたり、減額したりしてでも医療保険に入れる、年金制度に入れるってやってみんなカバーした。つまりみんな平等だってことをより重視した制度を作ったんですね。

この考え方は今でも基本的に変わっていません。

さて、なんでそうなっているんだろうか、ということを考えてみてください。

医療、年金、介護、みんなそうですが、社会保障の世界で、お金がある人は良いサービス受けて、お金がない人はそれなりに、というように所得によってサービスに格差があるってことを、日本の国民は許さないよね。例えば生活保護だからあなたは病気になってもレントゲンだけです、生活保護の医療ではCTは使えませんとか、新薬はダメです後発品しか使えませんとか、そういうことはよくない、いかがなものかという人がたくさんいるんですね。

生活の基本に関わる医療とか、そういう人間にとってなくてはならないものに関しては、所得の高さとか、住んでいる場所の違いとか、そういうことで格差があることを日本国民は許さない。非常に平等主義的な感覚を持っている。この「平等を大事にする」っていう日本人の価値観が制度の設計に現れているんですね。

社会保障制度っていうのはそれぞれの国、それぞれの国民の価値観とか歴史的に作られてきたコンセンサスの在りようによってそれぞれに形は違う、という話をしてきたと思いますけども、皆保険皆年金制度というのはそういう日本人の感覚、日本人の価値観、倫理観というものがベースにあるんですね。これを作ったのは自民党政権、保守党政権で、その意味では戦後15年しか経っていないので、ある意味保守主義的なパターナリズムが背景にあって、だからこういう制度になっているんだ、という見解もあって、確かにそういう見方もできるのかもしれませんが、本当にお金のない時代、インフラもまだ十分整っていない時代にこんな平等主義的な制度、薄く広くしかカバーできないけれども、それでも落ちこぼれを作らないようにすることを第一に考えて制度を作ったってことは、私は非常に高い見識だったと思います。

逆に考えてみると、経済成長が進めば成長する分野としない分野、豊かな人とそうでない人、格差は広がっていくわけですね。一定以上格差が広がってしまったらみんなが同じルールで同じような給付を受ける、能力に応じて貧乏な人は少額の保険料、金持ちは高い保険料を払って、でも受ける給付は平等、みんな同じですよ、という制度は作れなくなります。

■ 日本の皆保険・皆年金は「奇跡の制度」

例えば今の中国、この10年20年で急速に中国は豊かになりました。ものすごい大金持ちもたくさんいます。最先端の企業もたくさんあります。今やもうアメリカに対抗して米中は世界の２トップになるという時代になりました。一方でこの成長の過程で中国国内では大きな所得の格差が広がっています。都市部の人と農村部の人はかけ離れた生活をしている。大きな格差ができたわけですね。そもそも中国は農村と都市では戸籍が分かれています。都市部でも中高所得者層と一般勤労者層の間に大きな生活水準の格差があります。

あそこまで格差が広がってしまうと、13億、14億の国民が等しく同じ制度に加入して、それぞれの能力に応じて負担をし、等しい給付を受ける、っていう制度は、おそらく実態的に無理じゃないかと思います。日本の国民皆保険や国民皆年金みたいにすべての国民に一律に同じレベルのサービスを公的制度で提供する、ということはもはやできなくて、都市部には都市部の制度、農村部には農村部の制度、所得の高い人には所得の高い人なりの制度、そういう形の保険制度になっていくのではないかと思います。

今中国では、農村部の医療保険と都市部の自営業者の医療保険を一緒にして、サラリーマンの医療保険との２本立てで国民皆保険を作ろうとしているそうですが、今現に受けている医療サービスは「階層消費化」してしまっています。結局はアメリカのように、金持ちは金持ちで自分たちの制度は自分たちで作る、要するに金持ち向けの私的保険が公的保険とは別に、あるいはその上にできる、金持ち向けのプライベート医療が別途できていく、という方向になるように思います。

この話はなかなか難しい話です。社会保障というのは豊かさの分配、付加価値の分配ですから、一定以上社会が豊かでなければきちんとした社会保障制度は作れない。社会が貧乏だったらなかなか作れない。でも他方で、みんなが豊かになって、豊かさが広がっていくと、格差も広がっていく。一定以上格差が広がってしまうと、ユニバーサルで平等な制度を作るのは難しくなる。

そう考えると、戦後15年しか経っていなくて、まだまだみんな貧しかった（でも貧しいなりに平等だった）この時期だから作れた、ということだったのかもしれません。とは言え、この皆保険、皆年金という制度は日本の社会保障制度の特徴でもあるし、世界に誇っていい、平等でかつ必要なサービスを保障している立派な制度だと私は思います。逆に言うと、一度壊したら二度と作れない。一度壊したら、医療もそうだし年金もそうだけど二度と作れないものなので、これをきちんと守っていくことはとても大事なことだと私は思っています。

２番目。保険方式ですから基本的には保険料財源で賄われるというのが基本ルールなのだけど、日本は医療保険にも年金にも介護保険にも税財源が投入されています。全体でみると国・地方合わせて全体の３割強、３分の１ぐらい公費が入っています。

これ、なんで入っているかというと、さっきの話につながるんですね。保険料払えない人でも全員カバーする。で、それこそ貧乏な人が集まった保険集団と所得が高い人たちの保険集団で負担に格差があったり、給付に格差があるってことがないように、税財源で調整しているわけですね。

税財源が入っている、それもかなりの額が入っているという意味で、政府は社会保険制度の運営にコミットしている。国民医療費は今40兆円くらいありますからね、相当な税金を投入していますから、医療費がどうなるかってことは国庫財政にとっては非常に大きな問題になります。ということで、財務省さんは医療保険や年金、介護保険の運営に重大な関心を持っています。

３番目。これは１番目の皆保険、皆年金の作り方、ということなんですが、日本の医療保険、年金は、サラリーマン、被用者をカバーする職域保険とそれ以外の人をカバーする地域保険の２本立てになっています。で、なんでこの２本立ての制度で皆保険がうまく仕組めたか、ということなんですが、まず保険制度というのは仲間内で助け合う制度、ということになりますね。それこそゲゼルシャフトでもゲマインシャフトでもよいのですが、一定の同質的な人間集団の相互的な助け合いで成り立つわけですね。そうすると、サラリーマンというのはどこかに勤めて働いて給料もらっているわけですから、会社単位であるとか、事業所単位であるとか、あるいは同じ職域単位、タクシードライバーならタクシードライバーという職域の集団でひとまとめにして保険を作る。世界中どこでもそうやって作られている。同じ職域の集団だとライフスタイルも似ているし、所得水準もだいたい同じような水準だから保険って作りやすいわけですね。同じ仲間だからお互いに助け合うという相互扶助の感覚が自然に働くのです。

歴史的にみると、どの国でも最初は公務員や大きい大企業の集団ができて、だんだん中小企業ができていく、という流れで保険集団が作られていく。日本もそうですね。大企業は会社単位で健保組合作っていますし、中小企業は同種同業の企業が集まって総合健保っていう健保組合を作る。それ以外の様々な業種の企業は政府（昔の社会保険庁）が保険者になって束ねる。今は協会けんぽという組織になってますが、そうやって作られていく。

それ以外の人はどうか。自営業者、農民、漁民、こういう人たちはこの時代はまだ地域コミュニティのつながりが非常に強かったので、地域単位でくくって保険を作る。そういったかたちで保険制度を作っていったわけですね。

この時代は、今のような非正規労働者はほとんどいませんでした。サラリーマンはほとんどみんな常用雇用で奥さんは専業主婦。なので被用者（サラリーマン）は家族まるごと職域でまとめて適用、サラリーマン以外は地域でまとめて適用、ってやるとほぼ綺麗に国民をカバーできたわけです。失業者もほぼいないし。というわけで職域と地域でカバーをする、という形で保険制度が作られていく。医療保険もそうだし、年金保険もそうですね。

最後４番目。先ほど、日本の社会保険制度には公費が入っていて国も一定の責任を持っています、という話をしました。国民健康保険や介護保険は県や市町村が保険者となって運営責任を負っていますし、財源も負担しています。福祉サービスは基本的には基礎自治体である市町村が責任主体で、国・都道府県・市町村が財源を負担しています。

実際のサービスを見ると、医療で言えば中心的に医療を担っているのは民間病院、診療所。法人で言えば医療法人。みんなあまりご存じないかもしれませんが、日本は世界の中でもかなり医療サービスが民営化されている国の一つです。こういうと、みんなエッて思うかもしれません。日本の病院病床の過半は民間病院です。医療は営利ではできないので医療法人は営利法人ではないけど民間の法人です。他の先進国、アメリカでもそうだし、ヨーロッパ諸国でもそうですが、大きい病院は公立・非営利組織立病院（公立病院や大学・慈善団体・教会組織などが運営主体）であることが多い。でも日本の近代医療の歴史、明治以降の病院の歴史を紐解くと、日本の病院は、それこそ民間活力で地域の医師たちが病院を作るって形で発展してきたんですね。

日本の病院は、個人の診療所が病院になり、個人病院が大きくなって法人になった病院が多い。だから日本の医療機関というのは感覚的に言うと中小企業ですよ。日本の民間病院、200床くらいの病院の院長さんというのは、中小企業のオーナー社長さんです。病院の経営に自分で責任を持っている人たちなんですね。

福祉もそうですね。社会福祉法人というのは、認可を受けて設立している非営利の法人ですが、民間篤志家の発意（寄付）で作られるのが基本。補助金はあるけどそれぞれ独立して経営しているわけだから、官か民かと言われれば民なんですよね。

日本の社会保障制度というのはそういうやり方になっている。例えば、北欧では福祉サービスは市町村が行っている。最近は民間サービスもずいぶん入るようにはなったけども、基本的にはサービスの最終的な責任主体は自治体。サービス供給も含めて公的主体が大きな役割を果たしているというスタイルです。他方日本は、初めから国とか地方自治体以外にも色々な主体が関わっていて、医療や福祉は地方自治体が大きな役割を果たしていて、実際のサービスは様々な民間主体が担っている、というのが日本の社会保険制度の特徴ということになります。

■「奇跡の制度」はなぜ実現できたのか

では、どうしてこんな制度が作れたか、というお話です。どうして皆保険制度がうまく作れたのか、どうしてこういうやり方ですべての国民をカバーする仕掛けが作れたのか。その背景を考えてみましょう。

第１に、雇用環境が今とは全く違っていた。雇用が安定をしていた高度成長期は極めて失業率は低く、ほぼ失業者はいませんでした。ほぼ完全雇用、全部雇用という言い方もありますが、完全雇用の状態がずっと続き雇用がすごく安定していた。サラリーマンは正規雇用で終身雇用で、今の非正規労働者みたいな人はほとんどいない。そうなるとサラリーマンは職域内でカバーします、とすると、およそ給料もらって働いている人は全員カバーできる。かつまだ地域がしっかりしていたので、サラリーマン以外の人たち、自営業者や農民、当時まだ農民が日本の総人口の18％だったかな？　それくらいいた時代ですから、地域保険の主力は第一次産業の人たちです。そういう人

「奇跡の制度」を可能にしたもの

① 安定した雇用一正規雇用・終身雇用・完全雇用

→ サラリーマンは職域保険（健康保険、厚生年金）に、その他の者は地域保険（国民健康保険、国民年金）に加入することで、皆保険・皆年金を達成

② 右肩上がりの経済成長

→ 増大する給付は給与の上昇による保険料収入の増や税収増により賄うことができる

③ 充実した企業の福利厚生、核家族・専業主婦モデル、地域社会のつながり

→ 現役世代については社会保障制度による対応は補完的

→ 引退期（高齢期）への給付が相対的に手厚い

→我が国の社会保障は ①高齢期中心 ②負担・給付両面で「小さな社会保障」 という特色

たちは地域でくくる。そうすると綺麗にくくれる。つまり、職域と地域に分けて制度を設計するとほぼ全部カバーできる。もちろん生活保護でカバーする人とかもいますけど、基本的にはこの形で全国民をカバーできました。

第２に、ずっと高度成長していました。高度成長している、とはどういうことかというと、医療保険制度を作ります。保険証１枚で医療にかかれるようになりました。もちろん保険の医療、最初のうちは非常に薄っぺらい医療でしたが、保険証があれば安心して医療にかかれる、となったので、当たり前ですけど、医療需要は爆発的に伸びるわけです。で、順次給付改善もしましたから、医療保険ができて医療費は急増するんですね。医療費が急増するので保険料も上がるわけです。保険料も上がるんだけど、高度成長していて給料も上がっていたので、保険料が上がって負担が増えるよりも給料が増えるほうが大きい、という状態だったんですね。

例えば来年は保険料を10％以上、上げないといけない。収入の３％だっ

たのを3.3%、3.5%にしていかないといけないので、負担が増えます。でも給料は５％増える。そうすると、保険料の額が上がっていっても、給料も増えているから、保険料率が上がっても手取りは増える。負担増を上回る給料の増があったので負担増が実感されない、つまり経済成長があったので社会保障制度の財源が十分賄えたんです。

逆に言うと、今は収入は増えないのに高齢化だなんだで負担のほうが増えるもんだから、負担が増えた分だけしっかり収入が減るという構造になっているので、負担が増えることに対する抵抗がいっそう強い。まあ当たり前ですよね。でもこの時代は成長しているので負担を吸収できた。だから日本は給付改善に次ぐ給付改善を繰り返して、今や日本の保険制度で保険でカバーされてない医療サービスはほとんどありません。

よくアメリカで使われている新薬が日本で使えないとかニュースで伝えられますが、これは極めて例外的なことで、日本ではアメリカなら目の玉が飛び出るような高い保険料を払う保険でないとカバーしてくれないような高度先進医療も普通に公的保険でカバーしている。なんでこんなことができたか、できるような制度ができたかといえばこういうことだったんですね。

第３は、これもまた今とは全然違うことなんだけど、高度成長期は企業の福利厚生がしっかりしていた。例えば日本の企業は家族がいるといろんな手当を出します。子供がいると子供手当を出します。奥さんがいると配偶者手当を出します。アパートを借りていると家賃補助します。場合によっては社宅を作って住居を提供します。住宅ローンを組むときは銀行の仲介もしてくれます。場合によっては利息も補助してくれます。貯金をしたいなら財形のお手伝いをします。お休みの日は保養所を企業が持っていて、そういうところで家族みなさんでレクリエーションもできます。スポーツ施設も持ってます。このようにいろんな福利厚生を企業が提供していた。それができたんですね、昔の日本の企業は。

当時はまだ３世代から核家族という時代。田舎からどんどん人が出てきて東京に住むから核家族になる。３世代ではなくなるわけだけど、都会には団地とかがたくさんできて、そういう人たちが住む。住んでるのは基本的には核家族。奥さんは家に専業主婦でいて、お父さんは会社で働いてという家族モデルですね。一方、田舎はまだ地域社会のつながりが強かった。田舎から東京に出てきて、東京は誰も知らない人ばっかりなんだけど、会社が疑似家族のように社員と家族の面倒を見る、というふうになっていた。

そうすると、社会保障をやっている立場からすると、いま大問題になってる子育てをどうするかとか、高齢者の介護をどうするかとか、そういう問題っていうのは基本的に家庭の中や地域で解決できるわけです。良いか悪いかは別問題として、専業主婦が家にいるから子供は面倒見るし、高齢者も田舎だったらみんな３世代で同居だし、都会も年寄りの面倒は家庭で見られたわけです。数もまだ少ないですしね。しかも、現役の人は企業が面倒を見てくれるので、病気になったときの医療保険を別にすれば、およそ今我々が現役の人について、やれ子育てだ、失業だ、非正規労働者だとか言ってるようなことは、ほとんど発生してこない。

そうして、消去法で消していくと、社会保障制度って誰のためにあるかっていうと、メインは会社を引退して老後生活に入った人。この人たちは収入もないし、この人たちの面倒を見るっていうのが社会保障の主たる役割になる。現役の人は社会保障のお世話になることはほとんどないから。そうすると、全体としては給付は小さいわけですね。当時は子育てだって基本は家庭の役割。共働きも少ないから保育所だ育児休業給付だ、っていうのもあまりない。昭和 40 年代の保育所というのは、文字通り「保育に欠ける子供たち」のための福祉施設だった。そうすると社会保障の給付は高齢期が中心になる。医療だって企業で元気で働いている人はそんなに医者にはかからないですからね。

というわけで、給付全体が小さくて、負担もそんなに大きくない。かつ、給付は高齢期の給付、医療と年金が中心。これが日本の社会保障制度のできた当時の特徴ということになるわけです。

さて、いま話を聞いていてみなさん思ったと思いますが、それっていつの話？　いったい何十年前の話？　その通りですね。この時代はこれで良かったんだと思います。

今はこの三つの前提、ほぼ全部崩れているわけです。前提が崩れれば制度は立ち行かなくなる、直さないといけなくなるってことになって、様々な制度改正を重ね、低成長の中で悪戦苦闘しているのが今の社会保障制度、ということになります。

第 6 章

社会保障を理解するということ（2）

――社会保障を取り巻く経済社会情勢の変化

前回の講義で、日本の社会保障制度は戦後作られ、1961年に皆保険体制、皆年金体制ができ、それによって日本の社会保障制度の基礎が作られたこと、日本の社会保障制度の成り立ちの前提となっている当時の社会経済の諸条件がどうなっていて、それを前提にどういう社会保障制度が作られたか、という話をしました。

そして、講義の最後のところで、雇用についても、地域についても、家族についても、それっていつの話ですか？　とみなさんはきっと思うでしょう、というお話をしました。まさにその通りで、日本の社会保障制度の骨格ができてから半世紀以上が経ち、この間に社会保障制度を取り巻く日本の経済情勢は大きく変化しました。

社会保障は経済のサブシステムでもあり、社会のサブシステムでもあります。逆に言えば社会経済情勢が大きく変わればそれに大きく影響を受ける。社会保障がその役割機能を発揮するためには社会情勢の変化にきちんと対応していかなければいけないし、経済情勢の変化に対して社会保障の側からも様々な働きかけをしていかなければいけない、ということになります。

ということで、今日は、社会保障を取り巻く社会経済情勢がどのように変化していったか、というお話をいたします。

01 日本社会に生じた四つの変化
——社会保障給付費が対GDP比で増大

■ 経済社会情勢の四つの変化

ここに4点挙げました。日本の社会保障制度の骨格の前提となっている雇用や家庭がどう変わったのかということです。

まず何と言っても雇用の基盤が大きく変わりました。前回、日本の社会保障制度は雇用が非常に安定をしていること、失業者であるとか雇用の保障がされない人、雇用が不安定である人が非常に少ないということと、雇用が非常に長期にわたって変動がないということを前提に、サラリーマングループと自営業者グループ、職域と地域に分けてグルーピングをすることで皆保険制度を作った、というお話をしましたが、その安定的な雇用というものが大きく変化しました。

就労形態の多様化、と書いてありますが、みなさん21世紀生まれの方がほとんどだと思いますので、正社員の人というのは今時の言葉でいうと勝ち組、ということになるわけですね。今では多くの人が非正規雇用、パートであったり、契約社員であったり、期間工であったり、派遣労働者ってことになっています。

こういった雇用形態の多様化、就労形態の多様化というのは、働く人の意識の側の問題もありますが、基本的には産業構造や企業の経営の形、そういったものの変化の中で生まれたものです。なので、これは良い悪いで議論するのはなかなか難しいのですが、様々な雇用形態ができ、多様な働き方をする人が増えていく中で、社会保障制度の側が、そういった就労形態の変化

社会保障を取り巻く経済社会情勢の変化

現在の社会保障制度を取り巻く状況は大きく変化。

① 雇用基盤の変化（就労形態の多様化）
② 家族形態の変化（単身高齢世帯の増加、離婚の増加に伴うひとり親世帯の増加）
③ 地域基盤の変化（都市化と過疎化の同時進行、地域コミュニティの弱体化、人口減少）
④ 生活・リスク形態の変化（社会的ストレスの増大、自殺、うつ等の増加）

↓

少子高齢化の進展と経済成長の鈍化により、社会保障給付費の対GDP比が増加

に対応できなくなってきた。

具体的に言えば、制度の前提になっている雇用者の構成と実際の雇用者の構成がずれているということが起こりました。そうすると本来被用者であるのにサラリーマンの制度、厚生年金保険や健康保険に加入できずに地域保険にいる人、事業主が本来負担すべき事業主負担を払わなくても済む人たちができて、それがどんどん増えていく。そういった、制度的な抜け道というと語弊がありますが、そういうことが起こってしまう。そのことで、社会保障制度の保障の網の目が破けるというか、漏れ落ちる人が出てくるということが起こります。

二つ目、家族形態の変化。これも前回、3世代から核家族へという流れがありますと申し上げましたが、日本の社会保障制度の前提になっているのは基本的には家族ですね。働いている世帯主がいて専業主婦がいて家族がいる。日本の健康保険制度や国民健康保険制度、生活保護もそうですが、基本的には世帯というものを単位にいろんなものが組み立てられています。2020年にコロナ対策で一律給付された10万円、あれも世帯主に配るというやり方をしましたね。ここであまり政府の批判をするのはいかがかとも思いますが、確かに社会保障だけではなくて、戸籍も住民基本台帳も世帯単位ですから、それはそれで一つの考え方だとは思いますが、今や国民一人一人にマイナンバーがあって、しかも家族の姿が多様化している中で、全国民に一人10万円配りますっていうときに、それをまとめて世帯主に配るというのは正直ちょっとズレてるのではと私は感じましたが、いずれにしても家族、世帯っていうのは生計の単位ですから、世帯単位で制度を仕組めばそれなりに機能はします。

さらに言えば、家族がそれなりの規模とそれなりの構成を持っていることで、様々な社会的リスクを家族がヘッジしてくれる。家族の中での相互扶助によって様々な問題が一定程度解決できる、ということを前提に社会保障制度が登場してくるということだったわけですが、これも就労形態の変化や年齢構成の変化に伴って大きく変化をしています。まず高齢化が進むので高齢世帯が増えます。核家族化が進み、核家族が高齢化すれば子供は独立していきますから、成人同士での親子同居の世帯は少なくなっていきます。高齢者のみの世帯、また片方がお亡くなりになれば高齢者単独世帯というのが増えていきます。高齢化が急速に進んでいるので、高齢世帯、高齢単独世帯、高齢夫婦のみ世帯の数は非常に増えています。

もう一つは、女性の社会進出。女性が働くようになり、女性自身が経済力を持つようになった。つまり女性が一人でも生きていける、そういう社会になった。まあ様々な背景がありますが、離婚が増えています。離婚をして単身世帯、あるいは片親で母子世帯、または父子世帯、こういうのも増えています。さらに全体に晩婚化が進んでいるので、若い人の単独世帯というのも増えています。ということで、全体として家族の人数が小さくなって世帯が小さくなっています。

昔は税制などで標準世帯なんてものがあって、夫婦子供２人標準世帯で課税最低限がいくらですとか、平均的な収入がいくらですとかやっていましたけど、10年前くらいから標準世帯っていうのは３人、子供１人という世帯になっています。ところが実際、世帯のデータを見てみると、今や世帯の平均人員は2.5人を切っていて2.47人です。世帯が多様化し、様々な世帯形態ができ、しかも世帯の構成員数が小さくなっているということになると、いろんな問題を家族の中の互助で解決するということが非常に難しくなってくるということになります。

三つ目は地域です。これも人口が減っているということもありますし、今でも地方から東京へという人の流れはありますから、都市化と過疎化が同時進行します。地方ではもはや高齢者さえも減少に転じるというようなところが増えています。都市は都市、地方は地方でそれぞれ地域コミュニティの力が弱くなり、地域が人々を支えるという力が弱くなっています。

雇用が不安定になり、家族が小さくなって家族の力が弱くなり、地域の支えも弱くなるということは、個人はますます生活上のリスクや不安を一人で抱え、対処していかなければならない社会になるということです。それが四番目の生活の変化・リスク形態の変化で、今までであれば家族や地域、企業の中で解決できた問題が解決できなくなります。で、誰も助けてくれないので一人で対処していかなければいけなくなるということになります。

そうすると今まで問題にならなかったようなことが大きな社会問題になっていきます。介護もそうだったし、子育てもそうですが、それに加えて、社会保障の側から見ると制度的に対応することが難しい不定形な問題、例えば社会的にストレスが多くなって、それに伴って様々なコンフリクトが社会の中で起こる。家庭では家庭内暴力、あるいは児童虐待といったことも起きますし、学校でのいじめ、企業でのハラスメント、様々な形で社会の中で差別が顕在化をする。より弱い人間に対して不寛容な行動が起こる。それから自殺であるとかうつであるとか引きこもりであるとかそういった新しい、まあ昔からあったんですけども、質においても量においても社会的問題として取り上げなければならないような様々な問題が生じます。ニート、フリーター、引きこもり、8050問題など、実に様々な問題が顕在化していきます。

つまり、社会保障の側からすると、高齢化や雇用形態の変化で、医療にしても年金にしても介護にしても既存の社会保険に対する負荷が大きくなっています。それに加えて、今お話ししたような新しい様々な課題にも対応していかなければいけない。社会保障は間口が広がり対象が広がりどんどん仕事が増え守備範囲が大きくなる。

ところが、他方で社会保障制度を支えているファイナンス、社会保障制度を支える経済社会の側はどうなっているかというと、どんどん少子高齢化が進んでいますから子供の数は減っている、働き手の数も減る、人口も減りますから経済成長も鈍化をして、今や2000年から2020年、みなさんが生まれてから今日に至るまで日本の経済はほとんどゼロ成長。よくGDP500兆と言っていますけどGDPが500兆になったのが1992年か93年ですから、あれから名目GDPはほとんど増えていない。つまり分配できる付加価値が少ない中で社会保障給付が増えますから、社会保障給付費がGDPに占める割合、国家予算に占める割合はどんどん大きくなっている。思ったような政策を行うための財源が確保できない、付加価値の分配がなかなか行われないという八方塞がりのような状態の中で、次々生じる様々な問題に悪戦苦闘しながら取り組んでいる、というのが今の社会保障制度の姿ということになります。

■ 雇用の変化による影響

今話したことを少し数字で見てみましょう。

まず雇用基盤の変化。今から35年前の1985年、みなさん生まれてないですね。みなさんのご両親が働き始めた頃かな？　この頃の非正規労働者の割合は全体で16.4％。うち男性非正規は約４％程度しかいませんでした。この時代はまだ正社員、常用労働者が労働者のほとんどを占めていた時代で、非正規と言われている人は主婦パートであるとか補助的な労働をする人くらいで、非正規労働者のかなりの部分は女性労働者。まあ今でも女性が多いですが、女性労働者だったということになります。

これが、2019年には非正規労働者の割合は38.3％、全労働者の４割、実

①雇用基盤の変化　　就労の多様化・正社員中心雇用の崩壊

：非正規労働者割合	16.4％（1985）	→	38.3％（2019）
うち男性割合	4.4％（1985）	→	22.8％（2019）
：片働き世帯数	1,114万世帯（1980）	→	582万世帯（2019）
：共働き世帯数	614万世帯（1980）	→	1,245万世帯（2019）

②家族形態の変化　　少子化・家族のつながりの希薄化・単位の小規模化

：家族同居率	52.5％（1980）	→	10.4％（2018）
：65歳以上単身・夫婦のみ世帯	96万世帯（1970）	→	1,218万世帯（2015）
：人口1,000人あたり婚姻率	10.0（1970）	→	4.7（2018）
：合計特殊出生率	2.13（1970）	→	1.42（2018）
：人口1,000人あたり離婚率	0.93（1970）	→	1.68（2018）
：母子世帯数	37万世帯（1975）	→	66万世帯（2018）

に５人に２人が非正規労働者ということになりました。もちろんこの背景には高齢者雇用が進んで60歳以降の再雇用、フルタイムで働かない高齢者が増えているといったこともありますが、雇用労働者の中に占める非正規労働者の割合は非常に大きくなっています。

これは働く側の意識、働く側が様々なライフスタイルに合わせて多様な働き方をするようになった、同じ企業で９時５時でずっと働くという働き方を必ずしもみんなが望まないようになった、ということもありますけれども、基本的にはこういった雇用環境の変化というのは企業の側、あるいは産業の側の変化によるものです。

製造業中心から第３次産業、サービス業が増える、そうなると多様な就労形態が企業の中で必要になってくる。あるいは特定の業務を外部に出す、アウトソーシングをしたり、専門人材を外部で調達するようにしたり、世の中の変化のスピードがすごく速いので、企業の側も多様な人材を次々と登用していかないといけない。つまり自分を変化させていかないといけないので、昔のように同じ人間を30年40年、部署を変えながら企業内部で使い続けるということがなかなかできなくなっている。必要な人材は外からその都度調達する、アウトソーシングできる業務はアウトソーシングする、といったことが増えていく。

加えて、企業側の要求に合わせて雇用規制の緩和、自由化をしてきました。例えば派遣労働。労働者派遣法は当初は確か指定７業種とか言ってですね、要はポジリストだったんですよ。その業種だけが派遣を使えると。これをポジネガひっくり返して、派遣労働は特に禁止されている業種以外は使っていい、という形に変えました。

派遣というのは間接雇用と呼ばれる雇用形態で、特殊な雇用形態なのですが、今や派遣労働者は普通の職場にもたくさんいる、同じ職場の中で派遣の人が普通に混じって働いている、とそういう時代になりました。主たる生計維持者が非正規だという世帯の数も非常に増えています。

こういった雇用環境の変化に、日本の社会保障制度は対応できていません。

その結果、被用者保険が適用されない被用者が大量に生まれる。同じ雇用労働者の中に被用者保険でカバーされている人とそうでない人、事業主から見れば社会保険の事業主負担のある人と負担しなくてもいいという人ができた。つまりこのこと自体、労働市場を分断することになっている。そういう批判を日本の社会保障制度は浴びていると、そういう話です。

非正規労働者を男女別に見ると、男性の非正規労働者の割合が22％になっています。全体で38％いる非正規労働者のうち22％が男性ということです。

それから働き方の話ですね。片働き世帯、と書いてありますがこれは要するに典型的な専業主婦世帯のことです。主たる生計維持者が働いていて、奥さんが家にいるっていうやつですね（もちろん専業主夫、というのもありますが統計的にはほとんど問題になりません）。1980年には1000万世帯を超えていましたが、現在では600万世帯程度になっています。ベースになっている世帯総数は1980年でだいたい3600万世帯くらいですから。当時、世帯総数のうちの３分の１は典型的な核家族、専業主婦モデル家庭だったわけですね。

現在、世帯総数は5000万を超えています。前段でも話をしましたが、どんどん世帯の構成人員が小さくなっているので世帯の数が増えているのですが、その5000万世帯のうち片働きの世帯は１割強しかいない。

他方、共働きの世帯は今から40年前、1980年には600万世帯だったのが今や1200万世帯を超えています。完全に逆転しました。

■ 家族形態の変化による影響

次は家族形態の変化です。

163ページのスライドに家族同居率と書いてありますが、家族同居率というのは、高齢者から見て高齢者が成人の子供と一緒に住んでいる割合のことです。ということで、高齢者と未婚の成人子供という組み合わせも含まれていますが、まあだいたい三世代同居と考えていいと思います。ちなみに高齢者と未婚の成人子供というのは、8050問題もそうですが、これはこれで、いろいろ問題含みの構成世帯なんですけども、みなさんそのうち勉強すると思いますのでここでは説明いたしません。まあとにかくざっくり三世代同居の割合、と考えていただいて結構です。この数字は、1980年は5割。だいたいおじいちゃんおばあちゃんの半分は子供と一緒に住んでいたということですが、今やその世帯割合は10％しかありません。

で、65歳以上の世帯ですけども、65歳以上の単身世帯と高齢夫婦のみ世帯。お年寄りだけで構成されている世帯の数というのが、今から50年前の1970年には約100万世帯、それが2015年には1200万世帯以上、約12倍に増えています。

ちなみにこの1200万世帯の65歳以上の単身・夫婦のみ世帯ですが、単身世帯が約650万世帯、夫婦のみ世帯が約750万世帯くらいです。夫婦のみ世帯っていうのは高齢者が二人いるわけですよね、おじいちゃんとおばあちゃん。そうすると頭数でいうと夫婦のみ世帯にいるお年寄りの数は1500万人で、それに単身世帯の650万を足すと約2100万人以上になります。他方2015年時点の65歳人口は3400万人弱ですから、高齢者だけで生活している人の割合は高齢者全体の半分を超えている、そういうことになりますよね。

高齢夫婦世帯は片方が亡くなれば高齢単身世帯ということになります。今や高齢者は、同居しているという視点で言えば、家族に支えられている人はもはや少数派になっているということですね。

そして婚姻率もどんどん下がってきていて、合計特殊出生率も2を切って久しい。

合計特殊出生率 Total fertility rate というのは、1人の女性が一生に産む子供の数のことで、統計上の概念です。長期的にその集団の人口を定常状態に維持することのできるTFRの数値を人口置換水準と言いますが、私が若い頃は2.09が人口置換水準でした。最近はこの数値は2.07だそうなので、2.07を下回った状態が長く続けば人口は減少に転じるということになります。1970年頃、日本はかろうじて2をまだ超えていましたが、この後2を切ります。2を切って半世紀、その状態が続いて来ました。

一番低かったときは1.28とか1.29まで下がったこともあります。2を切った状態がこれだけ長く続きましたから、ついに日本は人口減少に転じました。2007年以降は人口減少です。このあと、人口がプラスに転じるという人口推計はありません。日本の人口は数十万人ずつ毎年毎年減少していく、それが基本的なトレンドです。仮に今年、突然出生率が2を超える水準に戻りました、ということが起こっても、その状態が10年、20年、30年、40年続かないと日本の人口はプラスには転じません。そういうことはほぼないと考えていいので、基本的に人口は減っていく。今後20年、30年、40年、ずっと人口は減り続けるという前提で、経済政策も教育政策も労働政策も社会保障政策も考えていかないといけないということです。

ちなみに2を超えてないのは日本だけではなくて、先進国で出生率が2を超えている国はフランスとスウェーデンだけです。両方の国にしてもずっと定常的に2を超え続けているという感じでもないので、基本的には先進国は押しなべて超長期で言えば少しずつ人口が減少していくトレンドにあるということです。

ちなみにこれは余談になりますけれども、日本よりもっと激しく人口減少が起こるのはアジアの国です。韓国も台湾もシンガポールも出生率は非常に低いですから、遠からず日本と同じように、というより日本より激しいスピードで人口減少が起こります。

中国も同じです。中国は一人っ子政策を取りましたから非常に人口構成が歪んでいます。確かあと10年か15年くらいすると中国も人口減少に転じることになって、日本以上に非常に急速な少子高齢化が起こります。中国の高齢化率は確か14%になったかならないか、それくらいです。65歳以上人口はすでに2億人。すごい（笑）。

人口14億の国で日本のような高齢化、日本のような少子化が進んだらどうなるか？　中国から来ている留学生の方もいらっしゃると思いますけども、これは結構、というか相当深刻な問題です。

その意味で言うと、良いか悪いかは別として、日本の高齢化率は今や世界最高、ぶっちぎりでトップです。で、高齢化と同時進行で少子化が進み人口減少になっている。こういう社会をどうやって維持していくか、こういう国の経済をどうやって回していくか、なんだかんだ言ったって日本は世界で第３位のGDP規模を持つ経済大国なわけで、その繁栄をどうやって維持していくのか、社会のインフラをどうやって維持するのか、治安をどうやって守るか。

社会が少子高齢化していくと何が起こるか、その中でどういった対応をして社会をマネジメントしていくか、日本は断トツのフロントランナーということになりますので、世界中の人が日本はどうやって対応するのだろうかを見ている。社会学者や人口学者、社会保障学者のみならず、いろんな分野の人が日本を見ています。

それから離婚率も上がっています。確か今、５組に１組くらいだったかな？　離婚があります。今や離婚って普通に見かける出来事になりました。まあ先進国はみんなそうですので、先進国並みになったっていうことかもし

③地域基盤の変化　人口減少・高齢化・過疎化

：総人口　10,372万人（1970）→12,808万人（2007）→12,617万人（2019）

人口増減率　1.15%　→（ピーク人口）　→▲0.22%

：地域の人口増減　増加47（1970）→　増加7（2019）

（都道府県数）　減少 0　→　減少40

：高齢化率　7.9%（1970）→　28.4%（2019）

高齢化率14%未満の都道府県数　47（1970）→　0（2019）

高齢化率20%超の都道府県数　0　→ 47

：過疎市町村　23.7%（776/3280）（1970）→　47.6%（817/1718）（2017）

④生活・リスク形態の変化　社会的ストレス・社会的排除・自殺・うつ

：自殺者数　20,788人（1978）→　32,845人（2009）→20,169人（2019）

：被保護世帯 65.8万世帯（1970）→127万世帯（2009）→161.5万世帯（2018）

：若年無業者数　36万人（1975）→　75万人（2000）→40万人（2015）

れないです。また、シングルマザー、未婚の母も多いですし、母子世帯の数は非常に増えています。

前回も申し上げましたが、日本の社会保障制度は、こういった現役世代の人たちで様々な支援を必要する人たち、非定型な家族形態の人たちとか、非定型な雇用形態になった人たちにきちんとした目配りができる制度が組めているかというと、必ずしもそうではない。そこがまさにこれからの大きな課題ということになります。

■ 地域基盤の変化による影響

続いて地域の話です。人口の減少によって地域の様々なコミュニティ機能が失われていきました。地域コミュニティを支える様々な生活インフラがありますよね。社会保障で言えば病院とか診療所。老人ホームもそうですね。郵便局もそうですしコンビニもそうですね。そういう生活上のインフラを維持するための最低人数というのはどれくらいか。逆にいうと、例えば病院は人口何人に対して１カ所存在しているか、郵便局は人口何人くらいに１カ所存在しているか。幼稚園はどうだ、小学校はどうだ、あるいは自治体の出先機関はどうだ。これは国土交通省が非常に詳細な調査をしています。このデータを見ながら人口減少を考えていくと、例えば田舎でどんどん人口が減っていくと、そういうサービスが維持できなくなって、次々に消えていくわけですね。消えていくのは鉄道とかバスだけじゃないですよ、いろんなものがどんどん消えていくわけです。消えていくとそこでの生活がどんどん不便になっていくわけですね。不便になるとさらに人口が減る。

人口が減ることの意味、人口減少で地域がどう変わっていくかということをリアルで見るということが必要になります。

で、日本の人口ですが、1970 年の日本の人口は約１億人。確かこのちょっと前に１億人を超えたんだと思います。1970 年は人口増加率のピークで、プラス 1.15%、当時は毎年 100 万人くらいずつ人口が増えていました。出生率も 1970 年過ぎあたりまで２を超えていましたけど、1975 年に出生率が２

を切り、出生数も1974年の210万人をピークに減少に転じます。でも人口高齢化が進む、つまりお年寄りが長生きをするので全体で見ればまだ総人口は増加していきました。

出生数が減っていき、ある段階を迎えると子供が生まれる数よりも高齢者の死ぬ数のほうが多くなって人口が自然減に転じることになります。それが2007年。1億2800万でピークアウト。翌年から人口減少に転じました。今、毎年数十万のオーダーで人口は減っています。

なので、都道府県単位の地方自治体を見ても、1970年は人口が減っている地域というのはありませんでした。地方では東京にどんどん人口が流出して過疎化が進んでいる、この頃からそういう問題はあったわけですけどそれでも、総人口が減るという都道府県はありませんでした。

ところが、今や全国47都道府県のうち40は人口減です。人が減るのは当たり前、人口が増えているのは東京や大阪などのごく限られた都市部だけです。この都市部も別に出生率が高くて子供がたくさん生まれて人口が増えているわけではなく、都市部への人口流入によって人口が増えている、つまり自然減よりも社会増のほうが多くて人口が増えているだけの話で、地方は自然減と社会減のダブルパンチで人口が減少している。

先ほど人口減少下での都市化と過疎化の同時並行ということをお話ししました。国連の定義で、7％を超えると高齢化社会 Aging society、14％を超えると高齢社会 Aged society なのですが1970年の日本全体の高齢化率が7.9％。高齢化社会の仲間入り。この時14％を超えていた都道府県は一つもありませんでした。約50年後の2019年、日本全体の高齢化率は28％を超え、すべての都道府県で高齢化率が14％を超えました。この50年の変化は、ある意味想像を絶するような大変化と言っていいと思います。

過疎地域振興法という法律があって、過疎地域に指定されると過疎債という特別の地方債が出せるという制度があるんですけども、1970年、平成の市町村大合併の前で市町村数が3280ありましたが、過疎地域の指定を受けていた市町村は776、だいたい4分の1くらいでした。2017年、平成の大合併の結果市町村数は半分の1700ほどになりました。そもそも平成の大合併と言うのは、市町村合併をすることで自治体の規模を大きくしてなんとか機能維持をするというのが目的だったわけですが、合併を進めたにもかかわらず、817市町村、全体の48%の市町村が過疎地ということになっています。

人口の高齢化とか人口減少というのは地域によって進み方が違います。早くから少子化が進んだ地域では高齢世代にまで少子化の影響が達して高齢人口までもが減少に転じています。つまり、こういった地方の自治体の姿というのは20年後30年後の日本全体の姿だ、そういうふうに考えていいということです。

いずれ東京も大阪も、こんなふうになる、と言うことです。

こういう話をしているとどんどん気分が暗くなるのであまりしたくないんですけど、これが現実の日本社会の未来の姿ということになります。なので、これは別のところで議論することになりますが、例えば移民の問題、単に労働力をどうこうするというだけではなくて、この社会をサステナブルなものにするという観点で考えたときに、国を閉ざしているわけですからね、日本は。そういう選択をし続けていたら社会はどうなるのか、という選択でもあるということですね。30年後40年後、私はたぶん生きてないのでみなさんが考える問題ということになります。

■ 生活・リスク形態の変化による影響

最後に生活・リスク形態の変化です。社会的なストレスとか、いろんな意味でのコンフリクト、社会的排除が拡大しているという話です。これは質的な話に関わるのでなかなか数字でお示しをするというのは難しいんですけども、景気が悪くなったり、社会が不安定になってくると自殺者は増えます。人が孤立をして、いろんな悩みを自分の中で抱え込んで、自分が社会の中で必要とされていると感じられなかったり、自分の自己評価、自己承認のレベルが低いとどうしてもそういうことが起こるということになります。日本は、リーマンショック前後に自殺者が増えて３万人を超えるまでになりました。

そこで自殺防止対策というのを政府が一生懸命に行います。自治体にもいろいろ働きかけや声かけをしたり、ライフリンクなど積極的に活動をしている民間 NPO 団体とも協力して自殺防止のためのキャンペーンを張ったりしました。最近それで少し自殺は減っているんですけど、それでも 2 万人を切りません。これは決して少ない数字ではありません。

それから生活保護。生活保護の話は、それ自体いろいろ難しい課題がありますが、大きなトレンドでいえば、経済状況が低迷すれば、保護率は上がっていくということになります。保護率のトレンド、1970 年、1970 年というのは高度成長期の最後の頃ですよね。大阪の万博があった年ですね。73 年が第一次オイルショックですから、高度成長期の最後の一番日本が良かった頃です。先ほどの話で日本の人口がだいたい 1 億人ちょっと超えたくらいだったわけですけども、生活保護世帯はわずか 65 万世帯ほどしかなかった。それが現在は 160 万世帯になっています。今回のコロナ騒動で保護世帯はまた増えるはずです。

生活保護についてはまた後で詳しく話しますけども、日本の生活保護はどういう人が受けているかみなさんは想像できますか？　生活保護の受給者は、例えば普通のサラリーマンが失業をして、就職できなくて、家族を養えなくて生活保護になりますというパターンはあまりないです、というかほとんどないです。生活保護のパターンとして一つは高齢世帯。もう一つは障害者世帯、そして最後は母子世帯、ほぼこの三つです。

そして、それぞれに問題状況は違います。生活保護についてですが、ケースワーカーの人たちは、ケースワークの極意は保護を廃止するために保護を開始するってことだ、と言います。私が現場で研修していた時もこの言葉は何回も聞きました。これこそ伴走的支援の典型で、相手によってそれぞれ抱えている問題が違う、様々に抱えている問題をカスタムメイドで、オーダーメイドで解決していく。複雑に絡み合う課題を一つ一つ片付けながら、長く付き合って最後は卒業させていくというのが生活保護のソーシャルワーキングです。その意味でいうとこの三つのパターン。この三つのグループはそれぞれ抱えている問題が違うし、さらに言えば一人一人、一つ一つの世帯がそれぞれ違う。それを個別にきちんと面倒見ていかなければいけないというのが福祉の仕事です。

それに、最近は若年無業者、フリーターとかニートと言われる人たちのことですけども、こういった人たちの問題も大きな問題です。数字の上ではこういう数字が出ていますけども（168 ページ参照）、1970 年代と 2010 年代とでは、若者の実数が全然違いますし、実は数字では示されない問題がいろいろ隠されています。この話も機会を改めていたします。

02　経済・財政・社会保障の一体改革

経済・財政・社会保障の一体改革

・人口・経済・財政制約下での社会保障
　経済を支え、経済成長に貢献する社会保障（一人一人の能力を引き出す社会保障＝ Positive Welfare）の構築
　　～成長との両立・雇用政策との連携～

・社会不安の解消・制度機能の回復
　新たな課題やニーズの変化、各制度が内包する課題に対応した社会保障の機能強化
＋徹底した重点化・効率化による費用対効果の最大化

・安定的な財源の確保

■ 社会保障改革が最重要課題に

さて、2009年に政権交代があって民主党政権が誕生します。その前、小泉政権が終わって安倍政権、福田政権、そして麻生政権と自民党の政権が三つ続いて民主党政権になったわけですが、自民党政権の最後、だいたい2005年2006年から、社会保障改革というのが日本の政治課題の中の非常に大きなテーマとして取りあげられるようになりました。

そのことによって、社会保障改革の問題は単に一厚生労働省の問題だけではなくて、政府全体として取り組まなければならない問題になりました。ということで、2008年以降、官邸を中心に社会保障に関する会議体が作られ、プロジェクトチームが作られ、様々な改革が行われるという流れになりました。

なんでそういう流れになったのかということですが、申し上げたように、社会保障制度が抱えている様々な問題は、もちろん社会保障制度自体が抱える問題もありますけど、制度の前提となっている日本の社会経済の変化に起因しているものも多いわけですね。そうすると、社会保障の問題を解決するというのは同時に日本の社会経済構造の改革に取り組むということになるし、社会保障を持続可能にしていくための答えというのは社会保障の中から出てくるものと、社会保障の外側にある問題を解決しなければできないものというのがあると、基本的にはそういう認識になっていくわけですね。

かつ、経済社会と社会保障の関係はゼロサムではないんですね。どっちかを引っ込ませればどっちかが立つというものではなくて、安定的な経済成長も確保しなければならないし、社会保障の持続可能性も確保しなければならない。社会保障が機能しなければ、経済成長の足も引っ張ることになるし、経済成長をきちんとしなければ税収も上がらないから国家財政も改善されないということになるので、経済と財政と社会保障を一体的に考えて、それぞれが機能するように解決していく答えを出していくということが必要になる。

ということで経済と財政と社会保障、経済政策と財政政策と社会保障政策、こういうものを一体的に考えなければならない。その意味でもヘッドクォーターである内閣官房や官邸が中心となって関係する省庁を集めて、といっても基本的には財務省と厚生労働省ということになりますが、それに加えて経済産業省や文科省や内閣府、さらには民間の有識者にも議論に入ってもらう。そういう形で議論のステージが出来上がっていく。

そういう官邸主導・政治主導の改革が政権をまたいで行われてきたというのが、この間の歴史ということになります。

■ 経済成長に貢献する社会保障

173ページに大きく三つ書いておきました。今の社会保障改革の大きな流れは、一つは低成長、安定成長とも言いますけど、要するに２％とか１％とかその程度の実質経済成長の中、同時に1000兆円を超える巨額の財政赤字を背負っている国家財政のもと、財政の選択肢が狭く制約されている中で、いかに社会保障の機能を維持し機能強化していくための改革を進めるか。

この間ずっと議論されてきたのは、GDPの20数％を占める社会保障は非常に大きな経済セクターでもあるということです。例えば医療費は約40兆円。ということは40兆円のお金が世の中で回っているわけですよね。医療はサービスの給付ですから、これって考えようによっては巨大なサービス産業なんですね。そこにはたくさんの雇用がありますし、周辺産業もありますし、当然医療をめぐる国際競争もある。技術革新もあれば新規ビジネスもある。あるいは保育について考えると、保育所のサービスがあることによって、子供を持っている家庭の両親は働きに出られる。つまり雇用が確保できていて、彼らが働くことによって世の中に付加価値を生んでいる。特に女性に関して言えば、日本の女性は高学歴ですからね。非常に優秀な労働力ですから、企業の側からすれば優秀な労働力がちゃんと社会に出て働いてもらうというのは、彼らにとってもメリットだし日本経済にとってもプラスってことになります。つまり、経済との関係も視野に入れて、社会保障と経済をどういうふうにやるとウィンウィンの関係になるのかということを考える。つまり経済を支えている、経済成長に貢献している社会保障の機能をもう少しちゃんと見ようではないかと。

元々この議論は、第1章でお話ししましたが、世の中が発展するのはなんでだ、イノベーションはなんで起こるんだ、それは社会を構成している一人一人の人間がその能力を最大限に発揮していくから、その積み重ねによって社会は進歩している、というところから始まります。とすれば、一人一人の人が自分が持っている能力を最大限発揮できるような、引き出すことができるような条件を整備するっていう意味での社会保障の機能役割を考えようと。これがポジティブウェルフェアという考え方です。

積極的労働市場政策っていうのも広い意味ではこれになるわけですよね。できるだけ本人のエンプロイアビリティ（employability）を高めることで一人一人が付加価値を生み出せるように、社会の発展に貢献できるようにその人が持っている能力をできるだけ開花させる。これは子供たちを教育するというのもそうだし、リカレントの教育もそうだし、障害者の人だっていろんな能力を持っているわけだし、女性もそうだし、高齢者もそうだし、それぞれがそれぞれの持っている能力を発揮することで社会に貢献していく。その前提条件を支えるというのが社会保障。そうなると、社会保障と経済成長を両立させる、そのために、特に雇用政策や教育も含めて政策をきちんと連携させながら全体を整合的に動かすような政策を作っていく。これが一体改革と言われているものの一つのコンセプトになります。

■ 社会保障の機能強化

もう一つは、本来社会保障がやるべきことはきちんとできるようにしましょうということです。伝統的に高齢者の所得保障、医療保障といったことを社会保障は担っているわけですけども、先ほど申し上げたように現代社会では、従来の社会保障の制度的な枠組みや政策手法では対応できないような新しい課題がたくさん出ています。みなさん社会福祉学科の方ですから、ソーシャルワークとかそういう勉強をされると思いますけど、そういったマンツーマンディフェンスでやるような個人サービスについても新しい手法、新しい対応が必要になってきています。

私が現役の役人のときに「地域包括ケア」っていう新しいコンセプトを作りましたけど、その議論をしているときに、現場の人から出た、今でも印象に残っている言葉は「伴走的支援」という言葉です。

一人一人の人間が社会の中で生きていくのに様々な問題を抱えている。で、問題を抱えている人は大抵一つじゃないんですね。いくつかの問題を抱えている、そして抱えているいくつかの問題というのは、いわば相互に連関をしている。

雇用の形態が変わり、家族の形態が変わり、地域の形態が変わっていますから新しい問題、今までは顕在化していなかった新しい問題が出てくることになります。それはその人、一人一人によって問題状況が違いますから、同じような物差しで測って一律にサービスを提供していくという形では解決できない問題が非常に多くなっています。

そういった新しい課題に対応していく、国民が社会保障に求めているニーズが様々になっている。それにきちんと応えていくことが求められている。

問題が解決できなければそれは様々な形で社会不安を引き起こします。また一人一人の生活が内向きになっていけば、不寛容になったり、あるいは世の中にあまり顕在化されてなかった差別であるとか、そういった人間のダークな部分が様々な形で表に出てくるということになります。こういったものにもきちんと対応して、民生の安定や社会の統合を図っていくというのが社会保障の役割ですから、こういう状況下ではむしろ社会保障は機能を強化していかなければ本来の役割を果たせないことになります。

社会不安が大きくなり社会が動揺しているときだからこそ、社会保障はその機能を強化していかなければいけないということなのです。

■ 効率化と安定的な財源の確保

となると、あれもやらなければいけない、これもやらなければいけないということになりますから、やるべきことの優先順位は何か、より効率的・効果的に政策を展開するためのやり方、重点化、選択と集中、そういうことを考えていかなければいけません。

社会保障というのは、どういう言い方をすればいいですかね、関わっている人の感覚からすると、世のため人のために仕事をしている、要するに良いことをしているということになるわけで、良いことをしている、世の中を良くするために努力してやっていることなんだからいいじゃないの、ということになりがちなんですが、そういうわけにはいかなくて、やはりそれで許されること、excuse できることとできないことがあります。

税金や社会保険料を投入し、それなりにリソースを使って、人材とお金と資本、資本というか世の中のインフラを使って事業を展開しサービス提供をするわけですから、当然費用対効果というものが最大になるように考えないといけません。ということで、やはり社会保障といえども、自らの在り方について常に内省をしていかないといけないということになります。

その上で、社会保障というのは基本的に対人サービスですから人手もかかります。高齢者や様々な人たちの生活を支えているわけですから、ある日突然、お金がないから明日からサービスは半分、給付も半分にします、なんてことはできません。したがって安定的な財源は確保されなければなりません。財源は基本的に国民が拠出しているわけですから、どういった形で国民に理解を求め、負担を求めるか。

今や歳出の半分は国債で賄っているのがこの国の姿です。将来世代の負担で我々のサービスの半分を賄っている。そういった状態をいつまで続けるのか、続けられるのか。いつまでも続けられるわけはないのですから、やはり安定した財源をきちんと確保する、我々の世代が使っているお金、我々の生活のため我々の世代の社会保障のために使っている費用はやはり我々自身が負担をする。子供や孫の世代に転嫁をするのをやめる。別に社会保障だけではなくて、ありとあらゆる国家歳出は全部そうですが、そんなことがないようにしていくという意味で安定的な財源を確保するということをしないといけない。

　というのが、今の我々の社会改革の課題ということになると思います。

第 7 章

社会保障を理解するということ（3）
——日本の社会保障を概観する

「社会保障論Ⅰ」の第７回です。今日は、社会保障を理解するということの３回目、日本の社会保障について概観してみようと思います。

社会保障の体系がどうなっているか、我々の生活のどの部分にどういう制度がどう関わっているか、国際的に見たときにどういう特徴があるのか。

個別制度についての詳しい話は「社会保障論Ⅱ」で行うことになりますので、ここでは、全体をざっくりと見通してみるということをしていきたいと思います。

○ 国民は、自分の生き方を自分で選ぶ権利と責任をもっている（選択の自由と自己責任）。
　⇒生活は国民一人一人が自らの責任と努力によって営むことが基本（自助）。

○ 他方、長い人生には、個人の責任や自助努力のみでは対応できない様々な生活上のリスク（病気やケガ、老齢や障害、失業など）がある。
　人間は社会的存在であり、人は一人だけでは生きていくことができない。
　個人が崩れると社会も崩れる。
　　⇒国民がお互いに連帯し、支え合うことによって安心した生活を保障（共助）。
　　歴史的にはまず家族、そして地域。近代になって「公的保障」＝社会保障が確立。

○ 自身の努力（自助）や家族・地域の助け合い・公的制度（共助）によってもなお生活に困窮する者に対しては、公の責任で、健康で文化的な最低限度の生活を保障（公助）。
　⇒古くは宗教団体など「私的慈善」、近代になって生活保護の仕組みが制度化。

⇒「社会保障」は、歴史の中で人類が考え出した「共に生きていく」ための叡智の所産。

01 社会保障制度を概観する
――基本的な考え方と制度の分類・整理

■ 社会保障制度の基本的な考え方

182ページのスライドですが、これは前回、今回とお話をしてきた社会保障制度の基本的な考え方をまとめて整理したものです。これは、厚生労働省の職員が社会保障制度についていろいろな場面でお話をするときに使っている定番の資料です。これまでお話ししたことが書いてあると考えてください。

日本は日本国憲法の下、民主国家としてつくられています。国民は基本的な人権、自由を持っている。それぞれ人は自由な生き方を自分で決めることができる。職業選択の自由、居住の自由、言論・出版の自由があって、自分の生き方を自分で決めることができて、そのことについてみな自分で責任を持っています。つまり、選択の自由と自己責任というのが基本です。自分の人生を自分で選び取ることができ、自分で選んだ人生に自分で責任を持ち、自分自身の努力で自己実現を図る。

つまり、「自助」というのがこの社会の基本的なルールということになります。

他方で、人間は他者と関わり合いながら生きています。社会の中で、いろいろな場面で他者と関わり合いながら生きています。それから、長い人生の中では、個人の責任で、仮に自分で選び取ったことの結果であったとしても、自分の責任や自助努力だけでは対応できない様々なことが起こります。予見可能でないことはたくさんあります。

そうした生活上のリスクによって、その人の生活が破壊される、回復不能なダメージを受けるということはあります。例えば、病気をする、ケガをする、あるいは年をとる、仕事を失う、など様々なリスクがあります。と同時に、人間は社会的な動物であり、社会の中で他者との関わりの中で生きている。そして、一人一人の人間が社会の中でその役割をきちんと果たすことによって社会が成り立っていますから、個人が崩れていけば、社会もまた崩れていくことになります。

そのために、国民はお互いに支え合う、助け合う、お互いに横につながり連帯して、自分たちのリスクを共同でヘッジをする、そうやって支え合うことによって、自分たちの生活の保障を図る、それが「共助」ということですね。こういった共助の仕組みというのは、歴史的には家族であったり、地域の共同体であったり、いまの言葉で言うと互助という言葉が当たりますが、そういったものによって形づくられてきました。

近代になって、それを国家が制度としてつくったものが公的な保障、社会保障制度ということになります。さらに、自助の努力や家族・地域の助け合い、あるいは共助としての公的制度でもカバーしきれない、絶対的に生活の困窮や破壊が起こってしまう人々がいます。こういう人に対しては、公の責任で最低限の生存を保障する、日本国憲法の言葉を借りれば、健康で文化的な最低限度の生活を保障する、これが「公助」という仕組みです。

この公助、救貧に該当する行為というのは、すでにお話ししたように、人類の歴史においてはずっとあって、宗教団体の「私的慈善」、あるいはお上のお恵みというかたちで行われてきましたが、近代になってこれを制度的に保障するようなかたちで、基本的人権の一部として位置づけるということで、いまの日本で言う「生活保護」のような仕組みがだんだんと制度化されてきたということです。

社会保障というのは、歴史の中で人間が考え出した知恵の産物ということであります。

■ 日本の社会保障制度――四つの柱

これもよく厚生労働省の職員が社会保障の説明をするときに使っている、教科書的な社会保障の理解です（図表７－１）。申し上げたように、日本は社会保険制度を社会保障の中核にしています。まず社会保険制度、医療、年金、介護、それから労働関係で言えば失業保険、労働災害保険といった社会保険が、様々な生活上のリスクをお互いに必要な費用を拠出して支え合う保険というツールを使うことによってカバーするということです。

図表 7-1　社会保障制度の体系（教科書的理解）

社会保障制度は、国民の「安心」や生活の「安定」を支えるセーフティネット。
社会保険、社会福祉、公的扶助、保健医療・公衆衛生からなり、人々の生活を生涯にわたって支えるものである。

① 社会保険（年金・医療・介護）

国民が病気、けが、出産、死亡、老齢、障害、失業など生活の困難をもたらすいろいろな事故（保険事故）に遭遇した場合に一定の給付を行い、その生活の安定を図ることを目的とした強制加入の保険制度

・病気やけがをした場合に誰もが安心して医療にかかることのできる医療保険
・老齢・障害・死亡等に伴う稼働所得の減少を補填し、高齢者、障害者及び遺族の生活を所得面から保障する公的年金制度
・加齢に伴い要介護状態となった者を社会全体で支える介護保険

② 社会福祉

障害者、母子家庭など社会生活をする上で様々なハンディキャップを負っている国民が、そのハンディキャップを克服して、安心して社会生活を営めるよう、公的な支援を行う制度

・高齢者・障害者等が円滑に社会生活を営むことができるよう、在宅サービス、施設サービスを提供する社会福祉
・児童の健全育成や子育てを支援する児童福祉　など

③ 公的扶助

生活に困窮する国民に対して、最低限度の生活を保障し、自立を助けようとする制度

・健康で文化的な最低限度の生活を保障し、その自立を助長する生活保護制度

④ 保健医療・公衆衛生

国民が健康に生活できるよう様々な事項についての予防、衛生のための制度

・医師その他の医療従事者や病院などが提供する医療サービス
・疾病予防、健康づくりなどの保健事業
・母性の健康を保持、増進するとともに、心身ともに健全な児童の出生と育成を増進するための母子保健
・食品や医薬品の安全性を確保する公衆衛生　など

※これらの分類については、昭和25年及び昭和37年の社会保障制度審議会の勧告に沿った分類に基づいている。

日本の社会保障制度の特徴は、以前の講義で縷々お話ししたように、排除の論理がないということです。皆保険、皆年金、すべての国民に医療保険制度を通じて医療サービスを提供する、すべての人に年金制度を通じて老後の所得保障をする、65歳以上のすべての高齢者に介護保険制度によって介護保障をする。そういう制度になっています。

2つ目は、これからみなさんのうちの多くが大学を卒業したあと社会人として関わっていく社会福祉という分野です。福祉というのは、様々なハンディキャップを持っている、それは障害のような身体的なハンディキャップだけでなく、様々な社会関係の中でハンディキャップを負う、例えば、母子家庭であるとか、あるいは孤児であるとか、そういった人たちに対して、ハンディキャップを乗り越えていくための支援を行っていくということであります。障害者福祉、児童福祉など、様々な福祉の仕組みが用意されています。

3つ目は、公的扶助で、救貧、絶対的な困窮に対して、最低限度の生活を国家が保障するというものですね。

4つ目は、保健医療とか公衆衛生です。医療インフラの整備、国民の衛生水準や栄養水準の確保、国民を疾病から守る予防接種、健康診断、食品衛生、医薬品の安全性確保といったサービスです。新型コロナで問題になっているような感染症対策は、こういった保健医療、公衆衛生といった分野の仕事になります。

医療保険というのは医療を受けることを保障するものですけれども、医療そのもののサービスインフラを整備するのは保健医療ということになります。疾病予防などの保健事業、母子保健もその一つです。

■ 社会保障制度審議会による整理

社会保障制度審議会、現在はもうなくなって、経済財政諮問会議に吸収されていることはお話をしましたが、社会保障制度審議会は廃止されるまでの間に、これも以前説明した昭和25年勧告を始め日本の戦後の社会保障制度を形づくる様々な勧告や報告を出しています。

その中に、社会保障全体の体系、概念の整理をしている報告があり、これはいまでも社会保障について考える際に、非常に参考になっているものです。

図表7－2は、厚生労働白書などでも引用しているものですが、「社会保障及び関連する諸制度」について、社会保障制度審議会が体系的、概念的に整理したものです。

ここでは4段階に分けて説明されています。

まず社会保障の給付です。国民の生活の安定が損なわれた場合に、国民に健やかで安心できる生活を保障することを目的として、公的責任で生活を支える給付を行うものです。公が公の責任で、国民に対して一定の給付を行う、それが社会保障だ、とありますね。

具体的にいうと、一つは社会保険。保険料財源で行われる社会保険の給付。もう一つは生活保護など、社会的扶助という形で所得保障や医療、社会福祉

図表 7-2　社会保障及び関連する制度

① 社会保障（給付）

国民の生活の安定が損なわれた場合に、国民が健やかで安心できる生活を保障することを目的として、公的責任で生活を支える給付を行うもの
（具体的には、社会保険または社会扶助の形態により、所得保障、医療及び社会福祉などの給付を行うもの）

② 社会保障の基盤を形作る制度

・医療や福祉についての資格制度、人材の確保、施設の整備、各種の規制等
・公衆衛生、環境衛生、公害防止等

※これらは、「給付」を社会保障の要件としなければ、社会保障としてとらえ得ないものであり、①と②を併せて「広義の社会保障」と呼ぶこともできる

③ 社会保障と類似の機能を果たす制度

生活に関わる税制上の控除（公的年金等控除、障害者控除等）

④ 社会保障が機能するための前提となる制度

雇用政策一般及び住宅政策一般
※なお、雇用や住宅に関する施策のうち、失業者、高齢者、障害者等に対する生活保障のための施策は、社会保障制度を構成するものとして積極的に位置づけていく必要がある

に関する給付を行うというものです。これは、名宛人は個人で、個人に対して現金、現物の給付が行われる、こういうものです。後で出てきますが、「狭義の社会保障」とも言います。

２つ目は、社会保障給付を行うためのインフラを整備すること、基盤を形づくる制度。例えば、医療とか福祉について、専門職に関する資格の制度がありますね、医師、歯科医師、看護師、薬剤師、介護福祉士、社会福祉士、いろいろな資格があります。そういった資格をもっている人は社会保障の人的な基盤であり、そういった人たちを養成し確保する。それから、人だけではなくて物もありますよね。病院という施設、老人ホームという施設、障害者の施設、あるいは保健所、こういった施設があります。それから、様々な規制・ルール、つまりは制度基盤といったものもあります。さらに公衆衛生や環境衛生、公害防止対策みたいなものもあります。例えば、公衆衛生というのは、個人に対して何かを給付しているわけではないですよね。ないですけれども、例えば上水道を整備することで一定の衛生水準が担保されている。

また感染症対策で行われるワクチン接種、予防接種ですね、あれなんかは個人を対象にしたサービスでもありますが、本質は感染拡大の防止、社会防衛が本義です。だから昔は義務接種で、義務接種だから無料（公費負担)、なぜなら社会全体が恩恵を受けるから。保健衛生の確保というのは個々人が名宛人の「給付」ではありませんが、国民全体の生活を保障するために行われているものです。こういったものも社会保障の中に捉えることができるものだと。なので、①と②を足して、「広義の社会保障」だという言い方もできる、としています。

３つ目は、社会保障ではないけれども、社会保障と似たような機能を果たしているものがあります。例えば、税制上の控除。障害者の人は障害者控除というのがあって、所得の中から一定の控除というものを認めてもらえます。年金受給者には公的年金等控除といって特別の所得控除があります。こういった控除があるとその分税金が安くなります。つまり、直接お金をもらうわけではないけれども、税金が安くなるわけだから、それだけの給付があるのと同じですね。そうすると、それは社会保障における給付と同じような機能を果たすことになる。実際、OECDでは、Tax Expenditureという概念でこれを説明し、統計も取っています。社会保障を通じて個人に給付を行う代わりに、税制上様々な控除を行うことで対象者に給付を与えているのと同じことをやっている。これは一種の歳出（Expenditure）だというふうに考える、ということです。

例えばアメリカには日本のような公的保育サービスはありません。親たちは自分で民間の保育所を選び、そこと契約して子供を預けます。保育料は全額個人負担です。なので、公的な家族給付統計にはこの金額は出てきませんが、この保育料負担は税制上で税額控除されます。まさにTax Expenditure。アメリカの社会保障にはこういったやり方をしているものがたくさんあります。以前にお話しした「負の所得税」みたいな発想がどうしてアメリカだと出てくるのか、理解できると思います。

４つ目は、社会保障の外縁に位置していて、社会保障が機能するための前提となっている制度です。例えば、雇用政策や住宅政策。雇用政策の中でも例えば失業給付とか高齢者継続雇用給付のように、個人を名宛人にして生活保障として給付されるものは社会保障本体の中に位置づけられますが、一般的な雇用政策であるとか、住宅対策、公営住宅の建設、優先入居、家賃補助といったものです。地域包括ケアの構成要素の中には住宅が入っていますね。厳密にいえば住宅は社会保障ではないんだけれども、地域における生活の基盤をなすものなので、住宅の保障というのは地域包括ケアの重要な一要素になっています。

■ 社会保障及び社会保障関連制度の定義

この表は平成10年に総理府（社会保障制度審議会事務局）が作ったものです。社会保障制度審議会は当時総理府に置かれていました。今の内閣府の前身になる組織です（図表７－３）。

社会保障制度審議会の事務局は、「社会保障統計年報」という資料を毎年

図表 7-3　日本の社会保障制度の区分と内容

区　分		制度内容
狭義の社会保障	公的扶助	生活保護
	社会福祉	障害者、老人、児童、母子に対する福祉等
	社会保険	健康保険、年金保険、介護保険、雇用保険、共済組合等
	公衆衛生及び医療	結核、精神、感染症対策、保健所、上下水道施設等
	老人保健	老人医療等
広義の社会保障	恩給	文官恩給、旧軍人遺族恩給等
	戦争犠牲者援護	戦没者遺族年金、原爆医療等
社会保障関連制度	住宅等	第一種、第二種公営住宅建設等
	雇用（失業）対策	失業対策事業等

作成していて、この統計は社会保障及び社会保障に関連する様々な諸制度についての包括的な統計でした。我々が社会保障と言っているものだけではなく、関連施策も含めた幅広く社会保障に関連する費用の総統計で、「社会保障関係総費用」と当時は言っていました。

この統計における社会保障及び社会保障関連制度の定義がこの表です。

この定義は、基本的には先の表に沿ったものです。

まず狭い意味での社会保障があります。公的扶助は生活保護ですね。社会福祉は障害者、老人、児童、母子に対する福祉の手当などです。それから社会保険は共助の仕組みです。健康保険、年金、介護、雇用保険、共済組合など。共済組合というのは公務員とか私学の先生たちがつくっている組合で、機能的には健康保険や年金保険と同じようなものです。それから前述の定義では社会保障の基盤を形作る制度、と書いてありましたけれども、保健という意味での医療、精神保健対策、結核対策、感染症対策、保健所、保健センター、上下水道、こういった公衆衛生、環境衛生に関わるもの。それから老人保健。老人の医療です。

広義の社会保障は、恩給制度と戦争犠牲者援護ですね。戦没者遺族への年金とか、原爆の被爆者に対する医療の助成であるとか、こういったものですね。日本は80年近く戦争をしていないのですが、戦死した軍人やケガを負った軍人（傷痍軍人と言います）、そしてその家族というのは、80年前を最後に新しく発生していないので、今や軍人恩給をもらっている人は非常に少なくなっています。国のために戦って犠牲になった人やその家族の生活を保障するというのは、戦争したことがよかったか悪かったかということとは別次元の問題で、国家の非常に重要な役割です。これは普通の社会保障制度とは違いますが、国民の生活を保障するという意味で、国のために働いた人に一定の生活の保障をするというのは、広い意味で社会保障の中に入ります。ちなみにドイツの社会保障の解説書を見ると、第1章は戦争犠牲者援護、War victims reliefです。

文官恩給というのは、昔の公務員年金です。いまは、公務員もみな普通の厚生年金に入って、保険料を払い退職後に年金をもらっていますが、昔は文官（公務員）と軍官（職業軍人）は恩給という形で退官後の所得保障がなされていました。

最後に社会保障関連制度。図表7－2でも、「社会保障が機能するための前提となる制度」として「住宅」が挙げられていましたね。住宅の保障というのはとても大事です。公営住宅というのがありますね、都営住宅とか区営住宅とか。今はもう区分がなくなっているようですが、かつては公営住宅には第一種、第二種というのがあって、第二種は低所得者向けの公営住宅ということになっていました。

ここで日本の住宅政策の歴史を話すと長くなるのでやめますが、住宅政策を住宅に困っている低所得者等への居住保障施策と考えるか、都市計画の一環として良質な住宅ストックを形成するための施策と考えるか、二つの考え方があって、1951年に公営住宅法を制定するときにも議論になったんですね。それまで、当時の厚生省社会局、今の厚生労働省社会・援護局は低所得者向けの住宅施策を所管していて、福祉施策の一環として住宅対策を担っていました。社会局というのは英語で言うと、Social Services Bureau、つまり住宅とはSocial Serviceの一環と考えていたんです。公営住宅法制定時に、住宅政策は当時の建設省、今の国土交通省に一元化する、ということになって、公営住宅も建設省の所管になりましたが、低所得者向けの住宅保障という考え方は引き継がれて、それが第二種公営住宅、ということになったんです。

住宅というのは自分で確保するもの、それこそ住宅ローンを借りて自分で家を建てる、サラリーマンの夢は自分で家を持つこと、というのが戦後の日本人の考え方ですね。住宅というのは個人資産、みなさんのご両親の世代だと「一国一城の主」なんていう言い方もあるようにそういう考え方が強いですけれども、諸外国ではむしろ住宅は公共インフラだと考えるので、国や自治体が公共インフラとしての住宅を整備して居住の保障をする、特に都市部ではそういう考え方で住宅整備を行ってきました。例えばロンドンでは今でも市民の17%は公営住宅に住んでいます。

住宅政策は社会保障ではありませんが、広い意味での公共政策、まさに社会保障の基礎を支える制度として位置づけることができます。考えてみれば、衣食住の住ですからね、住まいの保障は生活の基本中の基本。さっきも言いましたが、地域包括ケアだって、「住宅」がちゃんと入っています。

■ OECDによる定義と分類

もう一つ、OECDが行っている社会保障の分野別定義とそれに基づいて算出される社会支出（Social Expenditure）というのがあります。

社会保障というのは国によって制度や仕組みが違ったりするので、制度で分けてしまうと、うまく同じ基準でデータをとることができない。なので、OECDは、機能別、というか対象分野別に施策を定義して、それぞれの分

図表 7-4　社会保障分野別分類の定義と支出の例（OECD 基準）

分野	OECD定義	日本において含まれる制度
高齢	退職によって労働市場から引退した人及び決められた年齢に達した人に提供される現金給付が対象。給付の形態は年金及び一時金を含み、早期退職した人の給付もここに含めるが、雇用政策として早期退職した場合の給付は「積極的労働市場政策」に計上。高齢者を対象にした在宅及び施設の介護サービスを計上。施設サービスにおいては老人施設の運営に係る費用も計上。	厚生年金保険：老齢年金給付、脱退手当金等 国民年金：老齢年金、老齢福祉年金等 介護保険：介護サービス等諸費、介護予防サービス等諸費 社会福祉：高齢者日常生活支援等推進費 生活保護：介護扶助
遺族	被扶養者である配偶者やその独立前の子どもに対する制度の支出を計上。	厚生年金保険：遺族年金給付 国民年金：遺族基礎年金等
障害、業務災害、傷病	業務災害補償制度下で給付されたすべての給付と障害者福祉のサービスを給付、障害年金や療養中の所得保障としての傷病手当金などを計上。	厚生年金保険：障害年金給付、障害手当金 国民年金：障害年金、障害基礎年金等 労働者災害補償保険
保健	医療の個人サービス及び予防接種や健康診断等の集団サービスを計上。傷病手当金の疾病に係る現金給付は「障害、業務災害、傷病」に計上。	OECD SHA2011に基づく公的保健医療支出額 但し、介護保険からの支出額及び補装具費については「高齢」等に計上されているため除外。 最新年度は速報値、それ以前は確定値。
家族	家族を支援するために支出される現金給付及び現物支給（サービス）を計上。	児童手当：現金給付、地域子ども・子育て支援事業費 社会福祉：特別児童扶養手当、児童扶養手当等 雇用保険：育児休業給付、介護休業給付
積極的労働市場政策	社会的な支出で労働者の働く機会を提供したり、能力を高めたりするための支出を計上。障害を持つ労働者の雇用促進を含む。	雇用保険：職業紹介事業等実施費、教育訓練給付等 雇用対策：若年者等職業能力開発支援費
失業	失業中の所得を保護する現金給付を計上。なお、年金受給開始年齢であっても失業を理由に給付されるものを含むが、それが労働政策の一部であれば「積極的労働市場政策」に含まれる。	雇用保険：一般求職者給付金、高年齢求職者給付金等 雇用対策：高年齢者等雇用安定・促進費
住宅	公的住宅や対個人の住宅費用を減らすための給付を計上。	生活保護：住宅扶助 住宅：住宅対策諸費
他の政策分野	上記に含まれない社会的給付を計上。具体的には公的扶助給付や他に分類できない現物支給。	生活保護：生活扶助、生業扶助 社会福祉：防災政策費、臨時福祉給付金等給付事業助成費

野に当てはまるものを各国に計上するよう求めて統計を作成しています。

これは、考えてみれば同じことを縦から見るのか横から見るのかという話なので、仕上がりというか、例えば社会支出の総額がいくらになるかという意味では、日本の社会保障給付費とそれほど大きく違ってくるわけではないですけれども、国際的に比較するときに同じ基準で見なければいけないので、このOECD基準というのが国際比較では使われます。

OECDの分類分けは、基本的に対象者と機能によって分類しています。

分野は高齢者、高齢を理由として行われている様々な給付、それから遺族、障害、障害も例えば公務災害とか業務災害も含めて障害、業務災害、傷病、それからヘルス、家族給付、それから積極的労働市場政策というのは、これは日本でいうと職業訓練とか、職業紹介とか、そういう労働者たちのEmployability、働く能力を高める、そういう政策ですね。それから失業対策、失業した人への給付、それから住宅、こういうふうに並ぶと住宅は一つ分野が立つんですよ。それからその他の政策、こうなるわけですね。

まず高齢。退職によって労働市場から引退した人及び決められた年齢に達した人に対して提供される現金給付、これは年金ですね、老齢年金、あるいは退職年金。この給付の形態には年金及び一時金を含み、早期退職した人の給付もここに含める。ただし、雇用政策として早期退職した人の給付は、先ほど説明した積極的労働市場政策のほうに計上されます。

高齢を対象とした在宅及び施設の介護サービスはここに入ります。施設サービスについては、老人施設の運営に関わる経費も計上してください、つまり事務費みたいなものも計上してください、となっています。

そうすると、日本の制度に当てはめると何が入るかというと、厚生年金、国民年金は入りますよね、介護保険も入りますよね、それから社会福祉の中でも日常生活支援活動費はここに入ります。それから生活保護の中の介護扶助はここです、とこうなります。年金でも老齢年金はこっちに入るけれども、遺族年金はその下の遺族のほうに分類されることになります。

２つ目が遺族。遺族は被扶養者である配偶者や独立前の子供に対する制度の支出。これは遺族年金そのものです。

それから障害、業務災害、傷病。これは業務災害補償制度の下で給付されたすべての給付。それから障害者福祉の給付。障害年金、療養中の所得補償として傷病手当金。傷病手当金というのは日本では医療保険から給付されるので医療保障の中に入っていますけれども、OECD の定義ではこちらに入ります。

それから保健。日本で「保健」というと予防とか健診とか公衆衛生を指していて、医療サービスを含まない場合が多いです——医療サービスも含んで広い意味で使うときは「保健医療」という言い方をします——が、OECD の定義での「保健」は医療の個人サービスと予防接種、健康診断などの集団サービス全体を含む意味になります。つまり保健と医療、個人サービスと集団サービス全体ということ。ただし傷病手当金のような現金給付はここには入りません。それから高齢者の介護サービスは高齢のほうに計上されます。

日本の整理と比較すると、高齢者医療はこちらの「保健」に分類されるけれども高齢者介護は「高齢」に分類される。介護保険の中で提供されているサービスでも訪問看護や主治医の訪問診察は「保健」ってことになります。介護療養型医療施設はたぶん「保健」でしょうね。老健施設は？　なかなか整理が難しいですね（笑）。こうやってみると、日本の制度をぽんと一個乗せられないんですね。これを担当しているのは国立社会保障・人口問題研究所ですが、対象別、機能別に分類して計上しなければいけないので仕分けをするのは大変です。

さて次は家族給付。これは家族を支援するために支出している現金給付と現物給付。児童手当、子ども・子育て支援法に基づいて提供される給付、保育所、認定こども園、保育ママ、一時預かり、ファミリーサポートセンター、学童クラブ、児童館、みんな入りますね。社会福祉では特別児童福祉手当、児童扶養手当。雇用保険の育児休業給付もここに入ります。

積極的労働市場政策。これは労働者の働く機会を提供したり、就労能力を高めたりするための支出です。職業紹介、職業訓練、若年の職業訓練開発、こういったものが入ります。

失業。これは失業中の所得補償ということで、普通の失業給付、それから高齢者求職給付とかはここに入ります。雇用調整助成金はどうでしょうかね。企業内失業への補償給付だからここに入るんでしょうね、たぶん。

日本でいう労働政策、雇用政策を、「失業」を理由とした現金給付と労働者の就労能力 Employability を高めるための給付に分けて整理している、というのが結構重要なポイントです。

それから住宅。日本は民間賃貸住宅に対する家賃補助のような施策をほとんど行っていないので、日本で公的住宅や対個人の住宅費を減らすための給付というと、生活保護の住宅扶助と公営住宅に対する国庫補助くらいになります。後者は厚労省所管の予算ではないし、社会保障給付費にも入りません。

あとは、その他。上記には含まれない社会的給付。生活保護の本体、生活扶助・生業扶助はここです。後はその時々で支給される臨時の福祉的給付。今回のコロナ対策一律 10 万円、などはここですね。

図表 7-5　政策分野別社会支出の推移

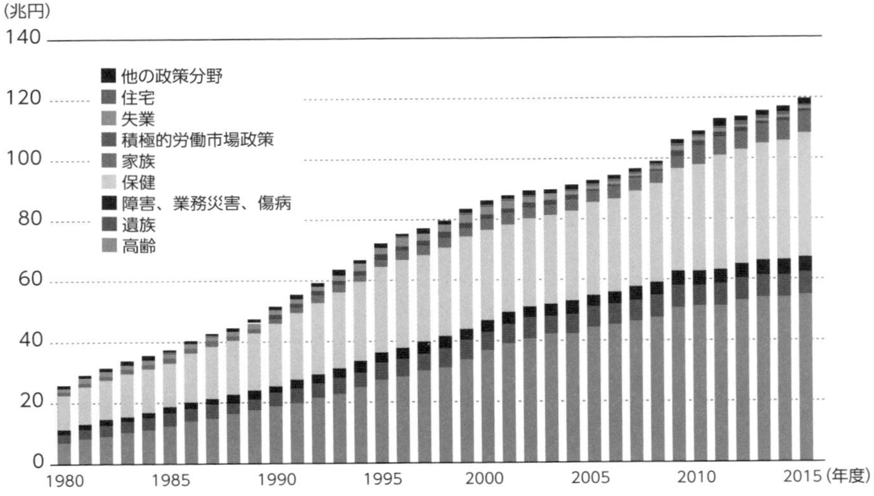

このOECD基準で年次統計をとると、政策分野別の社会支出の推移がわかります。先ほど申し上げたように、一般に使っている社会保障給付費よりは対象が広いので少し金額が大きくなりますが、まあほとんど変わりません。社会保障給付費は医療と年金と介護でほぼ全体の９割になりますから、プラスアルファが少し乗るくらいの差です。

これを見ると、まず社会支出は順調に、というかどんどん増えています。そして、「高齢」の割合が少しずつ高まっていっている。これは年金の伸びですね。そして、直近では高齢の給付が全体のほぼ５割。それから保健、医療保険と公衆衛生ですね、これが３割強。それから家族給付、最近大きくなってきたけれどもそれほど大きくない。あとは遺族給付。遺族給付は日本の統計では年金の中に入っていますが、取り出してみるとこれくらいあります。あとは障害関係の給付ですね。

政策分野別に見ても結果は同じようなものですね、当たり前ですが（笑）。

基本的には高齢者給付、その大宗は年金で、最近は介護給付も増えている。そして保健の給付、これだけで全体の８割くらいは行ってしまうということで、年金・医療・介護が社会保障費用の大宗を占める。そして、保健のうち約３割は高齢者医療費ですから、社会保障給付費の半分以上は高齢者に使われている、ということになっています。

02 数字で見る社会保障
――統計の基礎と国際比較

■ 社会保障に関する統計

せっかくなので、社会保障の統計の勉強をしておこうと思います。

社会保障の世界では120兆とか130兆とかいう額のお金が動いています。

そうすると国全体の統計、GDPとか、そういった国全体の経済や財政の動きを統計で整理するときも、社会保障分野は非常に大きなシェアを占めることになります。

なので、国全体の経済や国家財政の中で社会保障がどういう位置を占めているか、ということを理解する上でも、どういう定義を使ってどういう議論をしているかということを勉強しておいたほうがよいかもしれない、ということです。

まず、ある国の経済全体の動きをどうやって見るか、ということですが、「国民経済計算」というものがあります。これは平たく言えば、GDPを計算するということです。SNA（System of National Accounts）という、一国の経済状況を国際的に比較できるような形で記録するために国連が定めた基準があって、これに従って毎年、内閣府が行います。日本語で国民経済計算と呼んでいます。

この中に「社会給付」という項目があります。社会保障に関する支出はこ

国民経済計算（National Accounts）

内閣府が推計。国民経済計算体系（SNA）の基準に準拠したもの。

社会保障に関する支出は「社会給付」という項目であり、「病気・失業・退職・住宅・教育あるいは家族の経済的境遇のような一定の出来事あるいは状況から生じるニーズに対する備えとなることを意図して家計に支払われる経常移転」と定義。

「現金による社会保障給付」「年金基金による社会給付」「社会扶助給付」
「無基金雇用者社会給付」「現物社会移転」、の五つに分類。

社会保障関係費

毎年度の予算編成とあわせて、財務省主計局が集計。
国の一般会計予算における社会保障関係の経費。
「年金医療介護保険給付費」「生活保護費」「社会福祉費」「保健衛生対策費」
「雇用労災対策費」からなる。給付費以外に施設整備費や事務費を含んでいる。

こで計上されますが、定義上なんと書いてあるかというと、「病気・失業・退職・住宅・教育あるいは家族の経済的境遇のような一定の出来事あるいは状況から生じるニーズに対する備えとなることを意図して家計に支払われる経常移転」と書いてあります。つまり、病気、失業等々に対する備えとして家計に支払われるお金です。移転所得だからストックではなくフローですね。それと、家計に対して支払われる、家計に歳入が立つもの。そして、当然、現金給付である、現金による社会保障給付。それから年金基金による社会給付。年金は積立金を持っていますから、基金からお金が出るわけですね。それから社会扶助給付。これは福祉とか生活保護の給付。それから無基金雇用者社会給付というのは、これは雇用主が負担しなければいけないお金で、労働保険とか雇用保険とか、保険料でファンドをつくって払うのではなく、直接、雇用者責任で払っているものです。100％雇用主負担の労災給付みたいなやつ、これはあまり大きくないので無視してください。あとは現物の社会給付があります。

２つ目に「社会保障関係費」というのがあります。これは予算で出てくる言葉です。これは、国の予算、一般会計予算の中でどのくらい社会保障にお金を使っていますか、という統計です。これは国が支出している社会保障のお金ということになります。国家予算の中でどれくらいを占めているかというと、いまの日本の一般会計予算が100兆円とか110兆円とかあって、そのうちだいたい30兆円とか35兆円とか、それくらいのお金が社会保障に使われています。そのお金のことを言います。

年金、医療、介護の保険給付費、生活保護、社会福祉、保健衛生対策費、労災費。

まず、この社会保障関係費は国のお金ですから、地方自治体が出しているお金は入りません。それから、これは給付以外の支出も含みます。例えば老人ホームを建てるときの施設整備のお金は、国から補助金が出るわけです、それから事務費も出るわけですね、例えば公立病院の人件費とか、それから政府管掌健康保険（協会健保）の運営事務費とか、そういう整備費とか事務費も入る、家計に支払われる純粋な給付費以外のものも含まれる、ということになります。

社会保障給付費
国立社会保障・人口問題研究所が、ILO 基準に基づいて毎年推計・発表。
給付費のみを含み、管理費・施設整備費等は含まれない。

社会支出（Social Expenditure）
国立社会保障・人口問題研究所が OECD 基準に基づき毎年推計・発表。
保健や積極的労働市場政策の分野については管理費等を含む。

社会保障関係総費用
総理府社会保障制度審議会事務局がかつて集計・発表していたもの。
ILO 基準よりも対象となる制度の範囲が広く、給付費以外に施設整備費や事務費を含む（平成９年度まで算出されていたが、現在は算出されていない）。

それから社会保障給付費、これがいわゆる社会保障費だよね。さっき紹介した国立社会保障・人口問題研究所が毎年度作成しています。これは給付費ですから、管理費とか施設整備費は含みません。公的主体、国や地方自治体、医療保険の保険者などから国民の懐に行っている給付費だけ、現金現物の給付だけを指しています。

社会支出、これは先に説明した OECD 基準でつくったものです。これは管理費や事務費も含んでいるので、社会保障給付費よりは少し大きくなります。

最後に、前のほうで話しましたが、社会保障関係総費用というのがあって、これは社会保障の関連制度まで含めて、幅広く社会保障に関連する費用を全部まとめて計上するものです。かつて社会保障制度審議会事務局が作成していました。制度審がなくなってしまったので、これはもう誰もつくっていません。

これらは、いま説明されてもすぐにはわからないかもしれませんが、これらの概念は、経済と社会保障の関係や社会保障と国家財政との関係、社会保障における給付と負担の関係、国民の税負担と社会保険料負担等々、社会保障の機能や財政面での課題を考えていくときに必ず必要となる概念なので、頭に入れておいてもらえればと思います。

■ 社会保障の給付と負担の現状

社会保障の給付と負担の現状、これは2019年度の予算ベースの数字です。2020年度はコロナがあって通常の予算とは異なっているのでコロナ直前の2019年度の数字を見ます。予算の数字ですが、全体をつかむには間違いのない数字です。

日本の社会保障給付費は2019年度で123兆7000億円です。みなさん、大きすぎてピンと来ないのではと思います。日本のGDPはこのところずっと500兆円台前半、安倍政権のときに計算方法を変えて突然30兆円増えたん

図表 7-6　社会保障の給付と負担の現状（2019年度予算ベース）

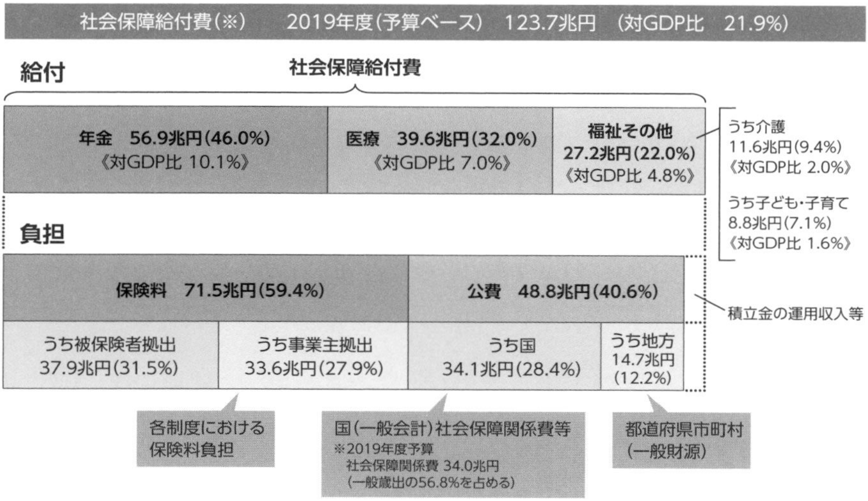

ですけれども、それでも2019年度で約550兆円でした。2020年度はコロナでマイナス成長になって530兆円くらいになりました。まあだいたい500兆強だと思ってください。そうすると、123兆という数字は５分の１、２割強、23％くらいになります。GDPの20％が社会保障、つまり移転所得だというのは、これはもう相当の数字です。もちろん先進国並みです。あとで国際比較を出しますけれども、日本の社会保障は決して大きくはないですけれども、それなりの規模のものです。

中身の内訳をみると、年金が56.9兆、医療が39.6兆、福祉その他が27.2兆です。簡単に言うと年金が５、医療が３、福祉その他が２、２のうち１が介護で高齢者の長期ケア。これがだいたいの割合です。あとで国際比較を出すので、国際比較をするとわかりますが、日本は福祉その他と言われている部分の割合が相対的に小さいです。小さい理由はお話ししたように、長い日本の社会保障の歴史の中で医療と年金が中心的な役割を果たしてきたということで、現役世代に対する給付は全体的に薄いから、ということになります。

家族政策、子ども・子育て政策のお金を、民主党政権以来、安倍政権でも一生懸命に増やしてきたわけですね、少子化対策として。しかし、増やしてもこの程度です。GDP比で言うと２％行きません。子供の数が少なくなってしまっているということもありますが、様々な意味で、日本はまだまだ子供たちのためにお金を使っているとは言えません。もう一つは、いわゆる労働関係の予算、職業訓練ですとか、積極的労働市場政策ですとか、こういう分野にもあまりお金を使っていない。日本は失業率が高くないので失業給付の規模もあまり大きくない、ということもあって、この福祉その他の分野はあまり規模が大きくないのが日本の特徴になります。ちなみに、介護保険制度ができる前は、５：４：１だったんですね。それくらいの規模だったということになります。

次は負担のほうですが、日本は社会保険を中心に制度が作られているので、保険料が全体の６割を占めます。保険料は労使折半なので、事業主と国民とが半々ですが、国民健康保険には事業主がいないので、少しだけ被保険者の比率が高くて、国民、我々被保険者が払っているお金が38兆、事業主が33兆です。これはあとでまた出てきますけれども、この33兆円という社会保険料の事業主負担は、法人税よりはるかに大きいです。ですから、企業の側からすると、払っている法人税よりも雇っている従業員の社会保険料負担のほうがはるかに大きい。ですから、今や彼らが負担の話をするときは税金よりもこちらの話になります。

さらに言うと、法人税というのは企業が黒字でないと払わない、赤字企業は払いません。日本の企業は6割ほどが赤字法人、赤字法人というのは儲かっていないという意味ではなくて、引当金とかもあって税法上の課税所得がゼロになる、ということですが、とにかく赤字法人、とくに中小企業はほとんどが赤字法人になるので、ほとんど法人税を払っていません。払っている公租公課は社会保険料と固定資産税くらいですから、社会保険料が圧倒的に大きいという現実があります。そうすると、パートの適用の話をして、パートの分も社会保険料を払ってくださいという話になると、そんなもの払えない、会社がつぶれてしまうと、こういう話になるんですね。

そして、ここには公費が4割入っています。国と地方自治体の割合が2.5：1くらいですかね。第1回、第2回でお話ししたように、日本の社会保障制度、例えば国民健康保険は市長村が保険者になっているし、福祉8法改正で措置権移譲しましたので、福祉に関わる権限と財政的な責任は、基礎自治体である市町村ということになっています。福祉は基本公費で行っていて、国が2分の1、都道府県が4分の1、市町村が4分の1というのが基本形の負担割合です。

社会保険方式で運営される医療と年金が全体の8割を占めているのに公費割合がこれだけある、というのは、すでにお話ししたように、医療保険制度にも年金保険制度にも公費負担が入っているからです。年金で言えば基礎年金の2分の1が公費、医療で言えば国民健康保険の給付費のほぼ半分は公費、それから政府管掌健康保険、いまの協会健保にも国庫負担が入っています。

保険料は何で決まるかというと、賃金で決まるわけですよね。保険料は給料の何％というふうになっていますから。そうすると、給料が伸びないと保険料は伸びないということになります。それから、非正規の人が増えて、いま被用者保険が適用されるのは事実上正規労働者だけですから、派遣や短時間労働の人たちには適用されない、適用拡大を一生懸命やろうとしていますが、なかなか抵抗が強くてできないんですけれども、なので、保険料収入は景気が悪くなったり、給料が伸びなくなったりすると伸びないですね。そうすると、相対的に公費の割合が高くなる、ということになっていて、財務省は社会保障に対する公費負担の比率がじわじわと上がっていることを非常に懸念しています。そもそも全体が大きくて、しかもなかなかコントロールが難しい費用で、どうにかならないかということになるんですけれども、それに加えてこの20年以上ずっとデフレが続いていますから、そのことも国家財政に負荷をかけているという側面もあるわけです。

■ 社会保障は誰のものか――様々な生活場面に関わる社会保障

第1回でしたか、みなさんに人生でお世話になった社会保障制度について語ってください、という宿題を出して書いていただきましたけれども、ほぼみなさん医療にはお世話になっている。しかし、実は医療以外にもいろいろなかたちで社会保障制度はみなさんの生活に関わっています。

そもそも、みなさんは生まれる以前から、社会保障制度のお世話になっているのです。みなさんのお母さんが妊娠をされると、母子手帳というものを保健所から交付されます。母子手帳は生まれてからあと小学校に入るくらいまでかな、いろいろな健康上の記録、予防接種や医療機関受診の記録ですとか、それこそ身長・体重、健康診断といったものの記録がずっと記入されています。生まれる前の記録、妊娠してから出産まで、標準的には14回妊婦健診がありますが、その記録も全部母子手帳に書いてあります。

この母子手帳という仕組みは、世界に冠たる日本の母子保健の成果です。途上国の多くがこの母子手帳のシステムを導入しようとしています。私が赴任していたアゼルバイジャンからも日本の母子手帳のことを学ぶために、多くの保健師さんたちが勉強に来ています。

日本の乳幼児死亡率は世界最低水準です。これは日本の母子保健のレベルの高さ、日本の助産師さんや保健師さんたちの努力の賜物です。小学校に入るまでの間、生まれた直後の１か月健診、３か月健診、１歳６か月健診、３歳児健診、それぞれの月齢に健診があり、定期的な予防接種はヒブ（Hib）、小児肺炎球菌、４種混合、麻疹、風疹、水痘、日本脳炎などがあり、これ以外にも任意接種の予防接種もあります。小学校に入る前は就学前健診があって、学校に入ると今度は学校保健のスケジュールがあって、というかたちで続きます。

さらに、社会人になり、企業に入ると今度は会社の中で健診をします。企業は従業員に対して健診をする義務があり、40歳を過ぎると今度は市町村が老人保健法に基づく保健サービスを提供します。そういったかたちで一生涯、日本の保健サービスはみなさんの健康を支えていくわけです。知っていましたか、みなさん？

みなさんがお世話になった社会保障ということでは、児童福祉のサービスがあります。保育所、学童クラブ、保育ママ、児童館等々の様々なサービスがあります。児童養護のサービスがありますし、現金給付では児童手当がありますし、母子家庭には児童扶養手当があります。障害を持っている人は障害児・障害者に対する様々な福祉のサービス、生活支援のサービスがあり、特別児童扶養手当もあります。

年金・医療・介護ですが、医療はすべての年齢にあります。年金は原則65歳以上に老齢年金が出るわけですが、例えば、現役の時代に何がしかの理由で障害を負って働けなくなれば20歳から障害年金が出ますし、生計維持者が亡くなるということがあれば遺族年金が出ます。遺族年金には18歳未満の子供がいると子供の加算というのがありますから、そういったかたちで年金のお世話になる18歳未満の子供もいるということになります。

労働系の施策は、基本的に現役時代を支えるものになりますが、これも失業だけではなくて、失業した後の職業訓練もありますし、それから労働災害

図表 7-7　ライフサイクルで見た社会保険及び保育・教育等サービスの給付と負担のイメージ

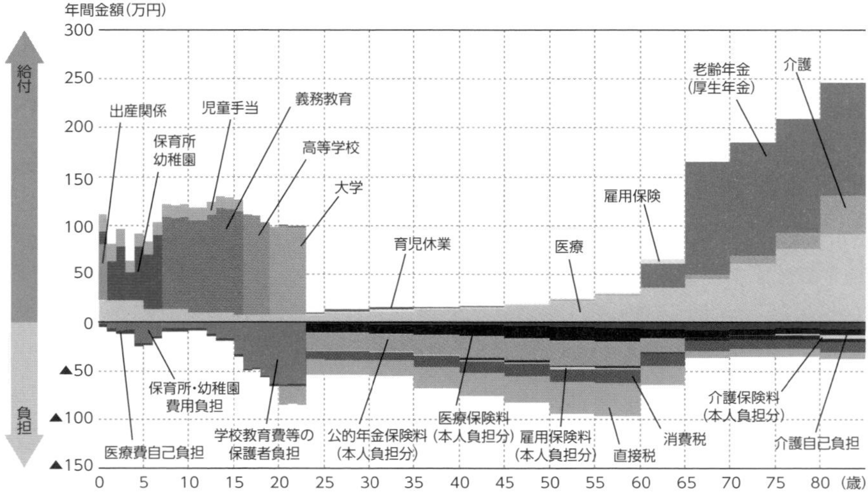

の保障もあります。労働安全衛生といった職場の安全衛生管理もありますね。

　ということで、生活の万般にわたって、いろいろなかたちで、いろいろな場面で私たちの生活に密接な関わりを持っている、というのが社会保障制度ということになります。あまり気にしていない、わかっていないけれども案外お世話になっているということもたくさんありますし、医療のように実際医療にかかっていなくとも、何かあった際には保険証一枚を持っていれば医療にかかれるという安心がいろいろなものを支えている。セーフティネットの機能というのはそういうことだというお話は前にいたしましたが、そういうものだということです。

　図表７－７も、厚生労働白書に掲載されているグラフで、いろいろなところで使われているものですが、社会保障の給付と負担の関係をライフサイクルで見たものです。横軸は年齢、縦軸は上が給付、下が負担でそれぞれ金額の大きさを表します。

よく、社会保障は現役が負担して高齢者が給付を受ける仕組みだ、と言われます。先ほどの国民経済計算で言えば社会保障は「移転所得」ということになりますし、年金なんかはまさに「世代間扶養」ですから、その言い方は間違ってはいないのですが、個々人の人生、ライフサイクルという視点から見れば、人間誰しも子供時代もあれば、現役時代もあれば、高齢期もあるのですから、より正確に言えば、若い人が負担して高齢者がもらうということではなく、現役期は費用を負担して幼少期や高齢期は給付をもらう、というように、ライフステージでものごとを考えたほうがいいと思います。

これを見ていただくと、当たり前といえば当たり前ですけれども、稼得能力のある現役の時代は、いろいろな税や社会保険料の負担があります。子供の時代、それから引退した後は受給側にまわるということです。やはり大きいのは年金、それから医療。医療はもちろん子供時代にも現役時代も病気になることはありますが、やはり人間は高齢期に様々な意味で医療ニーズは高くなりますので、高齢期に受ける給付が大きいことになります。介護も同様ですね。

子供の時代のサービスですが、ここに子供の時代のサービスがたくさん載っていますけれども、よく見ると、義務教育、高等学校、大学とあって、みな教育の給付で社会保障の給付ではないんですね。教育の給付というのは、見ておわかりのように、それなりにお金はかかっています。義務教育を含めて、みなさん結構税金で面倒を見ていただいているのです。とはいえ、これはよく文科省の方が言いますけれども、日本は社会保障だけでなく教育についても諸外国と比べると十分な予算を投じていない、教育投資をしていない。特に高等教育については自己負担が大きく、全体として予算も十分でない。社会保障にしろ教育にしろ、結局のところ日本はお金がない、税金も安いですし、財政赤字もずっと続いています、ということで、どっちを向いてもお金がありません。

これについても、いずれお話ししますけれども、お金がない、財政が厳しい、国家財政がひっ迫しているというのは、政府のいろいろな問題解決能力を弱めます。懐にお金がないわけですからできることは限られますし、対策は後手にまわる。後手にまわると、問題は深刻化するのでよりコストがかかるようになります。

■ 社会保障給付の国際比較

図表7－8は社会保障給付の規模、それから部門別構成の国際比較をしたものです。こうやって見ると、高齢化が進んだことで、昔に比べると日本の社会保障の規模が大きくなったので、そんなに小さいっていう感じもしなくなってきましたね。

先ほど、日本の社会保障では「福祉その他」の規模はそれほど大きくないという話をしましたが、ヨーロッパ諸国と比べるとわかります。日本は相対的に小さいですね。欧州諸国が大きいのは、社会福祉関係費もありますが、積極的労働市場政策など労働関係の施策の規模が日本よりかなり大きい、と

図表 7-8　社会保障給付の部門別の国際的な比較（対 GDP 比）

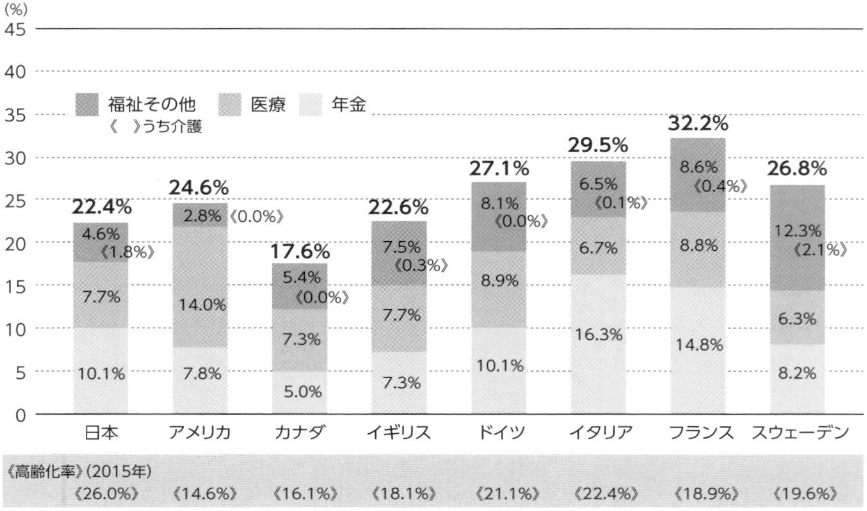

いうことが言えます。

アメリカは、医療保障に見られるように、公的部門中心に社会保障給付を賄うという政策を採っていないので、公的部門の歳出で社会保障給付を見るとこんな感じです。それでも今や日本より大きいんですね。それにしてもアメリカの医療費はすごいですね。医療費の対 GDP 比は公的医療費だけで14％。アメリカは皆保険ではありませんから、これはメディケアとメディケイドの費用だけ、高齢者と障害者と低所得者にかかる医療だけです。普通の市民は民間保険に入っていますから、それも含めたトータルの医療費の対GDP 比は 20％を超えています。無保険者が 2000 万人以上、オバマケアの前は 5000 万人近くいて、それでいて医療費がこのレベル。アメリカの医療費は無茶苦茶高い。

この話はいずれ後の講義でしますが、公的制度でいろいろな費用をカバーしている国と、アメリカのように民間サービスで対応することにしている国、あるいは税制など他の形で費用保障している国、国によって社会保障の形は様々なので、社会支出、あるいは社会保障給付という公的部門の給付だけでその国の社会保障が手厚いかどうかを判断するのは早計です。これは以前お話ししたと思いますが、アメリカには公的な保育サービスはありません。民間のサービスを利用する、つまり自前で保育料を全額負担するんですね。これが結構な金額で、子供一人月 20 万円とかいう保育料を払う。ただ、それは税法上の控除という形で面倒を見る。なので、社会保障給付という形ではこの金額は表に出てこない。これを Tax Expenditure と言います。Tax Expenditure は欧州諸国にもありますし、日本にもありますから、厳密に比較しようと思うのであれば、こういったものも統計に入れないといけないかもしれません。

もう一つ、実はこちらのほうがより重要なことですが、注意しなければいけないのは各国の高齢化率です。図表７－８にも国名の下に「高齢化率」の数字が書いてあります。何だかんだ言ってもどの国も医療と年金が給付全体の６割とか７割とかを占めますから、高齢化率が高い国は給付が大きくなります。社会保障給付が大きいか小さいかというのは、高齢化率との関係を加味して見なければいけないということです。この表は 2015 年の数字ですが、ドイツが約 21%、スウェーデンが約 20%、フランスが約 19%、日本は 26% です。日本は断トツの高齢国家ですが社会保障給付の規模はこの程度。そういうことになります。

図表 7-9　高齢化率と社会保障の給付規模の国際比較

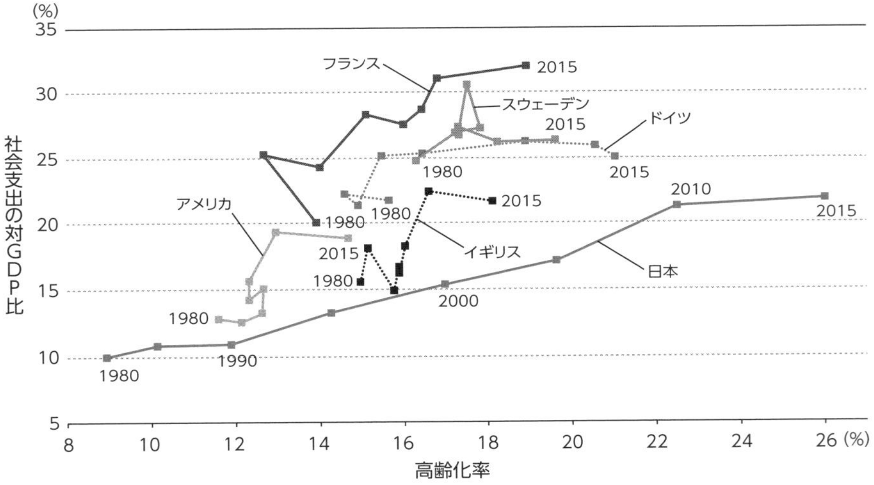

今の話をグラフにしたものが図表 7 − 9 です。縦軸に社会支出の対 GDP 比、横軸に高齢化率をおいて、両者の関係の年次推移を国別に折れ線グラフで示したものです。本当の意味で社会保障の規模が大きいか小さいかというのを見るには、こういうプロッティングをしてみないとわからないですね。お話ししたように社会支出というのは OECD の定義で社会保障給付費とはちょっと違いますが、こういう比較をするときには同じものと考えていただいて結構です。

これを見ると、例えば、先ほど、アメリカは日本より少し大きいくらいで、カナダは日本より小さかったですよね。

このグラフの2000年のところを見てください。真ん中あたりにありますが、2000年の日本の高齢化率は17%をやや上回っているくらいで、その時点での日本の社会支出の対GDP比は約15%。同じくらいの高齢化率のときのイギリスやスウェーデン、ドイツ、フランスは、軒並み20%を超えています。フランスは30%を超えていますね。その後日本はずっと高齢化率が上がっていまは30%近くになっていますけれども、それでも社会保障支出の対GDP比は20%強くらいのレベルで、他の国でいうと高齢化率が17%や18%くらいのときのレベルの社会支出なんですね。

つまり、高齢化率との相関で見ると、日本の社会保障給付費はかなり小さい、決して大きくはないということがわかります。

もう一つ、このグラフで面白いのは、高齢化率が14%を超えたあたりからどの国でも社会保障給付費はぐっと増えるんですね。国連の定義では７%超で高齢化社会、14%超で高齢社会という、という話をしましたが、確かに14%というのは一つの区切りのように思えます。

日本でも90年代後半あたりから社会保障給付費の急増が大きな政治課題になりました。高齢化率が15～17%に差しかかるあたりです。2000年を過ぎ、高齢化率が20%にならんとしていたあたりから日本ではかなり強力な社会保障費の抑制策を講じました。もちろんデフレが続いていて国の財政がどんどん厳しくなっていったことも背景にありました。診療報酬のマイナス改定や公的年金のマクロ経済スライド導入、医療費の３割負担など、様々な改革を行い、もうこれ以上は無理というところまで行って、社会保障の機能は維持しないといけない。そのために必要な財源は確保しないといけない、という議論になって社会保障・税一体改革による消費税増税と社会保障目的税化が行われる、という流れになりました。日本の社会保障給付費は、もちろん高齢化が進むにつれてじわじわと上がってきてはいますけれども、一連の改革によってある程度コントロールされていると言えます。

欧州諸国、ドイツやイギリスの動きを見ると、こういった国々でも社会保障費が急増した後、いろいろな社会保障改革を進めて給付費のコントロールを進めました。それなりに奏功していますが、日本と比べれば「高水準での安定」という感じです。

というわけで、今回は、日本の立ち位置をざっくりと理解していただければよいかなと思います。

第 8 章

社会体制と社会保障

——社会保障レジーム論

今回は社会保障レジーム論のお話をします。社会保障レジーム論は、1990年代にイエスタ・エスピン＝アンデルセンという有名な経済学者、社会保障学者が提唱したものです。もう30年近く前のフレームなので、今の各国の制度との関係で言えばちょっと古くなっているところもあるのですが、基本的な社会保障のスキームを考える上では今なお非常に有効なものです。

なので、日本の社会保障制度を考える上でも、あるいは諸外国の制度を考える上でもまずこれに関して一通り勉強をしておこうということです。

01 社会保障レジーム論を理解する

「福祉レジーム論」とは

・社会保障は経済のサブシステムであり、社会のサブシステムでもある。
・社会保障の目指すところは同じでも、その形はそれぞれの社会の文化・歴史・社会観・価値観によって異なる。
故に、社会保障の姿はその国の経済、政治の形と密接不可分である。

・福祉レジームとは、
「『福祉（社会保障）が生産され、国家・市場・家族の間に配分される総合的なあり方』であり、その違いが福祉国家の類型を決定する。」
（エスピン＝アンデルセン『福祉資本主義の三つの世界』ミネルヴァ書房、2001年）

■ 福祉レジーム論の概念

福祉レジーム論ですけれども、この講義でも何度もお話ししているように、社会保障というのは経済のサブシステムであると同時に社会のサブシステムでもあります。それぞれの国で社会保障の目指すところは基本的には同じです。民生の安定であったり、社会の発展を支えることであったり、基本的にその目指すところは同じですけども、国によって経済のシステムも違いますし、文化やその国の歴史、社会観、世界観、価値観みなそれぞれ異なります。したがって社会保障の姿形というのはその国の経済の在り方や社会文化の在り方、政治の形というものと密接不可分で、それぞれに特徴があることになります。この話は前にもしましたが、日本には日本の長い歴史、通時的な視点から見た日本のキャラクターがあって、それと不可分な形で日本の社会保障制度は組み立てられている。アメリカ然り、ヨーロッパ然り、アジア然りということになります。なので、政治・経済・社会の在りようによって規定される社会保障、福祉の形というものを見てみよう、というのがこの福祉レジーム論ということになります。

エスピン＝アンデルセンは『福祉資本主義の三つの世界』という有名な本を書いています。この本の中で、福祉レジームについて彼はどういうふうに

図表 8-1　エスピン＝アンデルセンによる「福祉レジーム」の概念図

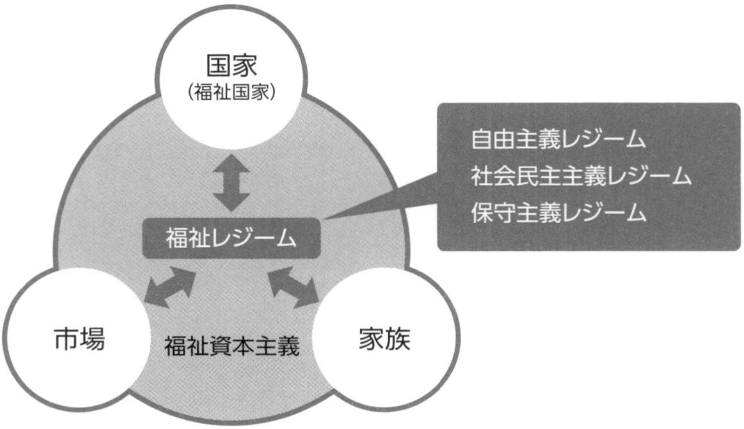

言っているかというと、福祉が、福祉がと言ってますが、狭い意味での福祉ではないので社会保障という理解でいいと思います。福祉が生産され、国家と市場と家族の間で配分される総合的な在り方、と言っているんですね。その違いが福祉国家の類型を決定する、とも言っています。

「福祉が生産されて国家と市場と家族の間に配分される」とはどういう意味か。それは、福祉というシステムの中で国家と市場と家族がどういう役割を果たすのか。福祉システムの生成過程で国家や市場家族がどう関わり、どういった役割を果たすのかによって類型が決まる。そういうことですね。

それって具体的にどういうことなのか？　図表８－１を見てもらうとイメージが湧くと思います。まあこんな感じですね、彼の言っていることは。

福祉のレジーム、社会保障のレジームというのは、国家と関わる。先進国はどの国も福祉国家を標榜していますから、その福祉国家の在りようと関わる。それから当然家族の在りようとも関わる。もう一つは、ここは市場と書いてありますけど、要するに経済・労働、彼の言葉を使えば資本主義的な生産様式の基礎を成している市場との関わりがある。それぞれとどんな関係を持つかということによってその形は決まる。

福祉レジームを規定する指標

・アンデルセンによる３指標

①脱商品化指標（de-commodification）
個人または家族が、労働市場への参加の有無にかかわらず、社会的に認められた一定水準の生活をどの程度維持できているか

②階層化指標（hierarchy）
職業や社会階層で給付・サービスの差がどの程度あるか

③家族支援指標（de-familiarization）
家族の負担がどれだけ軽減されているか

レジームは三つあります。自由主義のレジーム、社会民主主義レジーム、そして保守主義レジーム。アンデルセンの本は長いし結構難しい本なので、参考図書として日本社会事業大学の学長だった京極高宣先生が監修された『アンデルセン、福祉を語る』（NTT 出版）を紹介しておきます。これはわかりやすいのでまずこれを読んでいただければと思います。社会福祉学科の学生諸君はぜひ原典に当たっていただくことを希望しますが。それ以外の人たちも京極先生の本には一度目を通していただければと思います。

■ 福祉レジームを規定する三つの指標

アンデルセンはこの福祉レジームを規定する指標は三つあると言っています。

一つ目は de-commodification、日本語に訳すと脱商品化指標。二つ目は hierarchy 階層化指標、三つ目は de-familiarization 家族支援指標です。

脱商品化指標とはどういう意味か。簡単に言うと、資本主義社会では労働力っていうのは基本的に商品ですよね？　労働力を売り渡して、労働者がその対価として給料を受け取る。労働力は一つの商品として市場で取引されるのだ、という理屈です。で、労働力というのは生産要素の一つで、資本家は自らの資本と労働力を用いて生産活動をし、付加価値を生み、その付加価値が企業と国家と労働者に分配される、とこういうふうになるわけですよね。そうすると、資本主義のもとでの福祉の給付というのは労働者がどういう形で市場に参加し、どれだけ生産活動に寄与しているかということで決まる、ということになります。

ドイツで生まれた社会保険制度はそういうものだったわけですね。基礎となったものは職能組合、ギルドにあって、労働者たちがギルドを通じて働く。働いた対価として給料を受け取り、その働いて給料を受け取るという関係性の中で様々な生活上の保障が行われ、ギルドの中で行われていた養老という機能、老後保障の機能を国家が代替するという形で社会保険ができたわけですよね。社会保障の発展の歴史を考えても最初は労働力の再生産を支える、いわば労働力のサステナビリティを維持するために社会保障制度ができたということですから、働いている人、労働者であるということと、社会保障の給付というのは基本的にリンクしているわけですよね。

このリンクがどれくらいきついか。つまり労働力、商品としての労働力がどれくらい商品でなくなっているか、人間が商品でなくなっているか。個人にしても家族にしても、働いているかどうか、労働市場に参加しているかどうかにかかわらずどこまで社会的に生活水準が保障されているか。失業者でも障害者でも一定の生活がきちんと保障されているか。これを脱商品化指標と彼は言っています。労働者をどこまで人間として捉えているか、労働力＝商品＝市場取引というコンテクストからどこまで脱しているかを指標にする、ということです。まさに「福祉資本主義」、資本主義的な生産様式の視点から資本主義社会の中での福祉の在りようを考える、ということですね。

二つ目は階層化指標で、これはわかりやすいですね。職業や社会階層によって給付やサービスにどの程度差があるのかということですね。例えば、かつての日本でも労働者本人は10割給付、家族は5割給付、国民保険給付は7割給付、となっていたわけですね。今はどの制度に入っていても全員同じように7割給付プラス高額療養費となっています。しかし、当初は生産活動に参加している、つまり「商品としての労働」を提供している被保険者本人と被扶養家族とは給付水準に差があったわけです。

福祉資本主義の３つのレジーム

・自由主義レジーム

・社会民主主義レジーム

・保守主義レジーム

三つ目はde-familiarization、つまり家族の機能として行われていた様々なサービス、子育てや介護がそうですけど、そういったものがどれだけ社会化されているか。家族支援指標と訳していますけど、この三つの指標から考えてみましょうということです。

レジームは、自由主義と社会民主主義と保守主義の三つです。難しいことを言っているようですけど、結論は割と簡単というかわかりやすい。やっぱりそうだな（笑）という結論になります。

自由主義レジーム

アングロ・サクソン諸国（アメリカ・イギリス・カナダ）

機会の平等・個人の自己責任重視
：サービス対象者は限定的（低所得者・障害者等）
：家族への介入は行わない

小さな政府　市場機能を重視した制度設計
サービスは市場で提供・調達　　スキームも民間で対応（民間保険）
政府の役割は救貧施策にほぼ特化

☆労働市場は流動的　短期に失業・転職を繰り返す

■ 自由主義レジーム

最初は自由主義レジームです。典型はアメリカ、イギリス、カナダなどアングロ・サクソンの国ですね。こういう国は、最初の頃の講義を思い出してほしいんですけど、社会の基本的な仕組みというか、考え方が自由主義です。個人の自由や自己責任、個人の自己決定というのを非常に重視します。なので、基本的には市場の条件を整備して公正な競争が行われる中で一人一人が自分の責任で行動し自分の生活を支える。フェアな市場を作ります、自由にみなさん活動できるようにしますので、その中でみなさんそれぞれ自分の責任で自分のことをやってくださいということです。

なので、市場から落ちこぼれた人は面倒見るけど、それ以外の人は自分でやってくださいということになります。公的サービスが対象にするのは低所得者や障害者、身寄りのない人、そういった人たちだけになります。アメリカが典型ですね。この考え方からすると家族に対する介入も基本的には行いません。子育てなども家族、個人の問題ですから介入はしません。お話ししたようにアメリカには公的な保育サービスというものはありません。アメリカの保育サービスの基本は民間サービス。市場で調達するもので、費用は自分で払います。

保育に限らず、様々な社会保障のサービスも基本的には市場をベースに提供されます。医療もそうですよね。医療の保障は、基本的に民間保険会社が提供する保険商品を個々人が購入することで行われる。政府（公的部門）のやることは非常に限定的な救貧対策、メディケア・メディケイドに特化されます。

労働市場も非常に流動的です。雇われたり、解雇されたり、レイオフしたり、転職したりというのは頻繁に行われます。今度のCOVID-19でもアメリカでは何百万人と失業者が出ているわけですよね。日本だったら何百万人も失業者が出たら大変なことになると思いますが、向こうは簡単にレイオフしますね。レイオフすると失業手当とかそういうのが出て、また景気が良くなると企業は雇用をします。出たり入ったり、簡単にクビを切るしまた採用もする。労働市場の流動性が非常に高い社会です。アメリカの雇用統計、失業率とか雇用者総数の変化は敏感に時々の景況を反映しますから、エコノミストや株式市場関係者はアメリカの雇用統計を見てアメリカの景気を判断するわけです。

日本の場合だと、できるだけクビを切らないで雇用を維持する、維持させる。まあ企業内失業みたいなものですが、企業がそうやって労働者を失業させずに企業の中で抱えてくれる代わりに、この「企業内失業者」の分の給料を企業に払う。雇用調整助成金です。

アメリカは日本とは考え方が全然違いますね。これが典型的な自由主義レジームです。

社会民主主義レジーム

北欧諸国

：普遍主義　包摂の重視　権利（社会権）としての社会保障

：普遍的な連帯を志向、階層間格差を容認しない平等主義

：サービスは社会化、公的部門の役割大・市場の役割限定的

：高福祉・高負担

☆流動性の高い労働市場　　積極的労働市場政策

■ 社会民主主義レジーム

二つ目が社会民主主義レジーム、我々がイメージする福祉国家ですね。北欧がそうです。このレジームは、非常に普遍主義的です。落ちこぼれを作らない、格差を作らない、できるだけ普遍的なスキームを作ってその中にすべての人を包摂する。そして、社会保障を受けることは基本的には市民の権利、権利としての社会保障という考え方に立ちます。

普遍的な制度、つまりシンプルで差別のない一般的な制度を作って全員に適用する。貧しい人向けの制度、中間層向けの制度、金持ちの制度とか、そういう階層別の制度を作るようなことはしない。階層間格差を容認しない非

常に平等主義的な制度を作ります。

なので、基本的にサービスもパブリックセクターが担います。医療や福祉のサービスは基本的に国や自治体が提供する。まあ今ではだいぶ民間サービスを使うようになりましたけど、基本的には公的部門がサービスをマネジメントするという考え方で、市場はパブリックセクターの管理のもとでサービスを提供し、市民はそれを利用する、という感じですね。したがって財政面でも、社会保障のお金は公的部門が集めて公的サービスで使う、という形になりますので、公的部門が大きい。つまり高福祉・高負担になります。

自由主義と比べれば明らかですが、自由主義ではサービスは市場で調達しますから、公的部門は費用のファイナンスを行いません。サービスの費用は政府や自治体の収入支出にならないので、政府が小さくなるというわけです。

北欧はこういう普遍主義的な社会を作っているので、みんなが協力して社会を支える、できるだけ多くの人、能力のある人はきちんと働いてください、必要なサービスは保障しますから働ける人はきちんと働いてください、そういう社会になっています。

働く能力があるのにプラプラしているというのはある意味許されません。

保守主義レジーム

ヨーロッパ諸国（ドイツ・フランス・イタリア）

：家族・職能団体・教会を基礎にした共助・互助

：伝統的な家族観・職業観に立脚（ギルド制度）

：強い解雇規制、労働市場は硬直的（強い労働組合）

☆中福祉・中負担

だから我々が思っているような優しい社会ではなく、なかなかどうして厳しい社会です。この話も後でしますけど、労働市場も非常に流動性が高いです。北欧諸国は人口も少ないし、決して大国ではありません。厳しい国際競争の中で頑張って生きていかないといけないので、国際競争力を維持できるように産業構造もどんどん変えていきますし、労働力も動かします。労働力の流動性は高く、つぶれそうな産業、先のない産業からは容赦なく労働力を引き揚げます。労働者を引き揚げて、彼らを徹底的に再教育し、職業訓練をして別の市場、労働力が必要となっているところに移動させる、という積極的な労働市場政策を取っています。それで経済の活性を維持しているんですね。

■ 保守主義レジーム

三つ目は保守主義レジームで、これはヨーロッパの大陸系の国の社会保障スキームです。

保守主義の意味ってどういうものかというと、社会保障の仕組み、まあ社会保険もそうですが、そういうもののベースにあるのは伝統的なコミュニティの連帯、例えば職能団体であったり、教会であったり、家族であったり、そういう元々伝統的に社会に存在していた中間集団の連帯をベースに社会保障の制度が組み立てられている、伝統的な職業観や家族観、宗教といったものの上に制度が乗っかっている、という意味で、保守主義という表現になるんですね。

ドイツもそうですしフランス、イタリアもそうですが、実は労働市場は日本以上に、と言ってもいいかもしれませんが、結構硬直的です。それこそ大工さんはずっと大工さんです。日本みたいにいろいろな職を転々とする、同じ企業の中でも技術職から営業職に異動になる、というのはなくて、大工さんとして社会に出た人はずっと大工さんとして仕事をしていきます。なので労働組合の作り方も違います。日本は企業別労働組合なので企業ごとに組合があって、例えばパナソニックをやめたらパナソニックの労働組合員ではなくなりますけど、ヨーロッパの労働組合というのは職能別になっていて、例えば大工さんには大工さんの労働組合ってのがあって、大工さんの労働組合には大工さんが入っているわけです。そうすると、会社に雇われてなくても、失業中でも彼は大工さんとして労働組合のメンバーなんですね。つまり労働組合というのは職能団体そのもので、ビール職人にはビール職人の組合があり、ビール会社に勤めているときも、ビール会社をレイオフされて失業中であっても彼は組合員なんです。

労働組合の例を出しましたが、労働組合以外にも様々な中間団体、教会組織とか地域共同体とか、そういうものが社会の中には存在しています。保守主義レジームというのは、そういう組織や共同体をベースに社会保障を仕組んでいるレジームということです。

ということになると、このレジームでは、各コミュニティの自立とか自主的な活動の上に成り立っていますから、もちろんいろんな形で国家が介入していますけども、中央集権的というより分権的、その意味では中福祉・中負担というのがこのレジームです。

■ 三つの福祉レジームの比較

三つのレジームを簡単に比較したのが図表８－２です。厚生労働白書にも

図表 8-2　三つの福祉レジームの比較（概要）

類型	主な特徴	所得再分配の規模	給付の対象・性格	福祉と就労支援の連携
自由主義レジーム (アングロ・サクソン諸国)	市場の 役割大	小規模 (小さな政府)	生活困窮層向け 給付が多い 選別主義	強 ワークフェア (就労が給付の条件)
社会民主主義レジーム (北欧諸国)	国家の 役割大	大規模 (大きな政府)	現役世代向け、 高齢世代向けともに充実 普遍主義	中 アクティベーション (雇用可能性を高める)
保守主義レジーム (大陸ヨーロッパ諸国)	家族・職域の 役割大	中～大規模	高齢世代向け給付が多い 社会保険は普遍主義 公的扶助は選別主義	中～強 (強化傾向)

引用されていますが、東洋大学の伊奈川秀和教授が作られたものです。

自由主義レジームで市場が主要な役割を果たし、社民主義レジームでは国家や地方自治体、公的部門が主要な役割を果たし、保守主義レジームでは家族や職域など伝統的な中間組織の役割が大きい。所得再分配で言うと、市場の役割が大きい自由主義では基本的に社会保障は救貧対策しかしないので所得再分配の機能はそんなに大きくなくて政府は小さい。社民主義は、国・地方自治体など公的部門がいったん全部引き取ってサービスを提供するというやり方をするので公的部門の規模は大きい、大陸型の保守主義は中規模から少し大きめ、あるいは前二者の真ん中になる、ということです。

給付の対象も自由主義のスキームだと選別主義的、社民主義は子供世代・現役世代・高齢者世代全体に必要な人には必要なサービスを出すということで普遍主義的、保守主義レジームは地域・職域の助け合いをベースに制度を仕組むので、日本のイメージに近いですけど労働市場から退出した後の給付、つまり高齢者の給付が多くなる。

そして社会保障と就労支援の関係、これが結構重要なポイントになります。

どのレジームでも、就労支援というのは大きな要素です。考えてみればわかりますが、市民みんなが社会保障制度にぶら下がり始めたら制度は持ちませんし、そもそも社会そのものが維持できなくなります。能力と意欲のある人は労働市場に返して働いてもらうようにしないといけません。

労働というのは以前の講義でもお話ししたように、社会的生き物としての人間にとってはある意味根源的な活動ですから、労働観というのはそれこそその社会の成り立ちをどう規定するかという社会観・価値観にも関わります。

ウェルフェア welfare に対してワークフェア workfare という言葉がありますが、北欧で言っているワークフェアとアングロ・サクソンが言っているワークフェアはちょっと意味が違っていて、最近では北欧型のワークフェアをワークフェアとは言わず、アクティベーション activation という表現を使っています。労働者本人の就労能力、employability をできるだけ高めて活性化させる、労働者の就労能力を高めて、労働の付加価値生産性を高くして労働市場に返して、きちんと働いて給料を稼いでもらうようにしましょう、ということですね。少し古いですが、イギリスのブレア政権が from welfare to work と言ったのも同じようなコンセプトです。

自由主義のレジームは、どちらかというと「働かざる者食うべからず」みたいなところがあって、就労してないと給付はあげませんという、まあ働くことを強制するというようなニュアンスがありますね。同じ働くことは大事です、でもちょっと違いますね。大陸型の国もそれぞれ高齢化も進んでいるし失業者も増えている、そうなると制度が空洞化していきますから、多様な働き方を認め、一人一人の能力と可能性に見合った働き方を認める、ワークライフバランス、多様なライフスタイル、そういったことを前提に就労支援の強化をしている、というのが最近の動きということだろうと思います。

しかし現実の福祉国家は……

・このレジームには必ずしも適合していない。

・同じ国でも分野によって異なるレジームの制度設計が行われている。
　：イギリス：NHS（国民保健サービス）の存在　ブレア改革
　：フランスの積極的家族政策（育児の社会化政策）

・そもそもアンデルセンの分析は 90 年代以前のもの。
　その後の社会経済情勢の変化に対応して、福祉国家も大きく変容。
　：産業構造の変化、雇用形態の多様化　→ 共助の枠組みの軋み
　：globalization、diversity、IT、様々な「挑戦」を受けている

・それでも福祉国家を形作る基本的な哲学を知る上では、今なお有用。

■ 現実の福祉制度とレジーム論

ここまで、エスピン＝アンデルセンによる三つの福祉国家レジームがどういうものかというお話をしました。しましたが、現実の福祉国家はこのレジームにぴったり適合しているかというと、もちろんそんなことはないわけですね。

例えば、同じ国でも、医療、年金、介護、それから社会扶助、個別分野によって違うレジームに近い制度設計をしているということがあります。

例えばイギリス。アンデルセンによればイギリスは自由主義レジームだというのですが、イギリスの社会保障と言われてみんな何をイメージするかというと、NHS（ナショナル・ヘルス・サービス）ですよね。これは全国民をカバーしている全国一律の医療保障サービスなので、北欧のサービスに近いですね。それから1990年代末から2000年代初頭にかけてブレア政権が行った改革は「第三の道」と言われている改革で、from welfare to work、積極的な労働市場主義政策をとって、世代を超えた福祉の再生産をできるだけ回避しようとしました。福祉サービスを受けている人たち、生活保護を受けている人たちの社会復帰就労支援、それこそ就労支援、エンプロイアビリテイとか教育支援、シュア・スタート（sure start）といったことに多くの予算を使ったわけですよね。明らかに自由主義レジームとは違う政策です。

それからフランス。今やフランスは何が有名かというと少子化対策です。フランスの家族支援、育児の社会的支援政策というのがすごい。それによってフランスは出生率を回復したわけです。

というわけで現実の各国の制度設計は必ずしもこの三つの分類に綺麗に当てはまるわけではありません。なんでそうなるのかというのは、冒頭でお話ししましたが、アンデルセンの行った分析というのは基本的には80年代90年代の分析です。ざっくり言ってしまうと、ソ連崩壊前の東西対立の時代の西側の社会保障制度を、カギカッコ付きの資本主義的生産様式、社会主義陣営との対立の中での資本主義の姿、という枠組みの中で「資本主義国家における社会保障の在りよう」を分析したわけです。

冷戦の終結やその後のグローバリズムの進行といった世界全体の情勢の変化の中で、何しろ社会主義国がなくなったわけですから、福祉国家の在りようも大きく変わっているわけです。さらに言えば、グローバリズムの中で資本主義の在りようも変わっている。それこそ世界中で規制緩和をして、グローバル企業はどんどん巨大化して、他方で雇用が不安定化して格差が広がって、となっているわけです。人の移動も激しくなって、各国とも移民問題が深刻化し、社会は流動化して中間集団たるコミュニティが世界中で壊れている。つまり共助の枠組みというのが世界中で軋みを生じているわけですね。そんな中で、むしろ多様性、diversityを正面から受け止め、人と人とのつながり、コミュニティを再構築しようとする動きもある。そこにITという全く新しいコミュニケーション技術・情報処理技術が登場し、あらゆる分野でビジネスモデルの大変革が起こっている。そうした状況にあって、政治も経済も、もちろん社会保障も大きな挑戦を受けている。社会保障は経済と社会のサブシステムだという話をしましたが、社会や経済の在りようが大きく変わっているのですから、社会保障だって変わっていかないはずはありません。

そうすると、こういう、ある意味古典的な分類で福祉レジームを語るということは、時代遅れというかout of dateになることは避けられない。

それはそうなのですが、これも冒頭で申し上げたように、福祉国家を形作っている基本的な哲学というのはそれぞれの国の経済や政治や文化に根ざしているものですから、それぞれの国の政治や経済が大きく変容していっても、基本的にその国の在りようの上に乗って形作られるという意味では社会保障の立ち位置は変わらない。なので、それぞれの福祉国家を作っている基本的な哲学がどのようなものか、というところからその国の制度を見るという視点は今なおとても有用だろうと思います。

ということで、次に主要国の実際の社会保障について見ていきましょう。

02 各国の社会保障制度を概観する

■ アメリカの社会保障制度

まずはアメリカ。

アメリカにおける「自助」とはどういうものか。みなさんご承知の通り、アメリカには国民皆保険がない、というか国民皆保険という政策はアメリカでは支持されません。

アメリカ社会における「自助」

「国民皆保険」が支持されない。　　クリントン改革・オバマケアの蹉跌

「強制加入の公的保険は基本的人権・財産権の侵害、憲法違反」
：自身の選択する「民間医療保険」を購入　∴大量の無保険者
：各保険会社ごとに給付内容・水準・保険料・診療報酬も異なる
（「リスク細分化型保険」）　「保障の沙汰も金次第」
：医療・年金保障は「企業福利＝労働条件」の一部

☆ Western Conference（西部 10 州立法院会議）での経験
：組合健保は企業福祉、国保は救貧、協会健保（政管健保）は憲法違反

クリントン改革は、上院議員時代のヒラリー・クリントンが、ハズバンドのほうのクリントン、ビル・クリントンが大統領だった時にやろうとした医療保険改革です。その内容は、アメリカにもユニバーサルな医療保険制度を作ろう、医療保障をすべてのアメリカ国民に提供しよう、というものでした

が、結局うまくいきませんでした。その後、オバマが大統領になり、オバマケアと言われた医療改革、これも相当な抵抗の中で医療保険改革を行います。民間の医療保険会社に加入を希望する市民との間で保険契約を結ぶことを義務づける、一定以下の所得の人には保険料の一部を公費で補填する、中小企業に従業員に対する医療保険の提供を義務づける……、いろいろな形でできるだけ多くの人を医療保険に入れるっていう改革をやろうとしましたが、作る過程であちこちですごい抵抗に遭い、相当すったもんだして修正に修正を重ねて、やっとの思いで法案を通して施行しました。オバマケアの結果、無保険者は4300万人から2600万人にまで減りましたが、トランプ大統領はあんなものはけしからん、つぶすと言って、つぶしてしまったんですね。

公的部門、連邦政府や州政府が関与して、何か強制的に保険を適用するとか契約を義務づけるとか、そういう手法で社会保障を拡充する、というのはアメリカでは受けない、支持されないんですね。オバマケアは、クリントン改革の失敗にも学んで、相当現在のアメリカの医療制度の枠組みに沿った形の提案になっていたんですが、それでも相当な抵抗に遭った。

伝統的に共和党はそういう政策を支持しない。反対します。民主党は医療改革には積極的で、歴代政権はいろいろな改革を提案するのですが、自分が政権を取ってもやっぱりうまくいかない。とにかく政府が企業や国民に何かを強制するというのはダメで、強制加入の医療保険みたいなものは財産権の侵害だ、社会主義だ、憲法違反だ、という話になる。冷戦時代に「公的医療保険＝社会主義」というプロパガンダを当時の政府が行った、という話もあるそうで、自らの責任と自らの選択で自分が入る保険を決める、どういう医療保障のサービスを買うかは自分が決める、それが自由と民主主義、アメリカ合衆国建国の精神だ、という意識が根強くあります。

そうすると、当然選択できない人、というか保険商品を買えない人が出てきますから、大量の無保険者がいます。特に中低所得層にたくさんいて、実際何千万人もいる。で、医療保険会社は民間の保険だから、保険会社ごとにみんな給付の設計が違う。保障の範囲も違うし保障する金額も違う。自動車保険の任意保険のイメージですね。リスクが細分化されていて、どこまでカバーするかみんな違っていて保険料も違う。ガンをカバーするしない、この疾病をカバーするしない、入院何日目からカバーする、何日までカバーする、この薬は使えるこれは使えない、全部細かく分かれている。かつ既往症があったら入れない、基礎疾患に関する医療は保障しないとか、全部違う。それを市民が選ぶ、というか様々な保険の中から自分で買える保険を探して選ぶわけです。

マイケル・ムーアの『シッコ』という映画があります。観た人もいると思いますが、映画の中でアメリカの民間医療保険の付帯条項を紹介するシーンがあって、『スター・ウォーズ』の冒頭のロールのように見せるんだけど、実に事細かな付帯条項がいっぱい書いてある。だから、いざ自分が病気になって医療機関にかかったら「これは、付帯条項にこれこれこういうことが書いてありますから、あなたの保険ではカバーされません。給付はできません」とはねられる、なんてことがしょっちゅう起こります。

保険の内容も違えば保険料も違う。フルカバーのいい保険に入ろうと思ったらものすごく高い保険料になる。なので、結局みんな自分の懐具合を見て払える保険を探して入る。さらに言えば、それすら払えない人はそもそも保険に入らない。

病院の側からしても自分が行った医療に対する支払いは、保険会社が決めた料金表で払われるから保険会社ごとに金額が違う。そうするとこの患者はどの保険に入ってどこまで保険会社が金払うかってことを考えながら診療するということが起こる。請求しても「それうちはカバーしません」とか「うちの料金表で支払うのはここまでです」となって払われないなんてこともしばしば起こる。

アメリカの医療というのはそういう世界、言ってしまえば「保障の沙汰も金次第」。それでもアメリカの人たちは、皆保険は支持しません。

アメリカ人の考え方からすると、医療とか年金の保障というのは企業福利の範疇、労働条件の一部、ということになっている。企業が雇用の条件として、ウチの会社では従業員にどこそこの保険会社が提供しているこれこれの医療保障を提供します、退職後はこれこれの年金を保障します、とやっている。もちろんこれは雇用主の義務ではないですから、そんなことしてない会社もたくさんあります。個人加入の医療保険を紹介しますので自分で入ってください、この金額までは会社が補助しますけどそれ以上は自分で払ってください、と会社によって様々です。もちろん、うちにはそんな制度はありません、という会社も当然あります。

年金も同じで、アメリカには公的年金制度OASDIというのがありますが、企業は日本でいう企業年金みたいなものを用意している。大企業はみんなこういう制度を持っていて自分たちのOBたちに手厚い年金の保障をする。その年金を引き受けている年金保険会社がある。こういう仕掛けになっています。日本の企業年金と同じですね。

何年か前に、三大自動車会社の一つGM（General Motors）が破綻したことがありましたね。あれはどうして破綻したかというと、直接の引き金になったのは、OBたちに払う年金とOBたちに払う医療費が払えなくなったからです。日本でもJALが一回破綻しましたけど、JALの企業年金ってものすごく給付のいい企業年金で、JALの企業年金の負担はものすごく大きかった。再建に当たって、これを削ったんだけど、削るにはもらっている人の同意が必要だったので、JALの再建経営陣は大変な思いをしました。

アメリカという国はそういう考え方の国なんですね。大企業、力のある企業に入るといい医療保険、いい企業年金がついてくる。勤めている会社で保障に大きな差がある。労働者の中でもすごい格差がある。そういう社会です。

私自身、非常に面白い経験をしましたので紹介しておきます。今から30年くらい前、アメリカの州議会上院——アメリカは州にも上院と下院があるんですね——、各州の上院議員が集まる立法議会会議というのがグアム島で開催されて、そこで日本の医療保険制度の説明をしてくれと言われて参加したことがありました。

日本の医療保険制度の話をしたときの彼らのリアクションです。

組合健保というのがあります、企業ごとに労使の代表が運営する健保組合を作り、組合が主体になって医療保障をしています、と言ったら、それはアメリカと一緒だな、日本も企業福利で医療保険やっているんだな、と言いました。次に国民健康保険。健保組合や協会健保に入れない人は市町村が全部まとめて面倒見ています、税金が半分入っています、と言ったら、それは保険じゃない、救貧制度、social service だな、うちのメディケアと同じだ、という反応。そして政府管掌健康保険、今の協会けんぽですが、中小企業の従業員は政府が作った保険に入ります、企業は従業員の保険料を集め、労使折半で政府に保険料払います、と説明したら、彼らはなんと言ったと思いますか。それは憲法違反だと言ったんです。中小企業の事業主に健康保険に入ることを強制し、保険料を払うことを義務づけている、これは企業に対しても企業の従業員に対しても基本的人権と財産権の侵害だ、憲法違反だと言ったんですよ。これがアメリカの感覚です。

福祉国家の「本家」　イギリスの社会保障

・イギリス人の誇り　NHS（ナショナル・ヘルス・サービス）
　全国民を対象とした税財源による包括的医療サービス
　：むしろ北欧型・旧社会主義国に近い　「配給型」医療
　：NHS への国民の信頼と支持は大きい
　　ロンドンオリンピック開会式　https://www.msnbc.com/msnbc/british-celebrate-national-health-care-i-msna27791
　　ロックダウン時の政府標語　“Stay home, Protect the NHS, Save lives”

・貧困の再生産を止める　ブレア改革　from welfare to work
　：階層固定化の回避・流動性確保
　：貧困家庭（特にひとり親家庭）への職業訓練、就労インセンティブ重視の労働政策　教育政策　sure start

■ イギリスの社会保障制度

次にイギリスです。イギリスはベバリッジ報告の国です。言ってみれば福祉国家の元祖、本家みたいな国ですよね。まあ産業資本主義の発展の過程の中から社会保障は生まれたわけだから、その意味でもイギリスは資本主義の本家でもあり福祉国家の本家でもあります。

そのイギリスにとってNHSというのはどういう存在か。

NHSというのは全国民を対象にした税財源による包括的な医療サービスです。イギリスのジョークに「NHSのメガネ」というのがあって、NHSはメガネの給付もしてくれるのですが、NHSのメガネって安物ですぐ壊れちゃうメガネ、ということで、NHSの医療は配給型で貧相な医療だ、と揶揄するジョークなんですが、それでもNHSは全国民を対象に基礎的・標準的な医療を給付しています。

NHSは仕組みからして北欧型やかつての社会主義国の医療に近いものです。自由主義のレジームとは相入れないもののはずですね。しかしイギリス国民のNHSに対する信頼、NHSを誇りに思う気持ちは非常に強いんですよ。

二つ例を挙げます。2012年のロンドン・オリンピックの開会式。最近のオリンピックの開会式はどの国もいろんな凝った演出をしていますが、ロンドンオリンピックの開会式では、イギリスの歴史を表現する野外劇をやりました。アーサー王、ノルマン・コンクェスト、名誉革命、産業革命、そして20世紀に入って2度の世界大戦、ファシズムとの闘いを描き、そして戦後、第二次大戦後のイギリスの歴史を飾るエポックメイキングな出来事として描かれたのは、NHSの誕生だったんです。医師や看護師の衣装を着たダンサーたちが大勢登場して、イギリスの病院の様子を演じるんですね。NHSというのはイギリスにとっては国家的な大事業で、イギリス国民にとっては福祉国家イギリスの象徴、我々はこういうものを世界に先駆けて作ったのだ、という誇りなんですね。

もう一つは今回のCOVID-19禍の中での出来事。2020年春、第1波がヨーロッパを襲ったとき、イギリスでもロックダウンが行われたわけですが、そのとき、イギリス政府は毎日記者会見をしていました。基本はボリス・ジョンソン首相、彼が入院していたときは財務大臣や保健大臣。この記者会見のとき、ポーディアムにプレートが貼ってあったんです。そこになんて書いてあったか。こう書いてありました。「Stay home, Protect the NHS, Save lives」。ロックダウンしている、だから国民は家に留まってくれ。家に留まることでNHSを守る、そしてNHSを守ることで自分たちの命を守るのだ、と。これくらいNHSは国民にとって身近なもので、かつ信頼の高いものなんだってことです。

それからブレア改革。先ほども少し触れましたが、これは貧困の再生産を止めようという改革でした。From welfare to work。イギリスでは、社会扶助を受けている家庭の６割だか７割だかの子供は成人後も生活保護を受けている。生まれたときからずっと社会扶助の給付を受けて育った子供たちは長じてからも自ら働くという意欲がなく、当たり前のように社会扶助を受ける生活、社会の底辺で扶助を受けながら生きている。

スウェーデン・パラドックス～高福祉と高成長の両立

・典型的高福祉・高負担国家

高負担≠低活力・非効率・停滞・他者依存社会

産業政策・労働政策両面で高付加価値分野への転換を重視

：産業政策における市場メカニズム・効率性の重視

「産業政策における小さい政府」　衰退産業分野は支援しない

：Activation、Employability 重視　積極的労働市場政策

→厳しい競争社会　結果としての高福祉ー positive welfare

・企業競争力は世界８位（日本は30位、中国・韓国以下）

（世界競争力年鑑（IMD）2019年版）

こういう貧困の再生産をやめる、階層の固定化を阻止しよう、ということで、貧困家庭の人たちに就労の能力と機会を与える。ここを出発点にして社会を変えていこうという改革です。そのために、貧困家庭、特にひとり親家庭の親と子供たちに教育と職業訓練を徹底的に行い、就労インセンティブを重視した労働政策をやって、彼らにできるだけ就労の機会を与え、労働市場に返していく。なので、労働政策だけじゃなくて教育政策も組み合わせ、いわゆる sure start を重視した政策を進めていく。

保守主義レジームからはなかなか出てこないですよね、こういう発想は。

■ スウェーデンの社会保障制度

今度は社民主義レジームの国、スウェーデンの話をしたいと思います。

『スウェーデン・パラドックス』（日本経済新聞出版）という有名な本があります。一昔前、80 年代から 90 年代の頃は、北欧病という言葉があって、スウェーデンは高福祉国家だけれども非常に負担が重たいのでみんな高負担にあえいでいる、働いても半分以上税金で持っていかれるので社会に活力がない、福祉が行き届きすぎて、みんな福祉に依存して働く意欲がない、自殺も多い、とかいう、実は自殺者が多いなんていうのは大嘘だったんだけども、そういう話がまことしやかに語られていて、高負担国家っていうのは経済が停滞していて活力のない社会なのだ、そういうことをずっと言われ続けていたんです。

特にアメリカの学者がこういうことを言い出して、日本の経済学者はアメリカで流行ったことはすぐにコピーして喧伝するので、日本でもずいぶん語られました。しかし実際はそんなことはなかった。これからお話ししますけども、21 世紀に入って高成長を確保できたのはアメリカと北欧諸国だったんですね。高成長と高福祉は両立する、実際両立しているんだ、ということで、北欧病とか言われて北欧諸国の福祉国家が批判されてきたことへのアイロニカルな反証の表現として、スウェーデン・パラドックスというタイトルをつけた本です。

スウェーデンは典型的な高福祉・高負担国家ですね。公的部門の規模がGDPの半分以上あります。確かに社会保障は手厚いですけどその分負担も大きい。政府の規模の大きさと経済成長は逆相関の関係にある、大きい政府は経済の足を引っ張る、というのが主流派経済学の基本認識です。

そうなんですが、21世紀も20年を過ぎた今の世界の現状を見ると、実は高負担であることは、活力がないこと、社会が非効率になること、経済が停滞していること、自立とか自尊、モチベーションのない他者依存型の社会になってしまうこととは、どうも関係がない。関係がないというか、全くそうなっていない。実際にデンマークとかスウェーデンなど北欧に行ってみるとわかると思いますが、極めて効率的な社会です。むしろドライだって感じるくらい効率的な社会です。

高福祉と経済成長はどうして両立できるのか。それは、高福祉・高負担を可能にするための政策というものをきちんと採っている、ということなんですね。

具体的に言うと、産業政策や労働政策の面で、効率性や競争力を非常に重視した政策を採っている。北欧の国々は元々そんなに大きい国ではありません。デンマークで人口580万人、スウェーデンでも1,000万人です。こんな小国がグローバリズムの中で伍していくには、自分たちが戦っていける分野に資源と能力を集中しないといけない。競争優位が狙える高付加価値の産業分野に資本も労働力も投入していくという、とても緊張感の高い産業政策を展開しているんです。ですから産業政策に関しては市場メカニズム、効率をものすごく重視していて、その意味で言うと産業政策においてはすごく小さい政府なのです。衰退産業を助けたりはしません。世界に伍していけない企業はつぶれてもらって構わない、というかそのほうがいい。

そして、そこの資本と労働力は、より生産性が高い、より競争優位にある、自分たちが戦っていける産業分野に投入する。だから、アクティベーションとか、エンプロイアビリティとかいうことをすごく重視している。能力があるのにその辺でプラプラ遊んでるといったことは、ある意味許されない。能力のある人はちゃんと能力を発揮してください、働ける能力のある人はちゃんと働いてください。で、働いてもらうためにサポートは惜しみません、職業訓練もやります、能力開発もやります、その間の生活はちゃんと面倒見ます。言ってみればそういう国です。日本の中小企業対策みたいに、どう考えても展望のない中小企業を地域の活力のために補助金で助けますとか、シャッター商店街を復活させるために中心市街地活性化とか何とか言ってお金を出すとか、そういうことはしない。つまり衰退するには衰退する理由があるということなので、そこはバッサリ切り捨てる。全然ウェットじゃない、とてもドライ。なので、経済という面ではすごい競争社会ですよ、北欧は。

そういう意味でいうと、高福祉というのは、いわば結果としての高福祉ということ。文字通り positive welfare ということなんです。

■ 高い経済競争力を誇るスウェーデン

では、スウェーデン経済の競争力は実際のところどうなんでしょうか。

『世界競争力年鑑』というものがあります。これは IMD（International Institute for Management Development）というスイスのビジネススクール

図表 8-3　IMD が示す「競争力」の考え方とその指標

「企業が持続的な成長と雇用の創出を可能とする環境がどの程度整備されているか」

Economic Performance ［国内経済］	Goverment Efficiency ［政府の効率性］	Business Efficiency ［ビジネスの効率性］	Infrastructure ［インフラストラクチャー］
Economic Performance ［国内経済］	Public Finance ［財政］	Productivity ［生産性］	Basic Infrastructure ［基礎的インフラ］
International Trade ［国際貿易］	Fiscal Policy ［財政政策］	Labor market ［労働市場］	Technological Infrastructure ［技術インフラ］
International Investment ［国際投資］	Institutional Framework ［制度的枠組み］	Finance ［金融］	Scientific Infrastructure ［科学インフラ］
Employment ［雇用］	Business Legislation ［ビジネス法制］	Management Practices ［経営慣行］	Health and Environment ［健康及び環境］
Prices ［価格］	Sociental Framework ［社会的枠組み］	Attitudes and Values ［価値体系］	Education ［教育］

が作っているんですが、その中に各国の競争力ランキングがあります。これによるとスウェーデンは８番目。日本はというと30番目で中国よりも韓国よりも競争力がない。

話がちょっと横に逸れるんですが、この話はとても面白い話なのでご紹介しておこうと思います。IMDが示している競争力というのは、その国の企業の競争力、ということで、競争力を測る指標、パラメーターが示されています。指標の考え方は、「（その国には）企業が持続的な成長と雇用の創出を可能にするような環境がどのくらい整っているか」ということ。つまりきちんと企業が成長できる、企業が雇用を生むということができるような環境がどのくらい整っている国なのか、ということなんですね。

図表８－３にあるように、４分野20項目の指標があります。一つは経済のパフォーマンス。次は政府の効率性、３番目は企業自身と企業を取り巻く市場の効率性、そして企業活動を支えるインフラがどれだけ整っているか。最後のインフラを見ると、健康や教育といった人的インフラについても指標になっています。

図表 8-4　競争力ランキングの推移

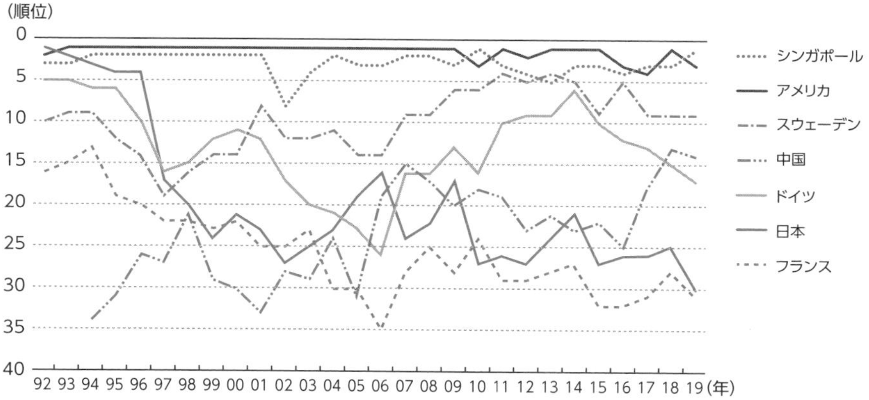

で、過去20年30年の推移を見ると、スウェーデンは90年代の終わり、国際通貨危機のあった頃に少し下がるんだけど、そのあと回復して今日までずっとトップ10を切ることはない。ずっとトップを走っているのはアメリカ、そしてシンガポールで、日本は1992年にはランキングトップだったんですが、そのあとずっと下がって、2000年代に入っても低位安定、最近はまた下がって、と下がりっぱなしです。日本とスウェーデン、どっちのほうがパフォーマンスいいんでしょうか。明らかですね。

ちなみに　日本の項目別ランキングは……

「経済パフォーマンス」	16位
「政府の効率性」	38位
「ビジネスの効率性」	46位
「インフラ」	15位

「ビジネスの効率性」：過去5年間で25位から46位へ
うち、「経営慣行」は63カ国中60位
「生産性」は56位
「価値体系」は59位

☆おまけ。Digital Competitiveness Rankingでは、アメリカ1位、シンガポール2位、スウェーデン3位、香港8位、韓国10位、台湾13位、中国22位、で日本は23位……。

実際、各指標の日本のスコアを見てみると、こんな感じです。で、見てほしいのは、何がダメで日本のスコアが低いのか、ということなんです。

分野別ランキングを見ると、経済のパフォーマンス、貿易とか国内経済とかっていうのは良くはないけど16位くらいです。ダメなのは政府の効率性とビジネスの効率性でして、政府の効率性が低いのは、巨額の財政赤字を背負っていて政府が機動的政策を打てないからです。ビジネスの効率性が低いのはなぜだろうか、ということでさらに中身を分析してみると、まずこのビジネスの効率性というスコア自体がここ5年間で25位から46位まで落ちている。さらに内訳を見ると、経営慣行がダメ。なんと63カ国中60位。そして生産性は56位、価値体系が59位。つまり企業経営の在り方そのものがダメで、まったく付加価値を生んでない、という評価なんですね。

ここで言っている生産性というのは労働生産性ではなくて付加価値生産性のことです。つまり企業が付加価値を生んでない、経済成長に貢献してない、だからダメだと言っている。さらに言うと、IMDはDigital Competitiveness Rankingというものも出していて、これはIT関連の競争力がどうか、というスコアなんですが、それを見ると、アメリカがトップでシンガポールが2位、スウェーデンが3位、香港が8位で韓国が10位、台湾が13位で中国が22位、日本はようやく23位。日本は韓国よりも台湾よりも、中国よりもDigital Competitivenessが低いという評価です。この国は全くIT化に対応できていない。

私はアゼルバイジャンからこの国に帰ってきていくつも驚いたことがあります。アゼルバイジャンよりもIT化が遅れているんですよこの国は。驚いたことがたくさんあるので、いつかの機会にお話をします。

家族政策をめぐるドイツとフランスの対比

・両国とも伝統的に家族の役割重視、経済的支援（現金給付）中心。

・フランス：1990年代以降、保育サービスの充実など仕事と家庭の
　両立支援を図る方向へ政策転換。
　　→出生率は大きく改善

・ドイツ：経済支援中心の政策が続き出生率が低迷。
　2000年代に入り両立支援の充実に方向転換。

■ ドイツの社会保障制度

最後に保守主義レジームの国について話をします。

家族政策についてのドイツとフランスの取り組みを比較すると、いろいろ面白いことがわかります。

両方とも大陸の国で、伝統的に家族の役割を大事にする国です。フランスはカトリックですし、ドイツも南のほうは全部カトリック。ドイツはビスマルクが社会保険を作った国ですよね。講義で話したように、社会保険のベースはギルド、職能団体をベースに社会保障を形作ってきた。フランスも、レオン・ブルジョワの話をしたと思いますが、市民の連帯を基礎に制度を考えてきた。両国とも職能団体や地域共同体、家族を大事にしてきた。

第一次大戦で両国とも大きな損害を出しました。第一次大戦は塹壕戦だったので人的損耗が激しく、兵士がたくさん死んで両国とも人口問題に直面します。そこで様々、いうところの人口政策をとりましたけれども、基本は現金給付。ずっと家族支援は経済支援中心に施策が進められてきました。

そんな中で、フランスは90年代に大きな政策転換をします。背景には女性の社会進出、女性解放運動、様々な社会の変化があったわけですが、基本的には女性が社会に出ていく、働くことを支える、という考え方に立って、現物系の給付、サービスの充実へと舵を切ります。保育サービスを充実させ、施設保育だけではなく、日本で言う保育ママのような制度も用意し、育児休業給付を充実させ、育児期間中の所得保障・雇用保障を厚くして女性が働き続けることを支援する施策をとります。要するに両立支援という視点から家族支援施策を組み立てる、という方向に大きく舵を切る。財政支出を思い切って拡充する。保育所もたくさん作って、子供を持ってもお母さんたちが働きに出られる体制を作る。その結果、出生率は大幅に改善をします。フランスは出生率が2まで戻ったんですね。

他方ドイツですが、ドイツはずっと家族手当や児童手当で家族を支援する、という政策を選択してきましたけれども、どうしても出生率が回復しない。

で、2000 年代に入ってこの国も政策転換をして両立支援の方向に舵を切る。それによって近年出生率は少しずつ回復してくるんです。

今のお話をグラフで示したのが図表８－５です。まずフランスですが、そもそも家族関係社会支出、日本で言う子ども子育て関連支出の水準が日本と全然違います。GDP の３％くらいを使っています。日本は一生懸命伸ばし

図表 8-5　ドイツとフランスの比較

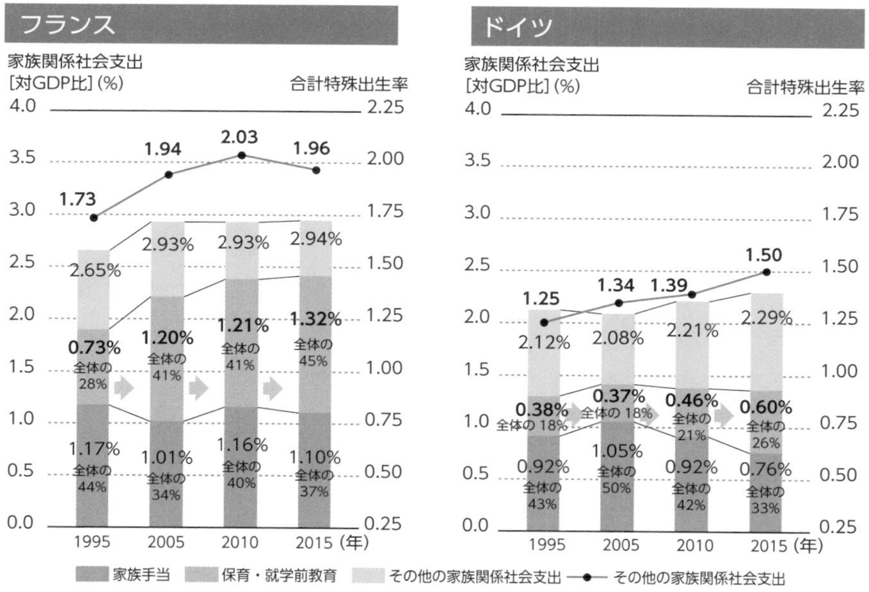

1995年から2005年の10年間で保育・就学前教育に係る支出をGDP比で1.8倍に増加

経済的支援中心の家族政策が継続しているものの最近は両立支援の充実に方針転換

2008年の「保育所における3歳未満の児童の支援に関する法律(児童支援法)」により、2013年8月以降、すべての1歳以上の児童について保育所の入所を請求する法的権利を付与し、それまでに3歳未満の総ての児童の3分の1を保育するために必要な保育所等の定員を確保することとされている。(2018年3月現在、3歳未満の児童に係る保育所の利用率は33.6%)

ていますけど、まだ２％に届かないレベルです。そして、真ん中の部分、保育就学に関わる現物給付系の給付を90年代以降大きく増やしてきています。これによって出生率の回復を実現し、2010年には２を超えるところまで持ってきているということです。

実際、フランスの保育サービスは極めて充実しています。

フランス語で保育所のことをcrèchesと言いますが、日本の認可保育所に相当するcrèche collectiveと、assistante maternelles（家庭的保育者、日本の保育ママ）と呼ばれる、育児経験のある家庭の主婦などが複数人でチームを組んで10人くらいの子供たちを預かるcrèche familialeがあって、働く親たちのニーズに応じて非常にフレキシブルに子供を預かっています。数もたくさんあって、待機児童、なんていう概念はありません。もちろん現金系の給付もあるわけですけど、出生率との関係を見ると、現物系の給付サービスを厚くすることのほうが出生率の回復と相関が高いことがわかります。

他方、ドイツは伝統的に現金給付主義だったので、出生率の回復が非常に遅れて、当時はドイツとイタリアと日本、第二次大戦で負けた国の出生率は低い、とか冗談とも本気ともつかないような議論がありましたが、お話ししたように2000年に入って経済支援中心の家族支援から現物系給付のサービスを増やすという方向に舵を切っています。今でも全体の割合で見ると現金給付系のサービスの割合が多いわけですけども、こういった形に切り替えることで少しずつ出生率の回復が見られます。

以下に、2008年のドイツの児童支援法の改正について解説を書きました。これは非常に画期的な制度改正で、実は子ども・子育て支援法を作るときに日本でもやろうとしたのですが実現できなかった制度改正です。

保育サービスを受けることについて権利性を付与する、１歳以上の子供を育てている親は保育サービスを利用する権利がある、という制度改正です。法律できっちり権利を書く、ということは行政側はこれを受け止める義務がある、っていうことになります。いかにもドイツらしい（笑）。こうなると行政は逃げられないですよね。待機児童が出たらそれは法律違反ってことになるわけですから。

こういった形できちんとサービス利用を保障するということを行って出生率の改善を図る。少子化対策、家族支援政策に関してはどの国も北欧型の両立支援政策中心に行うという流れ、保守主義レジームと呼ばれている国でもそういう流れになっている、ということがわかります。

日本の社会保障制度は？

皆保険・皆年金　普遍主義的　平等主義的　→社会民主主義的
伝統的家族観・性別役割分業　→保守主義的
小さい給付　少ない現役支援　→自由主義的

労働市場の流動化・女性の社会進出に対応できていない
正規雇用前提の制度設計　非正規労働者への支援が弱い
→制度自体が格差を再生産している？

■ 日本の社会保障制度

では、日本の社会保障制度はどうか。

アンデルセンは、留保付きですが、日本のレジームは保守主義レジームと自由主義レジームの組み合わせだと評価しています。同時に、日本は非常に特殊というか個性があって、固有のレジームになるかはこれからの展開を見ないとなんとも言えません、なので判断は保留します、としています。

申し上げたように、どのレジームにはまるかという議論はそれ自体あまり意味はありません。日本の制度の中にも、三つの典型的レジームを特徴づけているいろんな要素を見いだすことができます。

例えば、日本は皆保険皆年金という非常に普遍的で平等主義的な制度を作りました。生活保護の人にも基本的には同じ医療を提供する。平等主義的で社会民主主義的な考え方に近いように思えます。他方で、特に福祉の施策、少子化対策・家族政策を含め、社会福祉施策に関していうと、伝統的な家族観、世帯を中心とした家族観が色濃く残っているということが言えます。例えば（今はもうなくなりましたが）障害者や高齢者についての扶養義務者の費用負担、なんてものがありましたし、制度的には必ずしもそうなっていないですが、実際の制度の運用を見ていると、制度を動かしている人たちの意識の中に伝統的な家族観、性別役割分業観が所々で顔を出しますね。その意味では非常に保守主義的だとも言えます。

他方で、これは結果論なのかもしれませんが、全体的に給付は小さくて現役に対する支援があまりない。現役は自分でやってください、サービスの提供も民間事業者の占める役割が大きい。その意味では自由主義的な要素もあります。論者によっては、日本の皆保険皆年金は実は社民的なのではなくて伝統的な共同体パターナリズム、お上の家父長的パターナリズムが生んだ産物だという評価もあります。確かにそういう面もあるのかもしれませんね。これを作ったのは自民党政権、保守政権ですから。

日本の制度に関してもこういったことがいろいろ言えるので、典型的レジームに当てはめてどうかというのは、それはそれで議論してもいいですが、あまり重要ではないと思います。大事なことは、今の日本の社会保障制度が、当面する課題の何に対応できていて、何に対応できていないのか、できていないとするとそれはどういう理由があるからなのか、ということを考えることです。

社会経済が変化していく中で、社会保障制度が依って立ってきた基盤、雇用や地域や家族が大きく変化している。その変化を踏まえた自己改革ができているか。そういうことです。

その中でも私が特に大きいと思っているのは、労働市場の流動化、グローバリズム、規制緩和も含めて、そういったものになかなか対応できていない。正規雇用中心の制度設計というものからなかなか抜け出ることができない。これは制度だけの問題ではなくて、労働組合の頭の構造もそうなっているし、企業経営者の頭の中の構造もそうなっている。現場を担っている自治体や厚生労働省も含めてパブリックセクターの人間の頭の中にもそういったものが残っている。なので、非正規労働者への支援が十分ではない。

そもそも正規労働者も非正規労働者も同じ労働者なんだから、対等に処遇し、制度上対等な扱いにしないといけないという基本原理のところがきちんとピン留めされていない。どこまで適用を拡大するかみたいな議論をしていますが、議論の仕方がおかしい。本来の原則は全部適用で、どうしても適用できない人、技術的な理由その他の理由で適用できない人はいるのか、いるとしたらその人たちにはどういう代替措置を講じるのか、というふうに考えるべきだと私は思うのですが、なかなかそうはならない。

なまじ完成度の高い皆保険制度皆年金制度を作ったから、ということかもしれませんが、人間は成功からは学びませんから、変えるべきは大胆に変えないと、制度は持続可能にはなりません。

同様に、いろいろな場面で顔を出す性別役割分業モデルなど、これまでの働き方モデルからなかなか抜け出ることができない。女性の社会進出という言い方ももはや out of fashion だと思うのですが、実際まだそういったことにすら十分対応できていない。

今や日本の社会保障は制度自体がいろんな格差を再生産しているとも言えます。単に再生産しているだけじゃなくてそれを固定化して再生産している。これは大きな問題だと思っています。

後半の講義の中で、国際比較や経済との関係や社会との比較というか制度が社会に与えている影響、社会が経済に与えている影響というものを議論するときに、もうちょっと深い議論をしてみたいと思います。以上です。

第 9 章

日本の社会保障を考える視点(1)

——知識補給 1、2

ここからは、数回に分けて、日本の社会保障について考えていきたいと思います。

個別制度については「社会保障論Ⅱ」で詳しくお話しする予定にしているので、この講義では日本の社会保障論を考える上での基礎的な知識についてお話をすることとします。

01 知識補給1：人口・高齢化・ライフサイクル

まず人口・高齢化、そしてライフサイクルについてお話をします。

図表 9-1　日本の人口の推移

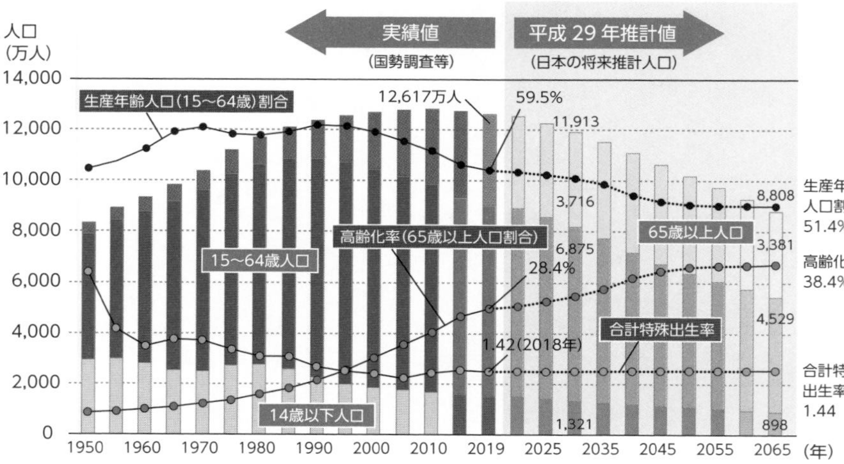

■ 日本の人口の推移

まず日本の人口の推移についてです。

みなさんご承知の通り日本の人口はすでに減少局面に入っています。このグラフでいうと2007年あたり、この辺が日本の人口のピークです。そこから日本の人口は減少のトレンドに入っていて、そのスピードは年々速くなっていきます。このグラフからもわかるように、右肩下がりの下がり方は先に行くほど急速です。

総人口の棒グラフを三つに分けてあります。年少人口、生産年齢人口、高齢者人口です。人口学で使っている年齢区分で、０歳から14歳まで、15歳から64歳まで、65歳以上という区分です。この真ん中を「生産年齢人口」と言いますが、15歳から64歳を生産年齢とするのはやや社会の実態とあっていませんよね。実際に働いている人の人口、就労人口とか労働力人口と言いますが、年齢で言えば20歳くらいから65歳くらいまでで、その年齢でも働いていない人、専業主婦の方などもいますから、生産年齢人口よりは少ない。そうなんですが、大きな人口のトレンド、人口構成の変化を見るときにはこれはこれで有効なので、このまま使っています。

今、足元で高齢化率がだいたい27～28％です。人口でいうと65歳以上で約3600万人。このままいきますと2060年あたりで高齢化率は38.4％、40％近くになります。この将来推計人口は足元の合計特殊出生率が1.42、このくらいの水準（1.44）で将来も推移するという前提で推計しています。いわゆる中位推計です。それでもこのグラフから見られるように総人口は減り、特に生産年齢人口が大きく減っていく、いうことがわかります。

図表９－２は図表９－１を横に倒して、人口ピラミッドの形にして示したものです。

1990年、今から30年ほど前、日本の人口は約１億2300万、今よりも少し少ないくらいですかね。これで見ると、20歳以下の年齢層に少子化の影響が出始めていて、人口ピラミッドはいわゆる釣鐘型から下の部分が小さい、

図表 9-2　日本の人口ピラミッドの変化

●団塊の世代がすべて75歳となる2025年には、75歳以上が全人口の18%となる。
●2040年には、人口は1億1,092万人に減少するが、一方で、65歳以上は全人口の約35%となる。

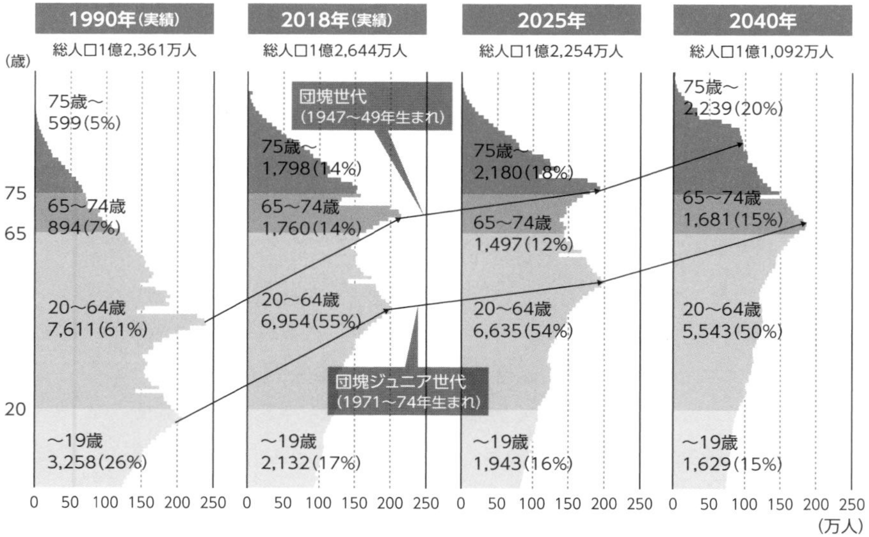

何型というんですかね、花瓶型というか水瓶というか、そんな形になり始めています。

人口減少の影響は年を追うごとに進み、出生数の減少が続いて下の部分がどんどん細っていき、人口の少ない年齢層、コーホートと言いますが、コーホートが上の年齢層に移行していきます。

1990 年の真ん中あたり、人口のピークで 230 万〜 240 万人いるところ、これがいわゆる団塊の世代、1947 〜 49 年に生まれた人たちです。その直前に大きな凹みがありますが、これは戦争中です。戦争中は子供が生まれないので、ここは大きく落ち込んでいるということになります。

この団塊の世代のピークが 2018 年にはすでに 65 歳を超え高齢期に入っていて、2025 年には後期高齢者になる。この下に団塊の世代の子供の世代がいます。団塊ジュニアと言われている世代で、この人たちは1971～74年あたり、昭和で言うと46～49年あたりに生まれた人たちで、ここにも一つ山のピークがあります。だいたい1990年に大学に入るくらいの年齢層の人です。この人たちは今50歳直前、日本社会の中核を支えている世代ということになります。

この人たちも2040年になると高齢期を迎えます。各年齢層で人数が違うので、波がありますね。団塊世代があって団塊ジュニアがあって、団塊ジュニアも人口が多い世代ですから、本来ですともう一つ団塊ジュニアのジュニア、孫の世代の人口ピークというものがあってもいいんですが、人口ピラミッド上は団塊ジュニアのジュニアにはピークというのはほとんど見られない。ここにピークはない、つまりそれだけ出生率が下がっているということになります。

2018年のところを見ていただくと年間に生まれる子供の数は100万人ちょっと切るくらいですが、それから先は出生数が減っていきます。出生数が減るのは、子供を産む親世代の人口が減っていますので、仮に出生率が同じだとしても生まれる子供の数は減っていくということになるからです。最終的には2040年にはこのグラフにもありますように年間出生数は60万人くらいにまで下がって、頭でっかちの人口構成になるということです。

■ 長期トレンドで見た日本の人口推移

英語で世代のことをgenerationと言います。一世代は30年です。人の一生は80年、90年、年金は100年単位で財政検証を行います。人口というのは大きなトレンドで見ることが必要です。今年来年で何かをするとすぐ何かが変わるということはありません。大きなトレンドの中で動くものです。

図表9－3は思い切り長期のトレンドで日本の人口の推移を見たものです。人口というのは経済力の基本です。それこそ昔は人頭税で税金とっているわけですし、班田収授なんてのは子供の数に応じて田畑配っているわけですよね。戸籍っていうのはそれこそ国家ができて最初に作るものなので、人口と

図表 9-3　長期的な人口の推移と将来推計

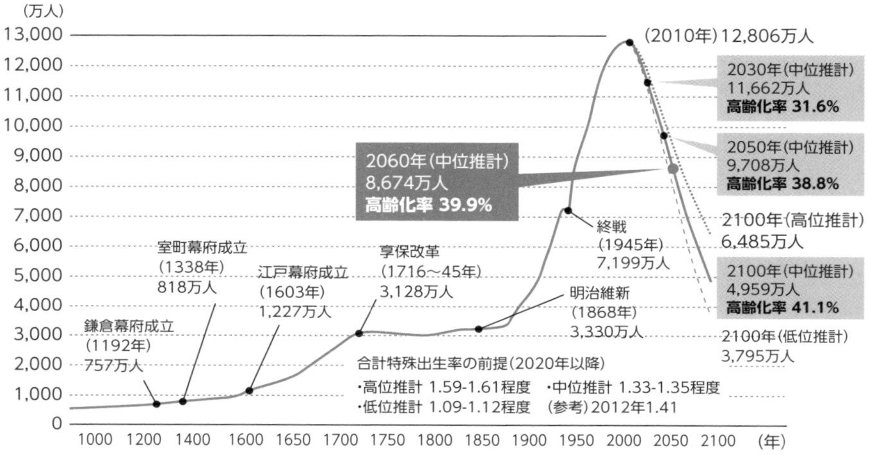

いうのは結構昔の数字でも把握することができます。日本だと一番古い戸籍は庚《こう》午《ご》年籍《ねんじゃく》だったでしょうか？　それこそ飛鳥時代から戸籍は作られているわけです。

さて、図表9－3を見ると平安、鎌倉、室町時代、この辺の時代までは人口は1000万に到達していません。江戸時代の初期、17世紀の頭で約1200万人。江戸時代は非常に平和で生産力が上がった時代で、江戸時代の前半、100年から130年くらいの間に人口は2.5倍くらいに増えたんですね。で、享保の改革の後あたりから幕末の混乱期にかけては飢饉が続いたり国内が動乱したりで人口の伸びが止まり、明治維新の時でだいたい3300万人くらいでした。

その後、明治になってから日本は急速に近代化し発展していくわけで、それに伴って人口は急増します。このカーブ、すごいですよね。で、太平洋戦争で日本は300万人以上の犠牲者を出して人口が減りますが、戦後になるとまた復興に合わせて人口が急増していきます。

人口が増えるというのは、生産力が増えるわけですから、平たく言うとそれだけの数の人間を養っていける生産力があるから増えるということです。そして、同時に人が増えた分だけ労働力も増える、消費の総量、市場も大きくなるということなので、人口が増えているときは世の中は好景気、基本的に経済は成長します。これを人口ボーナスと言います。

一本調子で増えてきた日本の人口ですが、2007 年あたりでピークアウトして減り始めます。先ほどの将来人口推計に基づけば、明治からずっと人口が増加してきたのとほぼ同じようなペースで今度は人口が減少していき、2100 年、今から 80 年後には低位推計だと明治の頃くらいまで人口が減ってしまう。中位推計でも 5000 万、高位推計でも 6500 万人くらいの人口になると推計されています。みなさんは 2000 年頃の生まれですから、ポストミレニアル世代、Z 世代というんですかね、仮に 100 歳まで生きるとすると、その頃の日本の人口は今の半分、場合によっては３分の１くらいの世界になるということです。それくらいこれからの人口の減少は激しいということになります。

このように、長期のトレンドで見た人口の変化というものは思っている以上にダイナミックなものです。図表９－４は高齢化の年次推移がどうなっているかを国際比較で示したものです。上図はいわゆる先進国、欧米と日本を比較したもの、下図はアジアの国の中で比較したものです。日本の高齢化率のトレンドを見ますと、1960 年、皆保険皆年金をこれからやろうかというときの高齢化率はわずか５％。このときすでにヨーロッパ先進諸国の中には 10％近くになっていた国もありましたから、日本はかなり若い国だったわけです。それが 70 年代、80 年代、90 年代、そして 2000 年代と急速な高齢化が一気に進みます。高齢化が急速に進んだ理由は、人々の平均寿命が延びたから、つまり長寿化です。一人一人が長生きする、つまり死ななければその分高齢者人口は（減らないという意味で）増えます。長寿化と高齢化というのはほぼイコールだと思って結構ですので、平均寿命の伸びと合わせて高齢化がどんどん進んでいきます。

図表 9-4　世界の高齢化率の推移

1. 欧米

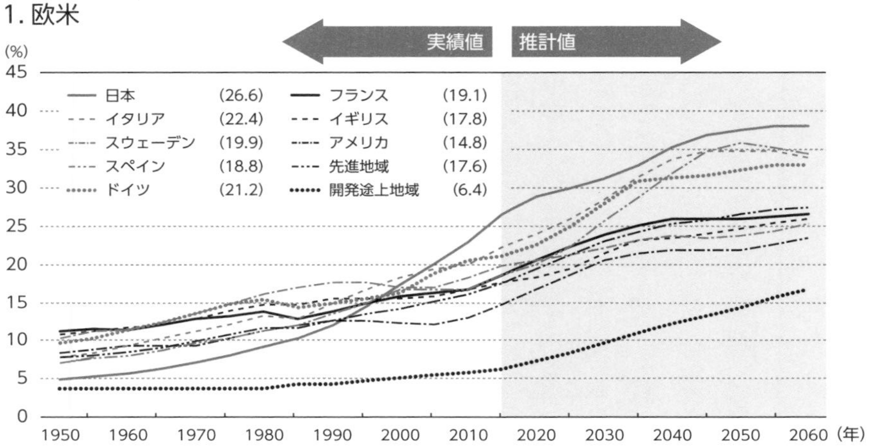

2. アジア

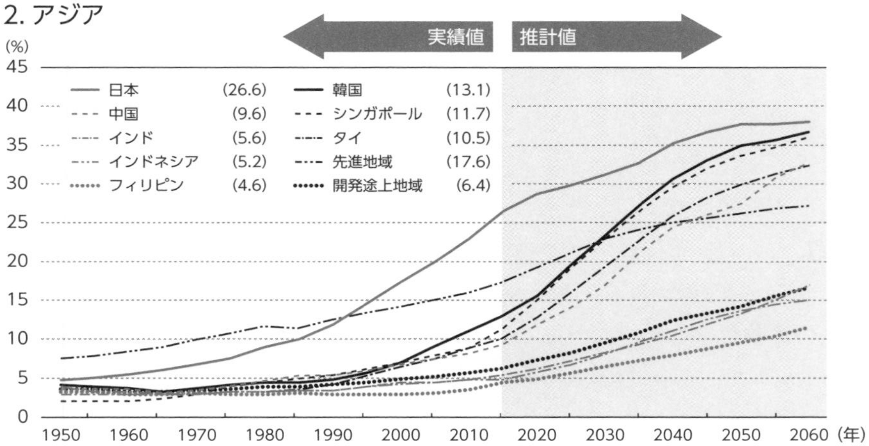

高齢化の問題を議論するときに見なければならないのはこの傾きなんですね。どのくらいのスピードで高齢化が進むかということがすごく大事です。このグラフでわかるように、日本はあっという間にヨーロッパ諸国を抜き去って2000年を超えると世界で一番高齢化した国になるわけです。さらにそこから少子化の影響もあってもっと高齢化率が上がっていって30%を超え、40%近くまでいって、ようやく2060年頃ピークを迎える、だいたいこういう推計になります。

ヨーロッパ諸国も平均寿命はそれなりに延びていきますし、出生率も下がっていますから、やっぱり高齢化が進んでいくわけですけども、ヨーロッパ諸国の中でも比較的出生率の低下が緩やかなところ、それなりに出生率が維持できている国はカーブが緩やかになって、この真ん中にある集団になるわけですね。それに対してスペインとかイタリアとか、出生率が相対的に低い国はある意味日本と同じように、ちょっと日本より遅れて急速に高齢化が進んでいくと、こういう形になるということです。

■ 急速な高齢化が進むアジア諸国

今度はアジアの国を見てみましょう。

アジアの国の中では日本は断トツで高齢化が進んだ国なんですけど、グラフを見ていただくと、例えば韓国ですね。それからシンガポール、こういった国は足元では高齢化率が10%くらいしかありませんから比較的若い国ですね。これは日本の1980年代くらいのレベルです。しかし、ここから日本以上の急速なレベルで高齢化をしていきます。中国も一人っ子政策をとっていますから急速に高齢化をしていきます。ある意味では日本の傾きよりももっと急な傾きで今後もっと急速に高齢化をしていくということになります。

アジア諸国の急速な高齢化の主要因は、これまた日本と同じで、長期にわたる出生率の低下です。韓国、台湾、シンガポール、香港、どこも出生率はギリギリ１を上回る程度、1.1程度です。この状態が続いているのですから、こうなるのはまあ必然です。

日本は言ってみれば断トツの高齢国ですから、前人未到の高齢社会を走っている国です。幸いにして、というか、日本はそれなりに豊かな社会を実現してから本格的な高齢化を迎えましたが、アジア諸国の場合、日本よりも高齢化のスピードが速い。中国の言葉に「『未富先老』――豊かになる前に高齢化社会になる」というのがあるそうで、政府や共産党の公式文書の中でも使われているそうです。

高齢社会に伴う様々な問題、社会保障や経済の問題に日本はどう対処していくのか、世界は日本を先例として注視しています。

図表 9-5　主要国の倍加年数（高齢化率７％から 14％へ要した期間）

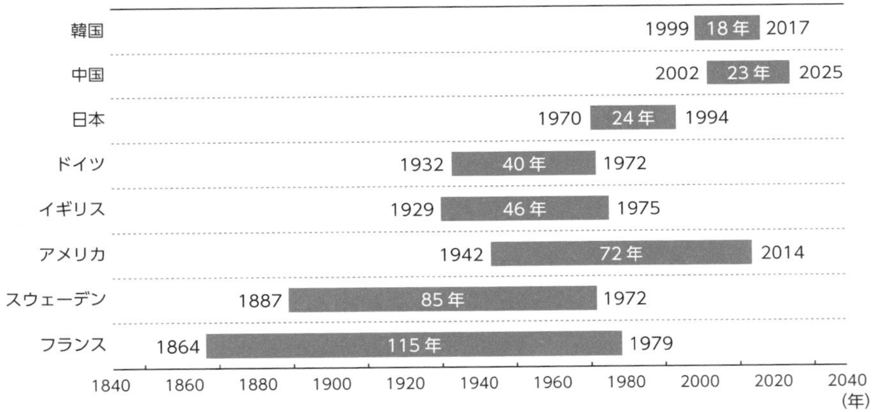

図表９－５は、今言ったことと関係しているグラフです。

国連は、高齢化率が７％を超えた社会を高齢化社会 Aging Society、14％を超えた社会を高齢社会 Aged Society と定義しています。それを前提に、高齢化率が７％から 14％になるのにその国は何年かかったかというのを示したのがこのグラフです。例えばフランスやスウェーデンは 14％になるのに 80 年とか 100 年以上かかっている。１世代は 30 年ですから、こういった国は７％から 14％になるのに２世代とか３世代かかっている。実にゆっくり高齢化していったわけです。アメリカでもそうです。ドイツとかイギリスも相対的に見れば早いですが、それでも40年とか46年、世代替わりと同じくらいのスピードで高齢化が進んでいったわけですね。

ところが日本はわずか24年でこれを達成します。世代交代よりも速い。つまり自分が自分の親を見て、70歳ってこんな感じになる、老後ってこんな生活するんだなと思って想像した老後のイメージと、実際に自分がその年になったときの生活は全然違う。その間に世の中は全然変わっている。つまり自分が年取ったときにどんな感じになるということがイメージできないくらいのスピードで社会の高齢化が進むわけです。中国や韓国はさらにもっと速いわけですね。

この高齢化のスピードの速さに人間の意識や世の中のシステム、社会保障制度がついていけるかどうか、対応していけるかどうかっていうのが高齢化問題の最大のポイントです。

■ 世界最高水準にある日本人の平均寿命

さて、先ほど高齢化が進むというのと平均寿命が延びるというのはほぼ同義ですと申し上げました。これは冷静に考えればわかるんですが、みんなが長生きするということは世の中の高齢者が増えるということとイコールですよね。死なないで生きているということですから。高齢化率の伸びと平均寿命の伸びは基本的には同じことです。

図表９－６は男性と女性とそれぞれの平均寿命の推移の国際比較です。総じて世界中どこも女性のほうが男性よりも５歳から８歳くらい平均寿命が長い。人類は女の人のほうが長生きをします。実際、老人ホームとかデイサービスセンターにいくと、だいたい７、８割は女性です。

見ていただくと、日本の女性は、かなり早い段階で平均寿命は世界一になりました。世界一長生きです。男性もトップクラスを走っていて、ほぼ世界最高水準です。つまり男女共に日本人の寿命は世界最高水準です。

で、社会保障の話をすると、みんな長生きするんでお金がかかって大変だ

図表 9-6　日本人の平均寿命

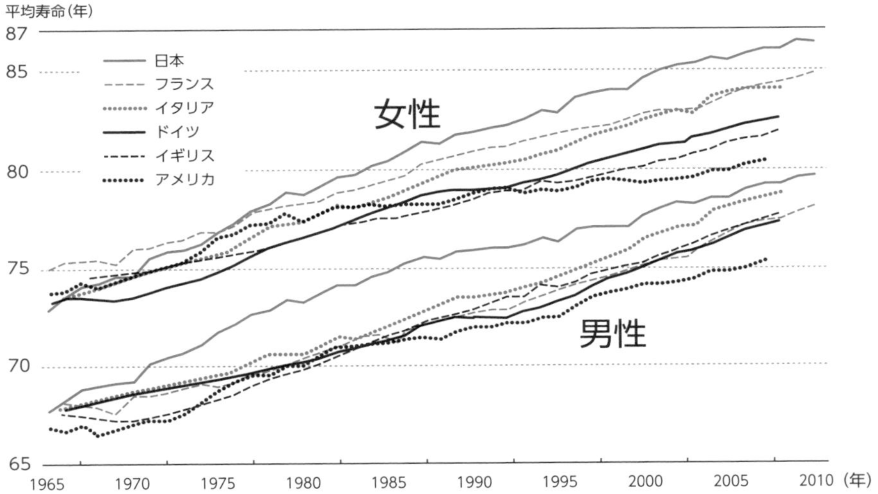

と言いますが、人類は太古からずっと病気と闘い、貧困と闘い、それに勝ってきたからこれだけ長い寿命を獲得したわけです。みんなが長生きできるようになったというのは、言ってみれば人類の輝かしい勝利と言えます。「長寿」というくらいですから喜ぶべきことなんです。なんか長生きすることが悪いことだみたいに考えることは基本的にいかんです。誰だって長生きしたい。長生きをどういうふうに暮らすかっていうのが人生観なんですから。

健康寿命という概念があります。健康寿命の定義ってちょっと難しいんですが、要するに病気にならないで健やかに過ごせる時期ということです。だいたい健康寿命と平均寿命の差は 10 年、これはほぼ変わりません。だから日本人は平均寿命が延びるに合わせて健康寿命も延びていっています。今の後期高齢者とその下の世代とで比較すると、肉体年齢、体力年齢は実年齢の 8 掛けくらいの感じです。今の 50 歳は昔の 40 歳、今の 80 歳は昔の 64 歳。65 歳以上を高齢者とする、っていう今の高齢者の定義は見直したほうがい

図表 9-7　健康寿命と平均寿命の推移

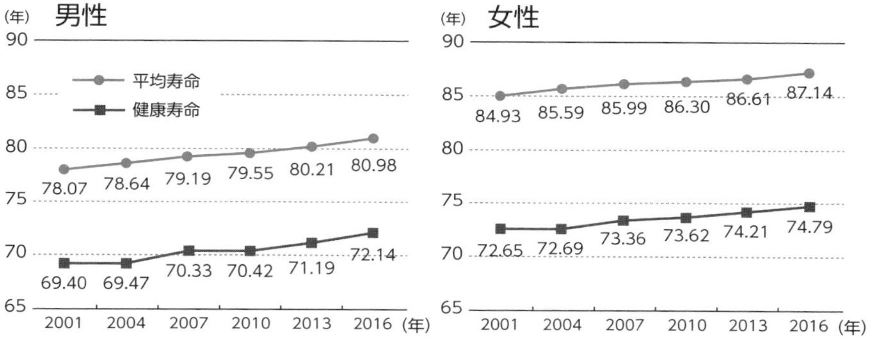

いですね。

実際、介護保険のデータを見ると、60歳代で要介護になる人は人口の５％以下です。その数字は75歳以上、後期高齢者になると上がりはじめ、90歳代になると全体の半分以上が要介護認定を受けているか入院している、という感じになります。

この話は「社会保障論Ⅱ」と「高齢者福祉論」の講義の中でお話ししますけども、前期高齢者と後期高齢者、75歳以上と75歳未満では、要介護発生率とか持病率にかなり大きな違いがあります。平均寿命が長いように、日本の男性も女性も健康寿命も非常に長い、個人差はもちろんありますけれども、70歳くらいまでの日本の高齢者は総じて元気だということがわかると思います。

それからもう１つ、生命表と言われている表を見ていただきたいと思います（図表９－８）。

生命表というのはどういうものかというと、例えばある年に生まれた同年齢の子供が10万人いたとします。この子供たちがある年齢に達したときに何人生き残っているか、という推計値を示したグラフです。ここでは戦後、1947年生まれから、55年、75年、2010年、2015年と示しているわけです

図表 9-8　生命表による日本人の生存数の推移

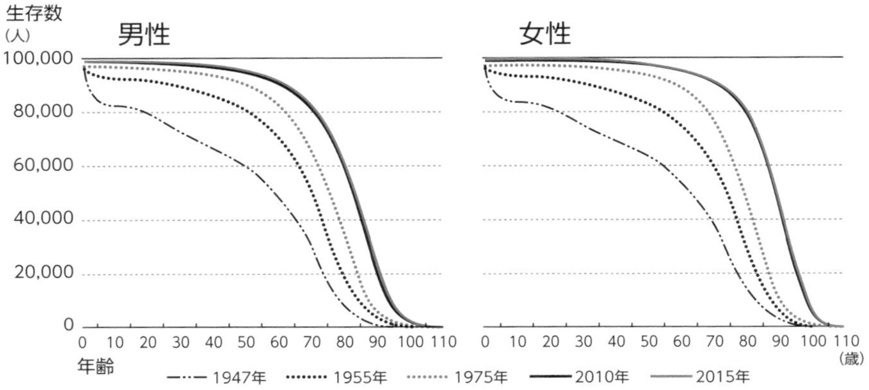

けども、例えば1947年、終戦直後生まれの人たちのグラフを見ていただくと、終戦直後は栄養水準も悪い、経済状況も悪い、医療も十分でないという時代ですから、例えば10万人子供が生まれても、小さいうちに少なくない人数の子供たちが亡なっていく。そうすると出生直後10万人生まれた子供のなかで、1歳、2歳になるまでの間に一定数の子供が亡なります。その後も子供は小さいうちはいろいろ病気をしますから、やはり一定数子供の数は減っていきます。そもそも七五三っていうのは3歳まで子供が生きた、5歳まで生きた、7歳まで生きた、7歳まで生きればもう大丈夫っていうお祝いですからね。その後も大きな病気があったり事故があったりして、同年代の人が少しずつ減っていって、それで最後は全員死ぬということになるわけですね。

平均寿命っていうのは0歳の時の平均余命ですから、死んでいった人全体の平均値ということになるわけですね。だんだん経済が豊かになり健康状態が良くなり栄養状態が良くなりますと、小さいうちに子供が死ぬことは少なくなります。予防接種もするし、医療も充実する。そうすると人はそんなに簡単に死ななくなりますから、このカーブは上に凸になるわけです。日本のようにどんどん衛生水準も医療水準も上がっていくと、人はなかなか死ななくなってこのカーブはどんどん上に凸になっていく。2015年のカーブを見ていただければわかりますけど、子供のうちとか若いうちは、人はほとんど死なないんですよ。もちろん小児ガンで死ぬ子供はいるし、交通事故で死ぬ子供もいますけども、その数は非常に少なくて、70、80歳過ぎくらいから多くの人が死を迎えることになります。

何が言いたいかというと、例えば男性の平均寿命が80歳です、と。平均寿命80歳の時に同窓会をやったら何人集まるか。半分じゃないんです。６割とか７割の人が生き残っているんですよ。女性もそうですね。平均寿命の85歳で何人生き残っているかというと75%は生き残っている。つまり平均寿命というのでなんとなくみんなそこが真ん中と思っているかもしれませんが、平均寿命75歳とか80歳ということは、75歳、80歳まで生き残る生存確率は５割ではないんです。７割とかですね、８割とまでは言いませんけどそれくらいの数字になるわけです。逆に言うと半分になる、同窓会やって半分になるっていうのは平均寿命よりももっと高いところですよね。女性で言えば90歳近く、男性でも85～86歳。つまり85～86歳までは半分が生き残るということですよ。

さらに言うと、若くて死ぬ人はそんなにいないですけど、例えば40歳の時に同級生が10人に１人、20人に１人がもう亡くなっているとすると、いわばその人の分が残った人に乗りますから、40歳の時の平均余命というのは０歳の時の平均余命よりも長いんですよ。生き残った人たちの平均余命ですから。つまり、実際の長寿化というのは単に平均余命が延びるだけではなくて、こういうふうにより多くの人が長生きをする、生き残るという形で実現されるわけです。これは、実はすごく大事なことで、平均寿命だけ見ていたのでは実際の高齢化のインパクトはイメージできないというのが、この生命表の持っている実際の意味です。

■ ライフサイクルの変化と社会保障

次はライフサイクルの変化です。

これは年金制度などを考える時に重要なポイントとなります。例えば図表9－9でいくと大正期、今から100年前、100年前は20歳の人の平均余命がだいたい40歳とか41歳とかそのくらいでした。当時の定年が55歳で結婚するのがだいたい男性25歳、女性20歳くらいでしたので、ライフイベントはどういうふうになるかと言ったら、だいたい男性は27～28歳で長男が生まれ、この当時は子供4、5人いて、40歳くらいで最後の子供が生まれて、55歳で定年になってその後6年くらいで夫が死んで、その数年後に奥さん

図表 9-9　ライフサイクルの変化

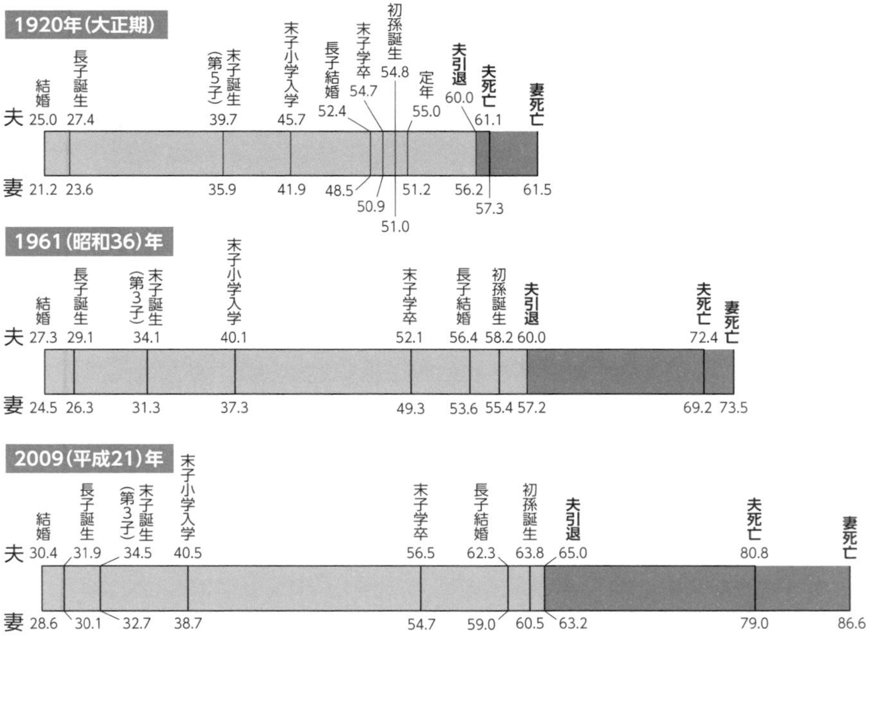

が死んで、とこんな感じなわけですね。そうすると、実際に働いている期間と引退後の比率ってこんな感じになるんですよ。

皆保険ができた1961年は平均寿命が74～75歳になっていて、結婚の年齢もちょっと遅れていますけども、この時代の定年って60歳くらいですから現役の長さが約40年、引退後の期間が13年くらい、比率はそんな感じになるんですね。

では、今はどうか。寿命のほうは85歳とか90歳まで延びていますが、現役期間はそんなに延びてないので、平均寿命が延びた分ほぼ老後期間が延びる、引退後の期間だけがものすごく長くなっているわけです。

そうすると、本当を言えば全体が長くなっている分、働いている期間もそれなりに延びてないと比率が維持できないというか、帳尻が合わないわけですよね。これはマクロで見てもミクロで見ても同じことで、一人一人のライフステージの棒を束にして作るのが年金制度ですから、平均寿命が延びたのなら延びたなりに現役の期間を長くするというふうに世の中を変えないと、システムとして維持できないということになる。さらに言えばこの話は年金だけの話ではなくて、社会全体のシステムの持続可能性に関わる、というのが、このライフサイクル表が示している意味ということになります。

■ 労働力人口と高齢者人口の推移

人口の話をすると、お話しすることがたくさんあって長くなってしまいますね（笑）。

よく、高齢社会になって、現役何人で高齢者一人を支えるのか、現役が減って肩車社会になる、とか言いますね。この、「何人で何人を支えるのか」という議論をするときの「現役」なんですが、冒頭でお話しした人口学で使う生産年齢人口、あれは15歳から64歳ですから、あれをそのまま使って議論すると見誤ります。みんな15歳から働いているわけではないのですから。

図表９－10は、実際に働いている人、労働力人口と高齢者人口のバランスがこれからどうなるか、ということを示したものです。先ほど話したよう

図表 9-10　労働力人口と高齢者人口の長期トレンド

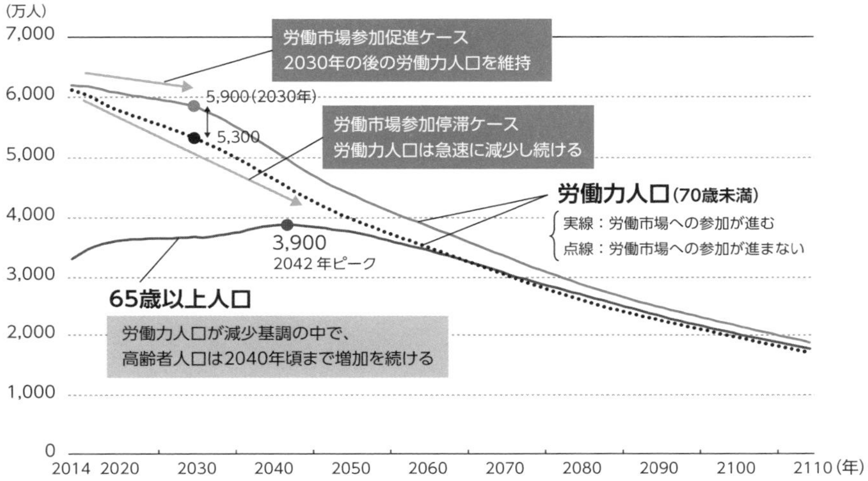

に、日本の少子化っていうのはもう何十年も前から始まっていますから、労働力人口はすでに減少トレンドです。足元で 6000 万人くらい。他方、高齢者は今 3200 万人ちょっとです。これからも現役の人数は減っているので労働者人口も減っていくわけですけども、高齢者はこれから 2040 年くらいまでの間はまだまだ増え続けます。そして、だいたい 2042 年あたりで高齢者にも少子化の波が到来し、3900 万人くらいでピークアウトしていきます。

このグラフから何が言えるか。これから 20 年、2040 年くらいまでは支え手の労働力は減り、でも高齢者はまだ増えていく、ということです。それを過ぎると労働力人口も高齢人口も両方とも減っていく、労働力人口と 65 歳以上との人口のバランスという意味でいえば、縮小均衡ですが両方とも同じように減っていきます。ということは、足元から 2040 年過ぎあたりまでの現役が減って高齢者が増えていく期間をどうやって乗り切るかっていうのが日本社会の問題であり、経済の問題であり、年金の問題であり、社会保障制度の問題、ということになります。

介護制度改革、後期高齢者医療制度改革、年金制度のマクロ経済スライド、受給開始年齢の弾力化、今取り組んでいることは、みんなここを乗り切るための取り組みです。この「胸突き八丁」をどう乗り切るか。それが現在行っている社会保障改革のポイントです。

もう一つ、労働力人口というのは現実に働いている人の数ということですから、できるだけ支え手を増やすためには、現役でも高齢者でも働く意志と能力のある人はできるだけ労働市場に参加してもらう、非正規労働といった中途半端な使い方をするんじゃなくて、意志と能力のある人はそれにふさわしいちゃんとした働き方をしてもらう。このことによって支える側の数を増やしていく、労働者の数、支え手の数を増やすってことをしないといけません。

どのくらいまで増やせるか。図表9－10の点線は今のままのトレンドで行った場合、実線は労働参加が増えた場合。頑張れば500万人くらいは増やすことができる。そうすれば、もちろん全体として下がってはいきますが、スキーのジャンプではないですけど、高く飛び出すことになります。そうすれば将来にわたって高い位置で推移していくようになる。この差はかなり大きいですよね。なので、できるだけ多くの人に労働参加してもらう。

では、誰に働いてもらうんだという話ですが、それは意志と能力のある女性と高齢者、あとは非正規などで無駄に使わないで能力のある若い人たちにもフルタイムで働いてもらう、そしてきちんと給料も払う、ということにする。

やらなくてはいけないことははっきりしていて、あとはやる気があるか、できるかどうか。そういうことだと私は思います。

次は、高齢化・長寿化と出生率の低下というものが人口にどう影響してくるかです。

みんなが長生きするということはそれだけ死なないで生き残るということですから、人口は増えます。高齢者が亡ならない、生き残ることによって人口は増えるわけです。そうすると出生率が下がって子供が減り始めてもしば

図表 9-11　長寿化と出生率の低下による総人口への影響

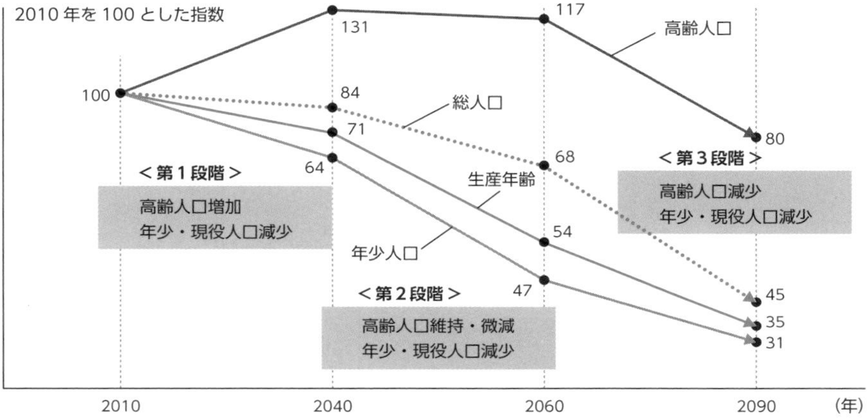

らくは高齢者が生き残って増えるほうが多いので、トータルな人口は増えていきます。

第1段階は、高齢者の人口が増え、年少人口が減り、現役世代は65歳になって現役から抜けていく人数は多く、他方、子供の数は年々減少しているので新しく成人してくる人数は減っていく。結果、現役も徐々に減っていく。現役も減り、子供も減るが高齢者が増えるのでトータルの人口が増える、これが第1段階。

しばらくすると、出生率が下がって各年齢階層の人口が減っていくという波が高齢者のところまでやってきて、高齢者の伸びが減り始める。高齢者人口がフラットになり、場合によっては微減になっていく。年少人口・現役人口は一貫して減り続けていますから、ここまでくるとついに総人口も減り始める。高齢者は減らないけれど、子供の数が減った分だけ総人口が減る。これが第2段階ですね。

そして、もっと行くとついに高齢者も減り始める。子供も大人も年寄りもみんな減ると。ここまでくると総人口は急速に減っていく。

長寿化と出生率低下で総人口がどうなるか、というと、こういう時系列で人口減少につながっていくわけです。

さらに言うと、これってすべての地域で同じようには進まないわけです。例えば東京とか都市部は今でも人口が増えています。それは実は子供が増えているからではなくて若い人が流入してくるからですね。地方の中山間地は自然減に加えて人口流出で若年人口が減っていますから、図表９－12で言えばすでに第２段階・第３段階になっています。もっと地方に行けば高齢者も本格的に減り始めていますから、そういう地域に行くと特養は入る人がいなくて空いています、なんてことも起こっています。

図表 9-12　地域によって異なる将来人口動向（2010 年を 100 とした指数）

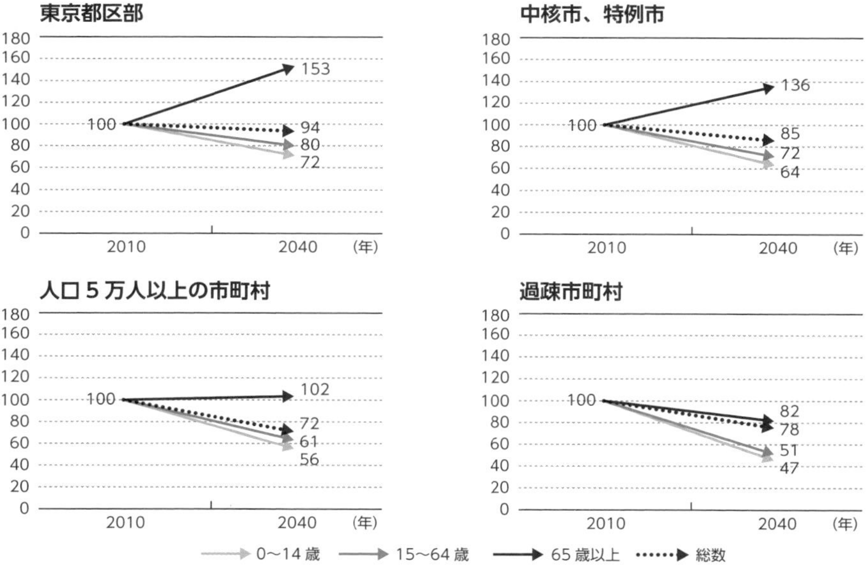

●地域によって将来人口動向の『減少段階』は大きく異なっている。
●東京都区部や中核市などの都市部は『第１段階』にあるのに対し、人口５万人以下の地方都市は『第２段階』、うち過疎地域は『第３段階』に突入している。

なので、都市部と中核市、小さい市町村、過疎地っていうのは全然状況が違っています。地方再生、高齢者福祉対策、地域政策や福祉政策を考える時には、地域によって直面している課題が全然違うということを前提にしなければいけません。例えば特養待機者がいっぱいいる、高齢化で要介護高齢者がいっぱい増えて大変だ、という問題は、過疎地や人口５万の市町村ではほとんど起こりません。そもそも高齢者の絶対数が減っていますから、これ以上施設を造ってどうこうするというステージではない。もう村自体が消滅するかどうかというステージに入っている。だけど東京は相変わらず人口が増えていて、流入してきた若年層が30年後、50年後には高齢者になりますから、東京は病院が足りない、介護施設が足りない、高齢者を支えるマンパワーが足りないという時代がこれからやってきます。今から準備しておかないと大変なことになりますよ、東京は。

図表９－13で明らかなように、2015年から2040年まで、まだ高齢者人

図表 9-13　都市の高齢化（2015年→ 2040年）

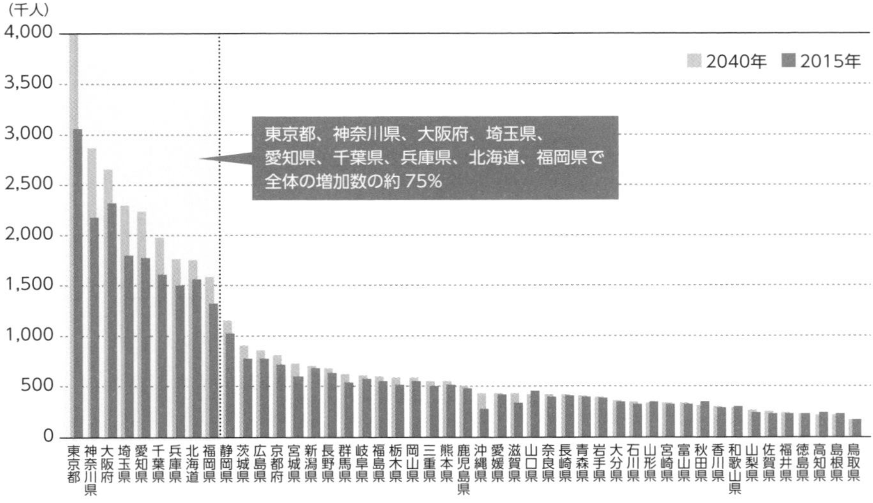

口は増えます。高齢者はどこで増えるか。都市部で増えます。

このグラフにあるように、東京、神奈川、千葉、埼玉、愛知、大阪、兵庫、北海道、福岡、この都市圏にこれから増える高齢者の75％が集中します。真ん中から右の都道府県は薄い棒グラフよりも濃い棒グラフのほうが長い。つまり高齢者は減るんです。まだ若い沖縄県を除けば、高齢者が増えるのは都市部だけ。したがってこれからの高齢者問題は都市部の問題だ、ということです。

02 知識補給２：少子化・婚姻・家族・世帯

知識補給の二つ目は少子化、婚姻、家族、世帯など、家族形成に関わる話です。

■ 出生率の推移の国際比較

まず、合計特殊出生率の推移の国際比較です。

合計特殊出生率 total fertility rate とは、簡単に言うと一人の女性が一生に何人子供を産むか、という数字です。人口置換水準という概念があって、この数字を超えると長期的に人口が増大、下回れば減少、という数値で、私が役人になった頃は2.09と言われていましたが、最近は乳幼児死亡率が下がってきているので2.06か2.07が人口置換水準だそうです。この数字をクリアすれば長期的に人口は維持できる。しかし、図表９－14を見ると、日本を含めて先進国で２を超えている国というのはありません。一時的にフランスやスウェーデンが２を超えていましたけれども、長期にわたって安定的に２を超えている国はない。しかも長期的には出生率は減少のトレンドにある。つまり、先進国は押しなべて、社会的な人口増減を別にすれば人口は長

図表 9-14　諸外国の合計特殊出生率の推移

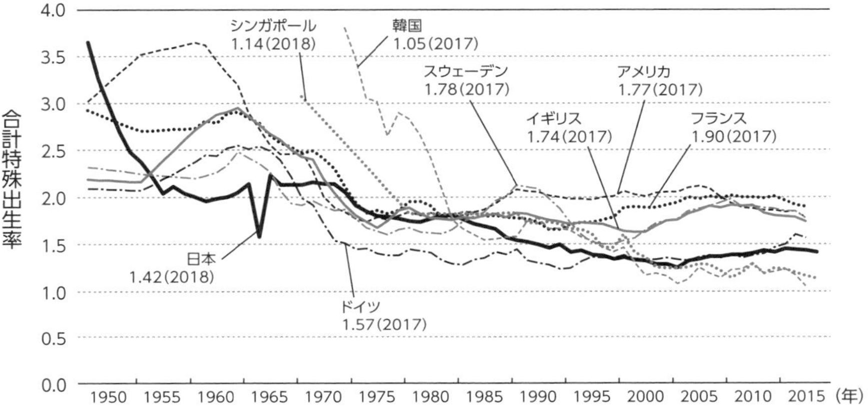

期的に見れば減少していく、そういうトレンドということになります。

それはそうなのですが、例えばフランスは 1.9、スウェーデンは 1.78、イギリスは 1.74、アメリカはまだまだ若い国で 1.77 と、2 を下回っている先進国の中でも高いわけですけども、日本、ドイツ、このグラフには出てきませんがイタリアなどは 1.4 とか 1.5 で出生率が低いんですね。アジア諸国はと言うと、前のパートでお話ししたようにさらに出生率が低い。韓国 1.05、シンガポール 1.14、これだけ出生率が低いと急速に人口減少が起こり高齢化率も上がっていきます。子供の数が減るわけですからね。

日本の出生率は、このグラフからわかるように終戦直後は高かったわけですけど、それからずっと低下していき、1966 年の丙午（ひのえうま）で 1.58 に下がり、その後持ち直しましたが 70 年代半ばに 2 を割り込みます。以来、ちょっと上がったり下がったりはしていますが基本的には低下のトレンドがずっと続き、2 を超えることなく今日に至っています。一番低い時は 1.3 を割り込んだこともありました。これだけ長い間 2 を切った状態が続いてきたので、2007 年をピークについに総人口が減少に転じました。1970 年代に生まれた子供たちは今 40 歳、50 歳になるわけですから、少子化の波は現役世代の中堅にまで及び、遠からず高齢者世代にも及んでいくということになります。

出生率の低下をどう考えるかということなんですけども、子供を産む・産まないというのは誰かに強制されたり目標にしたりできるものではありません。様々な社会的要素の中で決まっていくもの、ということになります。

■ 結婚しない若者たち

図表９－15は生涯未婚率というデータです。

生涯未婚率とは、50歳時点で一度も結婚したことのない人の割合を示すものです。真ん中に境界線があって、これより左は実績値、右は推計値です。生涯未婚率、日本は高いんですね。足元で50歳の男性のうち５人に１人は人生で一度も結婚したことがない。女性でも13～14％、７人に１人くらいは結婚したことがない。この数字は過去に結婚歴があって離別死別で今は独身、という人は含みませんから、純粋の未婚者の数です。そういう人がこれだけいて、これからもどんどん増えていく。2035年には男性で３割、女性

図表 9-15　生涯未婚率の推移

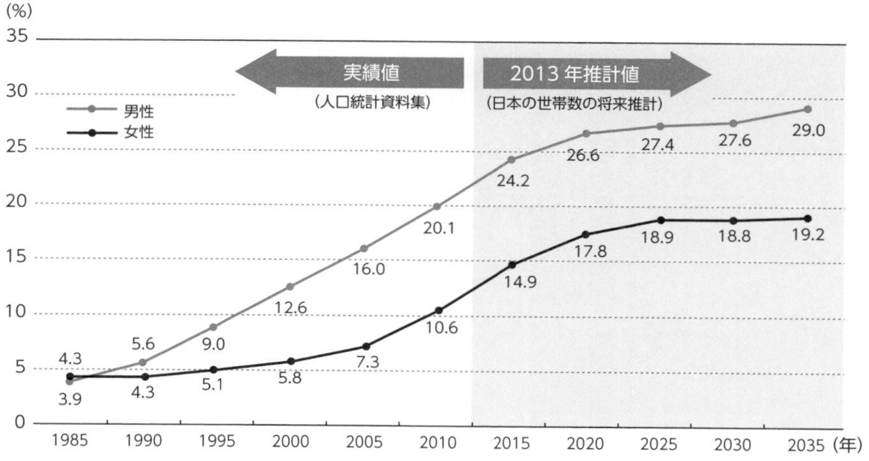

も2割が生涯未婚になるだろうという推計です。

結婚しないのか、できないのか、それはわかりませんけれども、1980年代は男女とも生涯未婚率は4％くらいしかいなかったことを考えると、この間の社会経済状況の大きな変化、結婚に対する社会的な規範意識――結婚して一人前、みたいな価値観――の減少、経済条件――結婚しなくても（特に女性が）生きていけるようになった、昔のことわざに「二人口は食えるけど一人口は食えない」というのがありました。ひとりでは生きていけないが結婚すればなんとかなる、という意味です――の変化、いろいろあるのだろうと思いますが、結婚しないという選択肢を選ぶことができる、同時にいろいろな理由があって結婚したくてもできない、という社会になってきているということですね。

この話がなんで重要かというと、諸外国と違って、日本のように法律上の婚姻関係以外での出生、事実婚の少ない社会では、生涯未婚率が上がるとそれがそのまま子供の数の減少につながるからです。これは良い・悪いの問題

図表 9-16　共働き等世帯数の推移

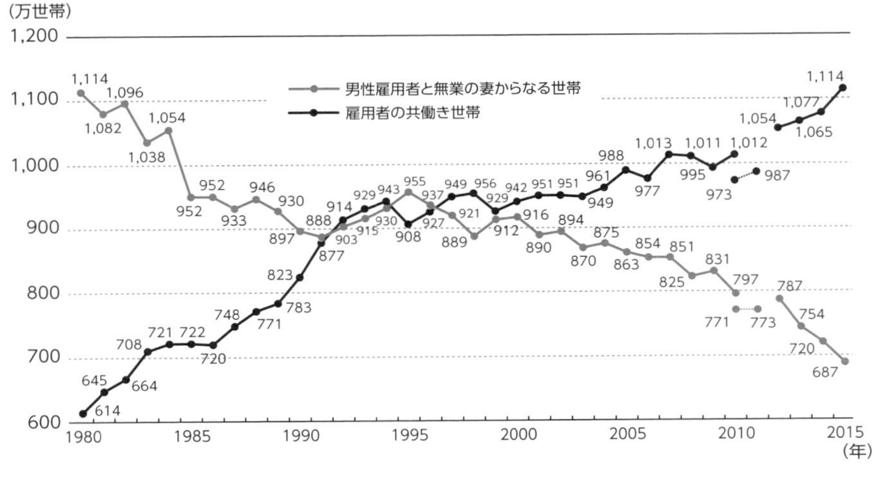

ではなくて事実の問題です。

■ 働く女性の増加

同時に、女性も自分の生き方を自分で選ぶ、自己実現をする、女性も社会に出て働く、世の中でいろいろな役割を果たす、そういうことが当たり前の時代になりました。ということで、共働きの世帯の数はどんどん増えています。いわゆる専業主婦世帯、男性雇用者と無業の妻からなる世帯は右肩下がりでどんどん減り、雇用者の共働き世帯は右肩上がりに増えています。1990年代の真ん中あたりで両者の数字は逆転し、今や共働き世帯が1100万、共働き世帯は700万弱ということで全世帯の６割以上が共働き世帯です。

共働きのほうがメジャー、男性も女性も働くのが普通、という視点で子育て支援を考える、ということになると、例えば幼稚園と保育園どちらのほうがたくさん必要か。それは保育園のほうがたくさん必要なわけですね。今時の幼稚園は午前中だけで後は帰っておうちで引き取ってくださいというとお客さんが来ないので、午後も預かりますよ（これを「預かり保育」といいます）、となっているところが多い。つまり世帯とか女性の働き方とかが変わることに呼応して、社会の制度とかサービスも変わっていかないとダメなんですね。考えてみれば世の中のビジネスってみんなそうでしょう。政策も同じです。ここの感度が悪いと政策が後追いになって、世の中の変化の足を引っ張ることになります。

さて、共働きが増えている、女性も働くようになった、ということなのですが、現実の女性たちの働き方、結婚・出産というライフイベントを経て、どんな働き方を選択している、あるいは選択させられているのでしょうか。

働いている女性たちが結婚して妊娠をして出産する。そうすると産休を取って出産し、産休明けに職場復帰、子育てしながら働く、とこうなるわけですけども、ではどれくらいの女性が産休明けに職場復帰できているかという統計です。

図表９－17は、第１子出産前後での就業状況はどうか、という数字です。

まず無職の人、妊娠時点で働いていない人。これはかなり減っています。はじめから専業主婦、妊娠を機に仕事を辞めた人がここにカウントされますが、その数はずっと減っている。つまり基本的には妊娠しても働き続けている人が増えている、ということです。

次は出産を機に退職しましたという人です。そして、その次が出産後も就業継続をした人。育児休業を使い育休をとった後で職場復帰しましたという人、育児休暇なしですぐに復帰した人となります。保活がうまくいって０歳児保育使ってるか、おじいちゃんおばあちゃんが面倒見てくれているか、そういう人でしょう。

働く女性の半分が出産を機に仕事を辞めています。一昔前は結婚で退職する人が多くて、寿退社、なんて言葉がありました。今は結婚しても仕事を継続できるようにはなりましたが、出産段階で辞めてしまう人がまだこれだけいます。結婚退職をした人のうちのかなりの人は子育てが一段落してから再就職しますが、就労中断があるので雇用条件は決して良くありません。この話はまた別の機会にお話しします。

次に、そうは言いながらも、出産後も就労継続している人の割合は着実に増えていて、特に育児休業を取得して仕事を続けている人の割合が大きく伸びています。2010年代以降、育児休業制度の改善を進め、給付率も引き上げましたし、取得期間も長くしました。結果、育児休暇を使って働き続ける人が大きく伸びています。

育児休暇があれば子育てしながらでも仕事を辞めずに働き続けることができます。保育所と同じように育児休暇もやっぱりすごく大事なんですよ。

図表９－18は、出産を機に女性の働き方がどう変化したのかを、常勤・非常勤別に細かく見たものです。

これを見ると、図表９－17と同じ傾向で、結婚前から無業だった人は減っています。出産前の就業割合は73.5%から78.8%と５%くらい伸びていて、そのうち出産後も就労継続した人の割合は32.2%から45.7%へと大きく伸びています。伸びているんですが、その内訳を見てみると、就業継続でき

図表 9-17　子供の出生年別、第1子出産前後の妻の就業経歴

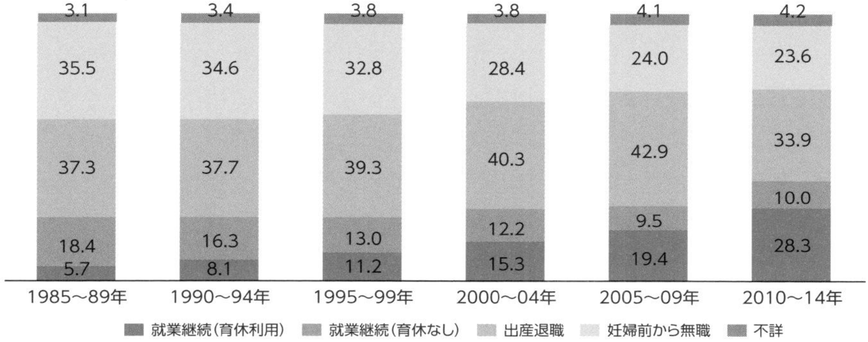

図表 9-18　第1子出産前後の女性の就業状況の変化

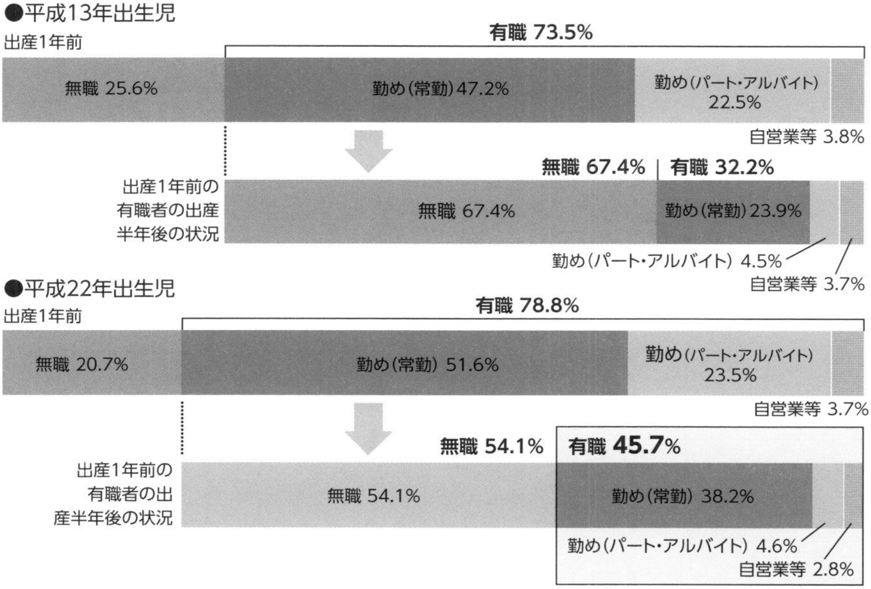

ている人というのは主に元々常勤だった人たちです。常勤だった人たちでも辞めている人が結構いますが、パート・アルバイトで働いていた人たちは、平成13年でも22年でもほとんど就労継続できていません。先ほど育児休業が充実して働き続ける女性が増えた、と言いましたが、社会の実態を見ればそれは正規労働者の話で、非正規の人で育児休暇が取れる人はほんのわずかです。制度上も条件がありますし、現実的にも取るのは難しいので、非正規の人はほとんど出産を機に仕事を辞めてしまいます。

残念ながら、これが日本の女性の両立支援の現状ということになります。

図表 9-19　世帯構成の推移と見通し

●単身世帯、高齢者単身世帯、ひとり親世帯ともに、今後とも増加が予想されている。
単身世帯は、2040年で約4割に達する見込み。(全世帯数約5,333万世帯[2015年])

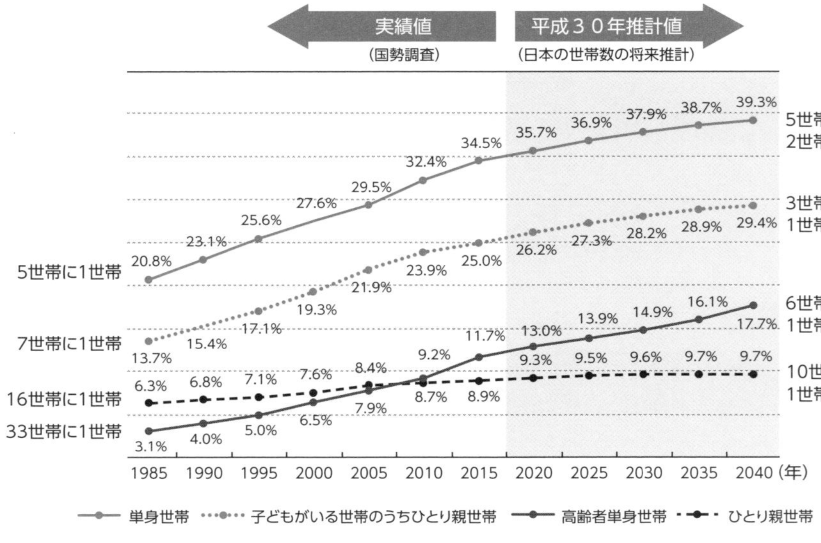

■ 多様化する世帯構成

共働きが増え、高齢者が増大し、生涯未婚率が上がると何が起こるかというと、世帯の形がどんどん多様化していきます。まず単身世帯が増える。未婚の単身世帯、配偶者がいなくなった後の高齢単身世帯。三世代世帯は減って高齢夫婦世帯が増え、離婚、シングルマザーも増えますからひとり親世帯も増えます。

多様化していく中で、全体として世帯の構成人数が小さくなっていく。単身世帯は、昔は５世帯に１世帯だったのが今や５世帯中２世帯。確か東京都の平均世帯人数は２を切っていて、最小は新宿区の 1.61 です。今や夫婦でさえ世帯の標準的構成単位ではない。

世帯の構成人員が少なくなるというのは、社会保障の立場からすると様々なリスクに対して弱い世帯が増えるということを意味します。世帯の人数がある程度いれば世帯の中で助け合ったりしてなんとか支え合うことができるのですが、１人とか高齢夫婦世帯になるとかなり早い段階で社会的なサービスを入れないと生活が維持できないということになります。シングルマザー世帯もそうです。シングルマザーは働きながらひとりで家庭を支え、子育て

図表 9-20　世帯構造別に見た 65 歳以上の者のいる世帯数の構成割合の推移

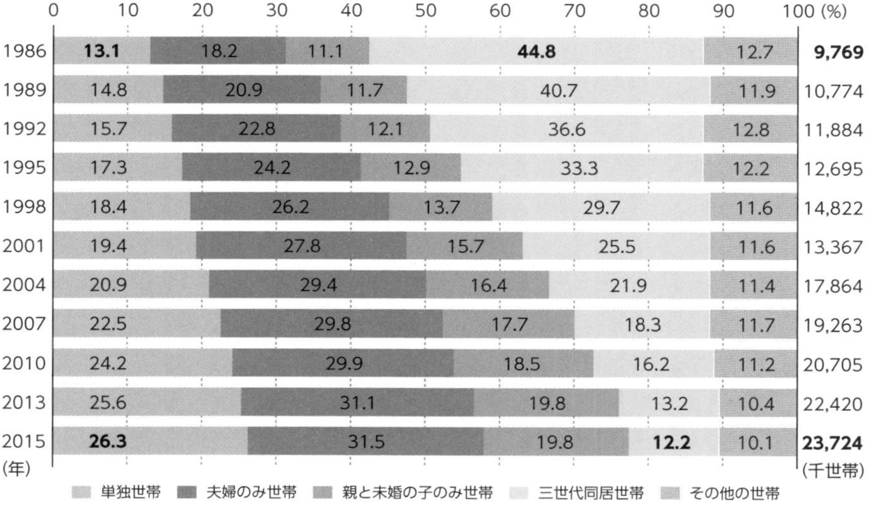

をしているわけですから、ちょっとしたことで生活が立ち行かなくなります。世帯構成人数の減少は、社会保障の立場からすると、表の数字以上に様々なニーズが増える、負荷が大きくなる、ということなのです。

65 歳以上の高齢者の側から世帯を見たのが図表 9 － 20 です。

高齢者はどういう世帯にいるか。三世代同居がどれくらいあるかという議論をするときによく使うグラフです。

まず高齢者の数が増えていますから、世帯総数も増えています。約 2370 万世帯。30 年前は 1000 万弱世帯くらいでしたから 2 倍以上になっています。高齢者単独世帯と高齢夫婦のみ世帯が急増し、三世代同居の構成割合は 4 分の 1 近くにまで減少しています。高齢者夫婦世帯っていうのは高齢者が 2 人いる世帯っていうことになりますから、頭数的に考えれば高齢者単身世帯と高齢夫婦世帯に住んでいる高齢者の数を足すと、高齢者全体の半分くらいになります。つまり高齢者の半数は、高齢者だけで暮らしている、ということです。

第 10 章

日本の社会保障を考える視点（2）

——知識補給 3、4

01 知識補給３：所得再分配

今回は日本の社会保障を考える視点の第２回、まず知識補給の３ということで所得再分配について考えたいと思います。

■ 所得分配の公平性を測るジニ係数

ジニ係数というものがあります。ご存知の方もいらっしゃると思いますし、聞いたことくらいはあるという方もいらっしゃると思いますが、ジニ係数というのは所得分配の公平性、どれくらい所得が公平に分配されているかというのを測る係数です。

どうやって測るかというと、ローレンツ曲線という曲線と均等分布線の間の面積を測ることで測定します。例えばある集団、日本国民なら日本国民の所得を一番低い人から一番高い人まで順番に並べます。そして、順番に並べてその所得を積み上げていきます。もし全員が等しい所得を持っているとすると、その累積の線は均等分布線、直線になるわけですよね。これわかりますね、普通の算数ですから。

他方、所得は低い人から高い人までばらつきがあるというように考えると、低いほうから順に積み上げていくと、当然下のほうの人の所得は少ないので、積み上げた線は均等分布線よりも下を行くことになるわけですよね。こうして下をずっと行って真ん中を過ぎていくと所得が高い人になってきますからだんだん上に上がっていって、最後は全員の所得を積み上げた金額になりますので、同じポイントに到達するわけです。そうすると、その集団の所得分布の線は弓形になるわけですね。この弓形の線、ここには２本引いてありますけども、それと均等分布線との間の面積とこの全体の三角形の面積との比を出したものがジニ係数というものになります。

図表 10-1　ローレンツ曲線

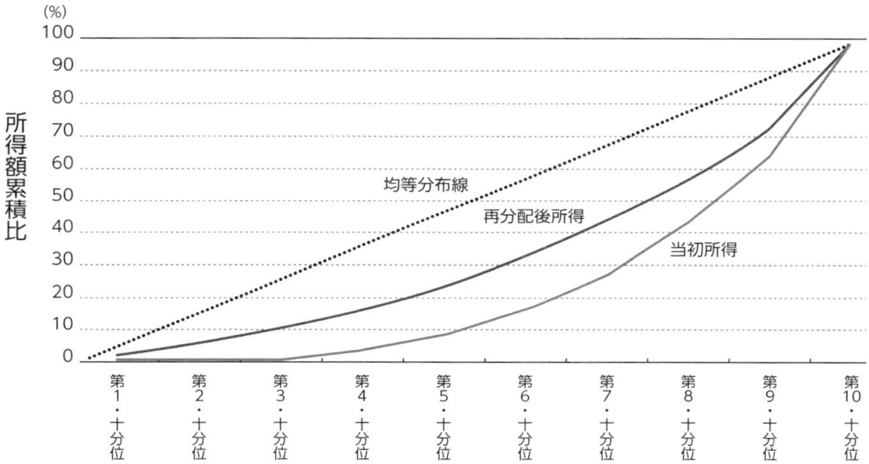

２本線が引いてありますが、１本は税社会保障による所得再分配を行う前の、その社会というかその国の自然体の所得分布で作った線、当初所得のローレンツ曲線です。所得再分配をすれば高いところから下に所得が移転することになるので下のほうが高くなっていく。その結果、全体的に上にシフトします。それがもう１本の所得再分配後のローレンツ曲線ということになります。

なので、もし全く所得に格差がなければ、このローレンツ曲線は均等分布線の上に重なることになりますね。つまりジニ係数が０ってことです。

他方、国民が１万人いて、9999 人は所得０、ただ１人の大金持ちが全所得を持っているということになると、均等分布線はずーっと地を這って進み、最後にピュッと上がりますから、この均等分布線によって作られる三角形とローレンツ曲線――この場合は曲線になりませんけども――の面積はイコールになりますから１なわけですね。そうするとジニ係数は０から１の間ということになって、０に近ければ近いほど所得分布は公平、所得格差、ばらつきがない、こういうことになるわけですね。ジニ係数というのはそういう数字です。

ジニ係数を見るときのポイント

当初所得・再分配後所得両方のジニ係数を見て比較する

当初所得のジニ係数
＝税・社会保障による調整前の所得分布の公平さを示す

再分配後所得のジニ係数
＝税・社会保障による調整でどこまで所得分布が公平になったかを示す

両者の差
＝税・社会保障による再分配の大きさを示す

■ ジニ係数を見る上でのポイント

ジニ係数を見る時のポイントがいくつかあります。ジニ係数というのは、今申し上げたように当初所得で測ったジニ係数と再分配後の所得で測ったジニ係数があります。この二つのジニ係数が意味するものは違うわけですね。

まず当初所得で見たジニ係数というのは、社会保障政策や税制によって調整をする前の、自然体の所得分布、市場で分配された所得の公平さを表しています。なので、例えば一部の途上国のように一部お金持ちだけに所得が集まっていると、当初所得で測ったジニ係数は大きくなります。当初所得のジニ係数が大きい国は、国そのものが格差の大きい社会だということを意味するわけです。

次に再分配後のジニ係数というのは税社会保障により調整を行った後の結果ですから、まあどの国でも税社会保障による調整は何らかの形で行われていますから、多少なりともジニ係数は小さくなります。そして、実際その国に住んでいる人たちの実感ベースの所得分布っていうのが、この再分配後のジニ係数ということになるわけです。

ここでのポイントは、この両者を比較してみる、ということ。これが大事なんです。

例えば、元々、所得分配が公平な国、当初所得のジニ係数が小さい国だったら、別に大きな再分配なんてしなくてもいいわけですよね。そもそも再分配で調整する余地も少ないだろうし。そうなるとこういう国はそんなに大きな社会保障はなくてもいい、社会保障の負担も給付もそんなに大きくなくていい、小さな政府ということになる。所得再分配前後の改善度は小さいわけだけど、それでも仕上がりのジニ係数は小さい、つまり公平な所得分配が実現できている国ということになる。

他方ですごく所得分布が不公平な国、当初所得のジニ係数が大きい国でも、強力な再分配をすることでジニ係数を下げているという国がある。こういう国は大きな再分配をしているから、社会保障の規模は大きくて、負担も給付も大きい。大きな政府、大きな社会保障。先の国との比較で言えば、最終的に同じくらいのジニ係数になるために、より大きな社会保障が必要、より大きな政府が必要ということになります。何が言いたいかというと、単に社会保障の規模が大きい小さい、給付が厚い薄いということだけでは、その国の社会保障の機能を評価することはできない、ということです。元々その国の所得分布が公平であれば、社会保障が小さくても立派な福祉国家になるわけです。

そのことを頭に置いた上で、その国がどのくらい社会保障を通じて所得の再分配を行っているか、というのは、この二つのジニ係数を比較してその差を見ればいいということになる。ジニ係数を見るときは必ずこの二つの所得の分布とその両者の差っていうものを見ながら考えるということが大事になります。

所得を測る指標として「等価所得」という概念があります。ジニ係数を測る場合も、世帯所得で計算する場合と、一人当たり所得に置き直して計算する場合があります。世帯所得を構成員一人一人の所得に置き直す場合の方法の一つが、この等価所得です。

具体的には、世帯全体の所得を、構成員の平方根で割る。三人世帯なら、$\sqrt{3}$、四人世帯なら$\sqrt{4}$、つまり2で割ったものがこの世帯の構成員の等価所得になります。

■ ジニ係数の国際比較

図表10－2は、等価所得ベースで再分配前後のジニ係数をOECD諸国間で比較したものです。

図表10-2　ジニ係数の国際比較（等価所得ベース）（2016年）

国名	当初所得（再分配前）	順位	可処分所得（再分配後）	順位
スロバキア	0.400	3	0.241	1
スロベニア	0.452	13	0.253	2
チェコ	0.448	12	0.253	3
アイスランド	0.386	1	0.255	4
デンマーク	0.447	11	0.261	5
ノルウェー	0.429	5	0.262	6
フィンランド	0.512	29	0.266	7
ベルギー	0.499	23	0.266	7
スウェーデン	0.434	7	0.282	9
ハンガリー	0.485	21	0.282	10
ポーランド	0.459	15	0.284	11
オーストリア	0.501	24	0.284	13
オランダ	0.445	10	0.285	13
フランス	0.516	31	0.291	14
ドイツ	0.505	26	0.294	15
スイス	0.386	1	0.294	16
ルクセンブルク	0.482	20	0.304	17
アイルランド	0.543	36	0.309	18
カナダ	0.438	9	0.210	19
エストニア	0.456	14	0.314	20
イタリア	0.517	33	0.328	21
オーストラリア	0.469	17	0.330	22
ポルトガル	0.530	34	0.331	23
ギリシャ	0.536	35	0.333	24
日本	0.504	25	0.339	25
スペイン	0.516	31	0.341	26
イスラエル	0.437	8	0.344	27
ラトビア	0.475	19	0.346	28
ニュージーランド	0.462	16	0.344	29
韓国	0.406	4	0.355	30
イギリス	0.506	28	0.357	31
リトアニア	0.515	30	0.378	32
アメリカ	0.505	26	0.390	33
トルコ	0.429	5	0.404	34
メキシコ	0.483	18	0.458	35
チリ	0.495	22	0.460	36
単純平均	0.472	−	0.317	−

日本は再分配前、当初所得で見たジニ係数は0.504で再分配後は0.339。再分配前も再分配後も順位でいうとだいたい25番目。どちらも決して上位ではありませんね。

この表は再分配後の数字が小さい順、つまり所得分配が公平な国から順に並べているわけですけども、それぞれ左側に当初所得でどうかという数字が並んでいます。当初所得でのジニ係数というのは、先ほど申し上げたように再分配前の所得分布が公平かどうかを示している数字です。例えばフィンランドとかベルギーは当初所得ベースで行くと29番目とか23番目ですけども、所得再分配効果の大きい施策をやることで、再分配後のジニ係数を小さくしている。なので、こういう国は再分配の規模が大きい、改善度が大きいということになります。ノルウェーとかスウェーデン、そして人口は極めて小さいアイスランドなんかもそうですが、元々ジニ係数がそんなに大きくないし、所得再分配後のジニ係数も日本より小さい。前も後も順位は上のほう、ということになります。

アメリカはどうか。再分配前が26位で再分配後が33位、なんと順位が下がる。ということですからだいたい想像つくと思いますけど、アメリカは元々所得格差の大きい国で、社会保障の規模も小さくて再分配効果があまりない、なので再分配後の順位はさらに下がるってことです。

ジニ係数だけ見てもそれぞれの国の社会の様子がなんとなく想像できる。ジニ係数とはそういう特性を持っている数字だということです。

で、日本の数字について改めて考えてみましょう。再分配前で0.504という数字は、世の中の人が思っている日本の姿とはちょっと違いますね。多くの人は、最近でこそ日本でも格差が問題になっているけど、元々日本は格差の少ない国だ、所得分配が平等な国だ、少なくとも昔はそうだった、となんとなく思っています。アメリカなんかに比べたら日本は所得分配が公平だ、アメリカだと企業のCEOは何百万ドル何千万ドルももらっていて、普通のサラリーマンと社長との給料の差が100倍も200倍もある（最近のデータだと320倍だそうです）。それに比べて日本は、大企業の社長でも普通のサラリーマンのせいぜい10倍くらい。格差の小さい国なのだ。そういうふうに思われているんですが、実際こうやって統計を取ってみると、当初所得という意味でも再分配後の所得という意味でも決して日本はそれほど所得分配が公平な国ではないんですね。

では、昔はどうだったのか。実は過去からのトレンドを見ても、日本はそれほど再分配が公平な国だったわけではないんです。結構衝撃的な事実ですよね。これは自分たちがどう思っているかってことと、実際がどうかということは必ずしも一致しない、認識と現実のギャップということになりますが、数字は正直なので、そういうことをはっきり出してくれます。

図表 10-3　OECD 主要国のジニ係数の推移

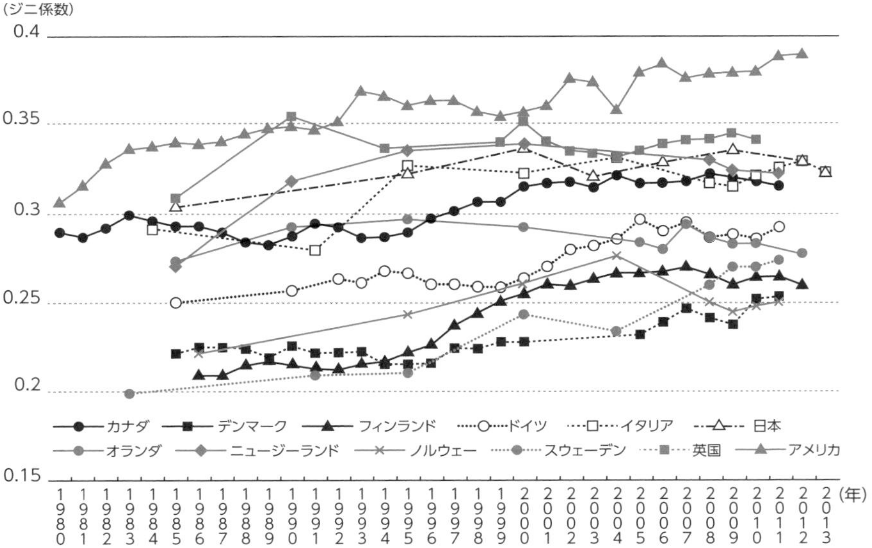

図表10 − 3は、OECD諸国のジニ係数の推移を過去30年、1980年代から示したものです。

この数字は、等価可処分所得、つまり所得から税・社会保険料負担を除いた可処分所得で計算した等価所得を用いています。こういう国際比較をしてみると、80年代半ばの時点でも日本のジニ係数は決して小さくない。むしろ大きいほうだったということがわかります。

上のほうを走っているのはアメリカですね。アメリカは再分配後もジニ係数は小さくない。まあ断トツとまでは言わないけどかなり大きいですね。アメリカというのはそういう国、1％と99％という表現がありましたが、数字は正直なのでまあそういう国です。

では、どういう国が小さいか。デンマーク、ノルウェー、スウェーデン、フィンランド。やっぱり北欧諸国。北欧諸国はさっきの表でもあるように、そもそも市場所得、再分配前の所得分布の段階でジニ係数はかなり小さいので、当然再分配後もさらに小さくなる。

そしてもう一点、このグラフから見てほしいことは、北欧諸国も含め、日本もアメリカも、先進国全体でジニ係数は右肩上がりになっている、ということです。少しずつジニ係数は大きくなっている、世界は所得格差が拡大していく方向に動いている、ということなんです。

もちろんいろんな理由があるわけだけれども、2014年12月にOECD自身が「格差と成長」というレポートを出しています。その中で、世界全体として格差は広がっている、そのことは長期的に世界経済の成長の足を引っ張る。格差の問題について加盟国はそれぞれもっと真剣に取り組みをしないといけない、と言っています。

世界全体で格差が広がっている中で、社会保障制度は何をすべきか。大袈裟に言えば、社会保障はそういう挑戦を受けているということになると思います。

■ 日本におけるジニ係数の推移

図表10－4は日本のジニ係数の変化を見たものです。一つは世帯単位で見たもの、もう一つは世帯員単位の等価所得で見たもの。等価所得について

図表 10-4　日本のジニ係数の推移

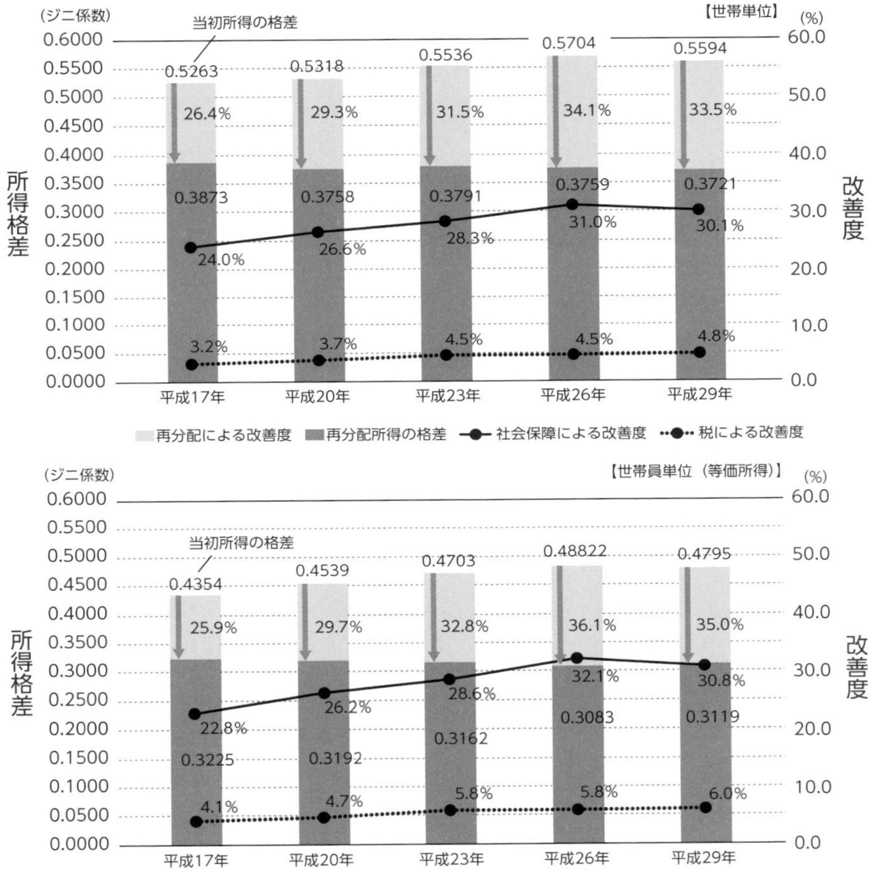

は先ほど説明しましたね。

薄い色の棒グラフが当初所得のジニ係数で、色の濃いほうが再分配後のジニ係数、二つの棒の差が再分配の効果です。再分配前のジニ係数は、平成29年に少し下がっていますけども、基本的には少しずつ上がっていくトレンドになっていて、それを社会保障と税で再分配することで一定の水準、だいたい0.3台に抑えている、ということです。

次に折れ線グラフ。これは社会保障、税それぞれのジニ係数改善への寄与度を示しています。これを見ると、税の寄与度は小さくて、推移を見てもほとんど変わりません。ジニ係数の改善は基本的には社会保障によるものです。ジニ係数の改善への寄与度、ということでいうと、現金給付であり移転所得である年金の寄与度が非常に大きいです。高齢世代の多くは年金以外にはほとんど収入はなくて、ごく一部の資産家だけが資産収入・配当収入を持っているだけなので、再分配前の高齢者のジニ係数は非常に大きい。なので、年金による再分配効果は非常に大きくて、高齢化が進んでいる日本のような国では、年金のジニ係数改善効果は顕著です。よく、税（所得税）には所得再分配があります、と言いますが、こうしてみると、社会保障による所得再分配のほうが圧倒的に大きい。特に日本は、日本だけではなく先進国みんなそうですが、この間、所得税の最高税率を累次にわたって下げてきていますから、それでなくても税の所得再分配効果はどんどん小さくなってきています。

■ 社会保障の所得再分配機能

図表10－5は教科書的な絵です。社会保障の所得再分配機能とはどういうものか。

説明するまでもありませんが、所得階級別に見れば当然所得の低いところが再分配後で所得が増える。だから所得再分配前の棒グラフよりも再分配後の棒グラフのほうが大きいということになります。高いところは給付より負担のほうが大きいので、当初所得よりも再分配後の所得のほうが小さくなるということになるわけですね。

例えば、夫婦子供2人の4人世帯で課税最低限はだいたい300万から350万円くらいですね。子供ひとりだとどのくらいだろう？　280万くらいだと思います。それより下であれば、所得税や市町村税が課税されない非課税世帯ということになって直接税の負担はない。社会保険料は課税最低限以下でも負担がありますが、軽減措置があります。

図表 10-5　社会保障の所得再分配機能（1）

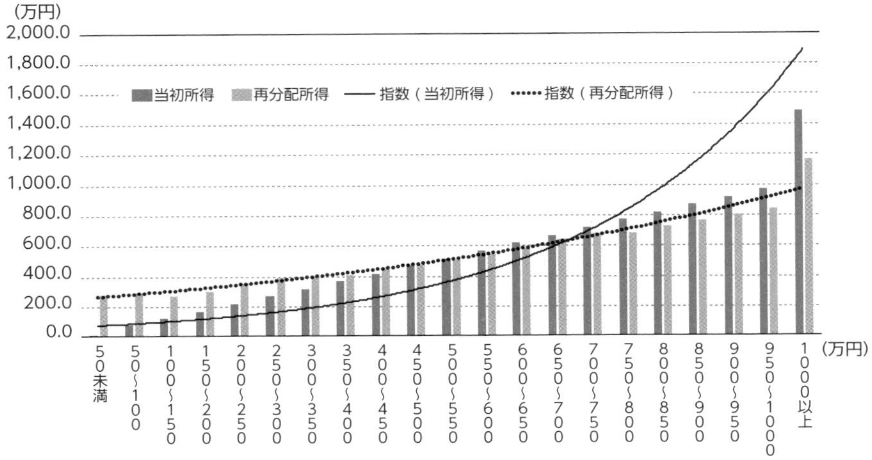

他方給付のほうは、医療や年金、介護などの社会保険の給付、児童手当、児童扶養手当など福祉の給付、生活保護もあります。世帯によって、人によって様々ですが、ざっくりマクロで見て、トータルで負担と給付が均衡して逆転するのはどのあたりかというと、だいたい600万とか700万のあたり。それより下の世帯は再分配後の所得のほうが大きいということになります。

次は今と同じ視点ですが、社会保障の負担と給付を所得階級別に見てみます（図表10－6）。税・社会保険料でどれくらい負担していて、社会保障でどれくらい受給しているかを見たものです。所得の低いほうは、市町村民税非課税ですね。住民税も課税されていないので、負担している税金は消費税ということになる。消費税は消費に応じて負担するので、所得が小さければ消費も小さいなりに、消費税の負担は生じます。社会保険料は医療保険、年金、それから介護の保険料。これも医療保険や介護保険には低所得者の軽減措置がありますし、国民年金にも免除とか部分免除がありますから、実際の負担はこんな感じです。

下半分が税金と社会保険料。両方足してこういう感じになります。そして、

図表 10-6　社会保障の所得再分配機能（2）

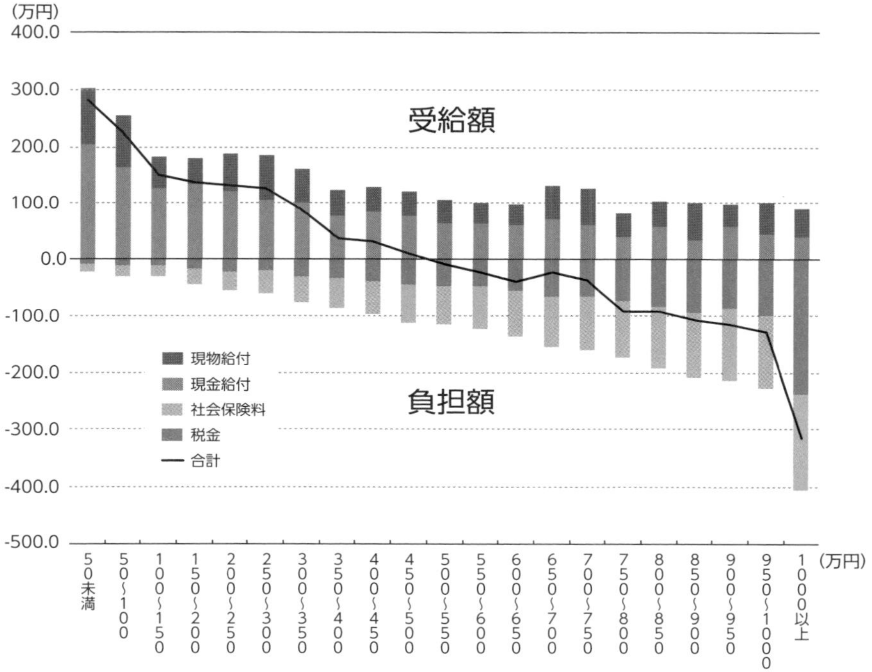

上半分は給付。現金給付と現物給付。現物給付は医療や保育、現金給付は年金や福祉の手当。財源で言うと医療は保険料財源で福祉の手当や生活保護は税財源です。

見ていただければわかるように、現金給付は所得が低いところほど手厚い。まさに所得再分配。現物給付は大宗が医療なので所得階級別にそんなに差はありません。日本の医療保険は非常にしっかりしているので、アメリカみたいに所得の多寡によって受けられる医療サービスに大きな差がある、ということがない。まさにニーズに応じて必要な医療が提供されています。

ただし、貧困に陥る一つの理由として疾病があります。病気になって仕事を失い、それによって失業したり生活保護になるというケースはいくらでもありますから、原因と結果、鶏と卵どちらが先かという話はありますが、所得の低いところは現物給付についても給付が多くなる。でも現金給付ほどの差はありません。

■ 年齢階級別に見たジニ係数の変化

図表 10 － 7 は年齢階級別に所得再分配によってジニ係数がどのように変化するか、要するに年齢階級別の所得再分配の効果というものを見たものです。

これを見ると、高齢者の当初所得でのジニ係数がものすごく大きいということがわかります。再分配後のジニ係数は他の年齢階層と同じくらいの水準まで下がりますから、高年齢層での所得再分配の効果は非常に大きいということがわかると思います。

なぜそうなるのか。これは考えてみるとわかりますが、60 歳を過ぎると多くのサラリーマンは退職をするので、基本的には収入がなくなる。高齢者

図表 10-7　世帯員の年齢階級別に見た所得再分配によるジニ係数の変化（等価所得）

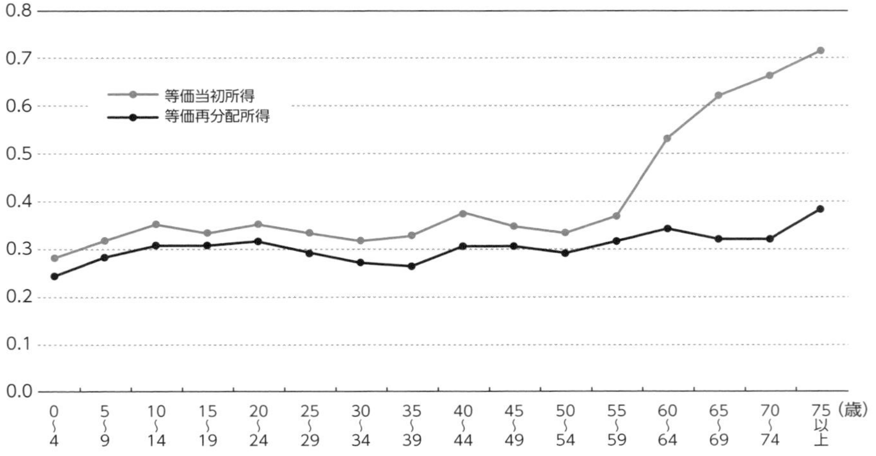

層で所得があるのは、例えば自営業者の人とか再雇用等で就労継続できている人、それから資産があって資産収入・配当収入がある人だけです。となると、社会保障の給付、要するに年金給付がないという前提で考えると、高齢者層の所得は大きくばらけることなります。なので、高齢世代のジニ係数は非常に大きくなる。これを年金が是正している。要するにそういうことです。年金ってすごいでしょ。

当初所得のジニ係数を各国ごとに比較した数字がありましたけれども、高齢化が進むと所得格差の大きい集団の構成比が大きくなるので全体としてはジニ係数が高くなる、ということが起きる。日本の当初所得のジニ係数が高いのは高齢化が進んでいるからだ、と主張をする経済学の先生もいらっしゃいます。

そういう意見もあるということなんですが、先にお話ししたように、問題はその格差が所得再分配できちんと是正されているかどうか、という点が重要です。所得再分配後のジニ係数が他の年齢階層のジニ係数に近いところまで改善されているというのは、年金制度によって高齢者の所得保障が行われているからです。年金制度の持っている所得再分配の効果は非常に大きいんですね。このことは時系列で見てもはっきり見て取ることができます。過去に遡ってこのジニ係数を見ても、高齢者の再分配後のジニ係数は、ほぼフラットで推移しています。

02　知識補給4：格差・貧困

知識補給の4は格差・貧困です。ジニ係数の話の延長線上ですが、昨今日本で、そして世界中で格差の拡大が大きな問題になっています。

格差の問題、貧困の問題を考えるときに使われる概念を中心に説明します。

図表 10-8　相対的貧困率とは

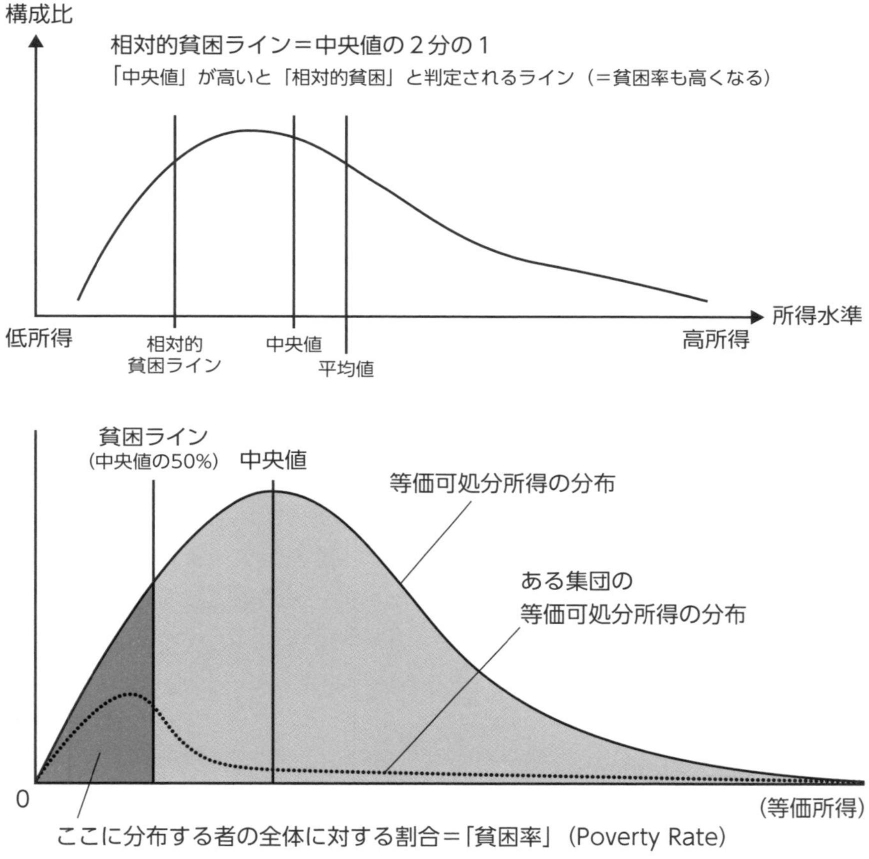

■ 相対的貧困率を理解する

子供の貧困とか、一人暮らし世帯の貧困というのが大問題になっていて、子供の貧困率が高い、子供の７人に１人が貧困だ、という議論がありますが、貧困率ってどうやって計算するかみなさん知っていますか。知っている人もいるかもしれませんが、これは結構難しいんですね。定義がわからなくて言っている人も結構多いです。

貧困率、Poverty Rate は、正しくは相対的貧困率と言います。なんで「相対的」貧困率と言うかっていうと、貧困率というのは図にあるような考え方で計算するからです。

先ほど、ローレンツ曲線を引くときに、所得の低いほうから順番に並べて、というお話をしましたが、貧困率もこれと同じように、まず所得階層別に、その階層に属している人の数を並べていきます。使うのは等価所得です。横軸は等価所得、縦軸は人数です。

それぞれの所得のところに何人の人がいるかというのをずっと並べていきます。そうすると、左右が少なくて真ん中あたりが高い山型のカーブが描けますね。このお山のカーブというのはその集団の所得分布によっていろんな格好があるわけです。例えば所得のばらつきが少ない、だいたい似たような所得水準ですという集団は、真ん中がピーンと高いとんがったお山の型になる。他方で所得がばらけていると台形に近いピークのないペタッとしたお山になる。それから少数の金持ちがいて後はみんな貧乏人だとするとピークがすごく左のほうにあって右に行くに従って裾野が長く広く続く、左に偏ったお山になる。統計学の用語で「偏差」と言いますが、要するにデータのばらつきのことですね。集団によってばらつきの仕方がみんな違う。綺麗な正規分布になっている集団、国なんてまずありません。

相対的貧困率を出すときに使うのは「中央値」です。平均値ではなくて中央値。この後で詳しく説明しますが、中央値というのは、順番に並べていって人数で真ん中になるところ、ということです。集団が１万人いたら、5000番目の人のところが中央値。

２番目のグラフはたまたま中央値がお山の真ん中、一番高いところになっていますけれども、普通はこういうことはなくて、１番目のグラフのように、中央値は一番高いところ、これを最頻値と言いますが、最頻値とは別のところ、普通は左にきます。

まず中央値を決めます。当然この中央値のところの所得水準はそれぞれの社会集団によって違います。日本の中央値とアメリカの中央値と中国の中央値と韓国の中央値はみんな違います。そして、この中央値のところから見て左半分のところに線を引っ張ります。これが相対的貧困ラインです。だから日本の相対的貧困ラインと中国の相対的貧困ラインとベトナムの相対的貧困ラインとアメリカの相対的貧困ラインはすべて違います。

この相対的貧困ライン、中央値の半分より下に属している人の数、２番目のグラフの濃い青色の部分ですね、ここの人数が全体の何％になっているか、というのが貧困率です。貧困ラインがその集団ごとに違っているから、相対的貧困率と言うんです。

同じ金額の収入を持っている人でも日本では貧困ラインに入っているかもしれないけれど、例えば日本より所得の低い国、アフリカとか発展途上国に行ったら貧困ラインよりはるかに上にいるということになります。

■ 相対的貧困率は「格差指標」

この２つのグラフを見てください（図表10 － 9）。

Ａ国とＢ国の所得分布。１枚目のグラフから明らかなように、全体的な所得水準はＡ国のほうが高いですよね。中央値もＡ国のほうが高いですから、貧困ラインもＡ国のほうが高い。平均値、一人当たり所得も明らかにＡ国のほうが高い。つまり、Ａ国のほうが豊かな国ということです。

しかし、２枚目のグラフを見てください。Ａ国とＢ国とでは、Ａ国のほうが所得分布がばらけていて、ぺったりと横に広いお山になってる。それに対してＢ国は全体的には低いところに分布しているけれど、真ん中が高いお山の分布になっている。で、貧困ライン以下の人の数を計算して相対的貧困率を出すと、なんとＡ国のほうが貧困率が高くなるのです。

そうするとこの相対的貧困率という数字は、いったい何を表していることになるのか。例えば中央値が同じ国なら相対的貧困ラインも同じになる。しかし、このお山の形が違えば、貧困ラインより下にいる人の数は違ってくる

図表 10-9　所得分布

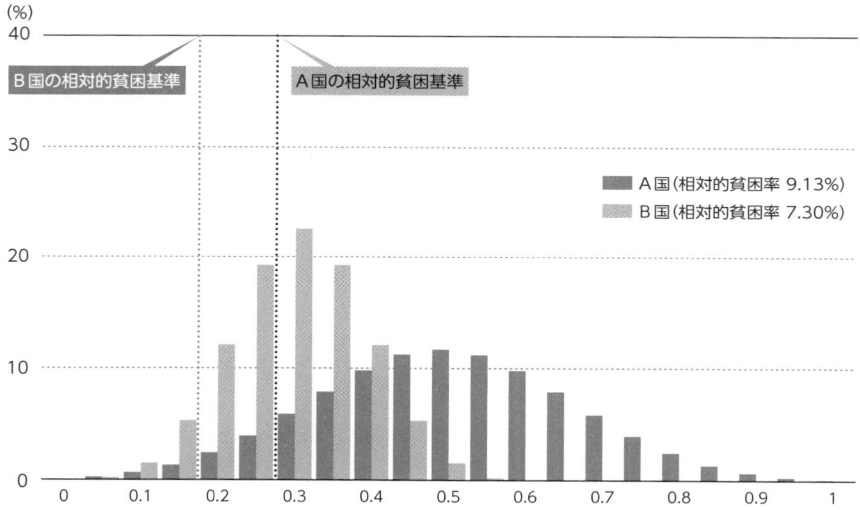

相対的貧困基準　A国＞B国
相対的貧困率　　A国＜B国　？？

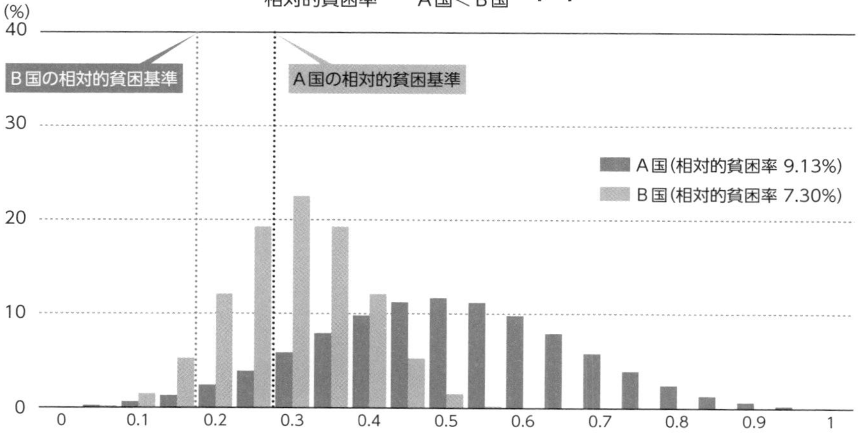

→相対的貧困率は「貧困指標」ではなく「格差指標」である

わけですよね。例えば、ごく一握りの金持ちがいて、後はみんな貧乏だということになると、当然貧困ラインより下にいる人の数は多いから相対的貧困率は高くなる。貧乏人もたくさんいて、中間もたくさんいて、金持ちもたくさんいるという、所得がばらけている国も、貧困ラインより下にいる人はたくさんいるから貧困率は高くなる。他方でみんな所得水準が似通っている、つまり所得格差、ばらつきの少ない国は、相対的貧困ライン以下の人の数は少なくなるから、相対的貧困率は低くなる。

つまり、相対的貧困率というのは、その集団が貧困なのかどうかを表しているのではなくて、集団の中で所得がどのくらいばらついているのか、すなわち格差があるかどうかということを示す指標なんですね。

このことは、ジニ係数とあわせて考えてみるとわかりやすい。ジニ係数が小さい国であれば、貧困ラインより下の人たちは少ないはずですね。お山のカーブが真ん中に寄っていてとんがっているのだから。そういう国は、B国のように、国全体の所得水準が低くても相対的貧困率は小さくなるのです。

もう一つ、相対的貧困率で見ることのできることは、全体集団の中での部分集団がどういう位置にあるか、ということです。

最初のグラフを見てください。仮にこれを日本だったとします。日本全体でこのグラフを描きました。中央値はここで、貧困ラインはここです。そして、日本全体の貧困率はこれこれです。そこまではいいですね。では次に、日本の中の特定の集団、部分集合の人たちについて見てみたらどうなるでしょうか。例えば、20歳代の女性について、高齢者について、ひとり親世帯の子供たちについて、同じように所得分布のグラフは描けるわけですから、全体のグラフに重ねてグラフを描くことができますよね。

そうして描いたグラフが、そこに描かれている「ある集団の等価可処分所得の分布」です。そうすると何がわかるか。全体集団の中で、その部分集団の所得がどのへんに位置しているか、そして、その部分集団の中で、集団全体の貧困ラインよりも下にいる人たちの割合がどのくらいか、ということがわかります。

この点線の集団は、母集団全体の所得分布のグラフに比べると明らかに左に寄っています。つまり、この集団は、集団として全体的に所得の低い人の集団だってことになるわけです。そうすると、そこに日本国の貧困ラインを適用すれば、この下の斜線の部分に入っている人の割合は当然高くなるわけですね。だからこれは、全体集団に比べてその集団が集団として貧困である、集団としての所得水準が低いってことを意味するわけです。

日本のひとり親世帯の子供たちの貧困率は50%を超えています。まさにこの点線で示したような所得分布になっているわけです。相対的貧困率というのは、そういうことを明らかにする指標でもあるんですね。

相対的貧困率を議論するときは、このグラフをイメージしながら数字の意味を考えて議論するようにしてください。

用語解説

中央値（not 平均値）

値を順番に並べた時の真ん中の値。

ex)

（平均値）９人の年齢の平均値＝９人の年齢の合計÷９

（中央値）９人の年齢の中央値＝年齢順に並べて５番目（＝真ん中）の人の年齢

等価可処分所得

世帯の可処分所得を世帯員数の平方根で割った値。

可処分所得

家計収入から税金や社会保険料などの非消費支出を差し引いたもの。

後先になってしまいましたが、用語解説をしようと思います。

まず中央値。先ほどお話ししたように、相対的貧困率の計算では中央値という指標を使います。中央値とは平均値ではありません。例にあるように、年齢の違うバラバラな9人の集団があるとします。この9人の平均年齢はどう計算するかというと、9人の年齢を全部足して9で割る。それに対して、中央値というのは、年齢順に並んでいって真ん中の人。前から5番目ですね、この人の年齢が中央値になる。あと最頻値というのもありますね、一番人数の多いところ、それも違います。中央値を使うというのがポイントです。

次に等価可処分所得。等価所得についてはジニ係数のところで少し説明しました。可処分所得ベースで計算した等価所得です。算数の話になるから苦手な人もいるかもしれないですが、ある世帯の可処分所得を世帯の人数の平方根で割ったものです。例えば一人世帯は当然一人しかいないですだから、世帯の可処分所得がそのまま一人当たりの等価可処分所得になります。では、二人世帯だったらどうか。普通に一人当たり所得は、と考えるのであれば2で割ることになる。だけど一人世帯が二人世帯になったからといって、実際の生活水準が半分になるわけではない。そこで人数の平方根で割ることにする。そのほうが生活実感に近い。そういうことです。三人世帯なら$\sqrt{3}$。これは決まりごとなのでその数字が正しいかどうかではなくて、人数構成の違う世帯の間で一人当たりの所得を算出するときの物差し、と考えればいい。等価可処分所得、という概念は社会保障の世界でよく使うので、覚えておいたほうがいいです。

可処分所得はわかりますよね？　税と社会保険料など非消費支出、いわゆる公租公課を家計収入から引いたもの、実際に使えるお金ってことですね。

図表10－10は相対的貧困率のOECD諸国間比較です。ジニ係数の国際比較と似たような順位になります。これで行くと日本の相対的貧困率は36カ国中27位で15.7％。15.7％っていうのはOECD平均11.8％を大きく上回っています。上位の国、デンマークとかフィンランドは5％とか6％ですからね。フランスだって8.3％ですから、日本の数字はかなり高い。ということは、日本は所得格差の大きい国ってことになるんです。

日本より下にいる国はどういう国か。チリ、メキシコ、トルコ、韓国、ア

図表 10-10　相対的貧困率の国際比較（2016 年）

相対的貧困率

順位	国名	割合
1	アイスランド	5.4
2	チェコ	5.6
3	デンマーク	5.8
4	フィンランド	6.3
5	ハンガリー	7.8
6	フランス	8.3
7	オランダ	8.3
8	ノルウェー	8.4
9	スロバキア	8.5
10	スロベニア	8.7
11	スイス	9.1
12	アイルランド	9.2
13	スウェーデン	9.3
14	ベルギー	9.7
15	オーストリア	9.8
16	ポーランド	10.3
17	ドイツ	10.4
18	ニュージーランド	10.9
19	ルクセンブルク	11.1
20	イギリス	11.9
21	オーストラリア	12.1
21	カナダ	12.1
23	ポルトガル	12.5
24	イタリア	13.7
25	ギリシャ	14.4
26	スペイン	15.5
27	エストニア	15.7
27	日本	15.7
29	チリ	16.5
30	メキシコ	16.6
31	ラトビア	16.8
32	リトアニア	16.9
33	トルコ	17.2
34	韓国	17.4
35	アメリカ	17.8
36	イスラエル	17.9
	OECD平均	11.8

子どもの貧困率

順位	国名	割合
1	フィンランド	3.6
2	デンマーク	3.7
3	アイスランド	5.8
4	スロベニア	7.1
5	ハンガリー	7.7
6	ノルウェー	8.0
7	チェコ	8.5
8	ポーランド	9.3
8	スウェーデン	9.3
10	スイス	9.5
11	エストニア	9.6
12	アイルランド	10.0
13	オランダ	10.9
14	オーストリア	11.5
14	フランス	11.5
16	カナダ	11.6
17	ベルギー	12.3
17	ドイツ	12.3
19	オーストラリア	12.5
20	イギリス	12.9
21	ルクセンブルク	13.0
22	ラトビア	13.2
23	日本	13.9
24	スロバキア	14.0
25	ニュージーランド	14.1
26	韓国	14.5
27	ポルトガル	15.5
28	イタリア	17.3
29	ギリシャ	17.6
30	リトアニア	17.7
31	メキシコ	19.8
32	アメリカ	21.2
33	チリ	21.5
34	スペイン	22.0
35	イスラエル	23.7
36	トルコ	25.3
	OECD平均	13.1

子どもがいる世帯の貧困率

計

順位	国名	割合
1	フィンランド	2.8
2	デンマーク	3.0
3	アイルランド	5.0
4	ハンガリー	6.1
5	ノルウェー	6.3
5	スロベニア	6.3
7	チェコ	7.0
8	スウェーデン	7.4
9	ポーランド	8.6
9	アイルランド	8.6
11	エストニア	8.8
12	オランダ	8.9
13	フランス	9.4
14	イギリス	10.5
15	ドイツ	10.6
16	ラトビア	10.7
17	ベルギー	10.9
17	オーストリア	10.9
17	オーストラリア	10.9
20	スロバキア	11.0
21	ニュージーランド	11.3
22	ルクセンブルク	12.2
23	カナダ	12.5
24	日本	12.8
25	ポルトガル	13.9
26	韓国	14.0
27	リトアニア	14.9
28	イタリア	16.5
29	ギリシャ	17.2
30	メキシコ	17.4
31	アメリカ	18.2
32	チリ	18.9
33	スペイン	20.1
34	イスラエル	20.1
35	トルコ	21.4
−	スイス	−
	OECD平均	11.6

大人が一人

順位	国名	割合
1	デンマーク	8.2
2	フィンランド	14.9
3	ポーランド	16.4
4	エストニア	21.6
5	ノルウェー	21.8
6	アイスランド	23.0
7	イギリス	23.2
8	ハンガリー	23.5
9	オーストリア	24.1
10	スウェーデン	25.8
11	フランス	25.9
12	ギリシャ	27.7
13	オランダ	29.5
14	ドイツ	29.6
15	ポルトガル	30.2
16	トルコ	21.4
17	スロベニア	31.6
18	イスラエル	31.8
19	ベルギー	32.2
20	チェコ	32.8
21	ラトビア	34.5
22	アイルランド	34.5
23	メキシコ	34.7
24	オーストラリア	36.7
25	イタリア	37.0
26	スロバキア	37.3
27	スペイン	40.2
28	ルクセンブルク	41.1
29	チリ	42.6
30	リトアニア	45.8
31	ニュージーランド	46.1
32	アメリカ	46.3
33	カナダ	46.9
34	日本	50.8
35	韓国	56.6
−	スイス	−
	OECD平均	32.5

大人が二人以上

順位	国名	割合
1	フィンランド	1.5
2	デンマーク	2.7
3	アイスランド	2.8
4	ノルウェー	4.2
5	ハンガリー	4.8
6	スウェーデン	5.0
7	チェコ	5.0
7	スロベニア	5.0
9	アイルランド	5.4
10	フランス	6.0
11	オランダ	6.3
12	ニュージーランド	7.3
13	エストニア	7.6
14	ドイツ	7.7
15	ラトビア	8.3
16	ポーランド	8.4
16	オーストラリア	8.4
18	イギリス	8.6
18	ベルギー	8.6
20	オーストリア	10.0
21	スロバキア	10.2
22	カナダ	10.3
23	日本	10.7
23	リトアニア	10.7
23	ルクセンブルク	10.7
26	ポルトガル	12.8
27	韓国	12.9
28	アメリカ	14.6
29	イタリア	15.0
30	メキシコ	16.3
31	チリ	16.7
32	ギリシャ	16.9
33	スペイン	19.0
34	イスラエル	19.7
35	トルコ	21.3
−	スイス	−
	OECD平均	9.8

人口1人あたりGDP（2017年）

順位	国名	米ドル	日本=100
1	ルクセンブルク	112,702	276.1
2	アイルランド	78,211	191.6
3	スイス	67,139	164.4
4	ノルウェー	32,940	154.2
5	アメリカ	59,984	146.9
6	アイスランド	55,573	136.1
7	オランダ	55,349	135.6
8	デンマーク	55,046	134.8
8	オーストリア	54,652	133.9
10	ドイツ	53,012	129.8
11	スペイン	52,693	129.1
12	オーストラリア	51,236	125.5
13	ベルギー	50,771	124.4
14	カナダ	48,683	119.1
14	フィンランド	47,471	116.3
16	イギリス	45,988	112.6
17	フランス	44,651	109.4
17	イタリア	41,785	102.3
19	韓国	41,001	100.4
20	日本	40,827	100.0
21	ニュージーランド	40,601	99.4
22	スペイン	39,627	97.1
23	イスラエル	38,983	95.5
24	チェコ	38,507	94.3
25	スロベニア	36,661	89.8
26	エストニア	33,867	83.0
27	リトアニア	33,821	82.8
28	ポルトガル	33,086	81.0
29	スロバキア	30,911	75.7
30	ポーランド	29,802	73.0
31	ハンガリー	29,529	72.3
32	ギリシャ	29,089	71.3
33	ラトビア	28,505	69.8
34	トルコ	28,209	69.1
35	チリ	23,657	57.9
36	メキシコ	20,031	49.1
	OECD平均	45,404	111.2

メリカ、イスラエル。やはりアメリカは高い。豊かな国だけど格差も大きい。金持ちと貧乏人の差が大きいというのはこういう数字を見るとわかる。

■ 子供の貧困率から見えてくるもの

では、今日話題の子供の貧困率を見てみましょう。

子供の貧困率は、日本は23位で13.9%。この13.9って数字に「ん？」と思った人は先ほどの私の説明をよく聞いて数字の意味を考えていた人。子供の相対的貧困率は社会全体の相対的貧困率よりも低い。これは一体どういうことか？　日本では子供の貧困が大変だ大問題だ、と言っているけれども、国民全体の貧困率よりも小さい。これは何を意味するのでしょうか？

まず貧困率の出し方を思い出してください。子供自身には所得はない場合がほとんどですから、子供の貧困率というのは子供がいる世帯の貧困率と考えてほぼいいですね。もちろん養護施設にいる子供とか、子供一人で単独世帯、というケースもありますが、普通はそうですね。

そこで、子供がいる世帯の貧困率を見ると日本は12.8%で24番目。ほぼ同じ順位。さらにその内訳を見てみると、大人が2人以上いる世帯、まあ両親揃っている世帯の相対的貧困率は10.7%であるのに対して、大人が1人、ひとり親世帯の貧困率は36カ国中なんと34位の50.8%。

子供がいる2人親世帯の貧困率は日本全体の貧困率を下回っている。つまり、2人親世帯の所得分布は日本全体よりも上に寄っている、子供のいる世帯は全体的に所得分布が高い。逆に言えば、所得がある程度ある世帯でないと子供は持てない、ということになる。

他方、ひとり親世帯は全く状況が違っていて、日本社会全体の貧困ライン、相対的な貧困ライン、世の中の人の中央値の半分より下に、ひとり親世帯の50%以上がいる。そういうことです。この50%という数字がどれくらいのインパクトか、いかにひとり親世帯が厳しい状況に直面しているかということはこの数字を見れば明らかです。

世界中どこでもひとり親世帯の貧困率は高いです、確かに。しかし、日本の状況はかなり悪い。子供のいる世帯全体の貧困率のOECD平均11.6％に対して日本は12.8％。少し高いですけどそんなに差はない。なのに、ひとり親世帯となると、相対的貧困率はOECD平均32.5％に対して日本は50.8％なんです。

こうしてみると、「子供の貧困」問題というのは、子供一般の貧困問題ではなくて、ひとり親家庭の貧困問題だ、ということがわかるはずです。大人が２人以上いる、お父さんお母さんが両方揃っている世帯の貧困率は日本全体の貧困率よりも低いんですから。

そこで、所得再分配前と所得再分配後の貧困率がどう変わったかを、年齢階層別、年次別に比較できるグラフにしてみました（図表10－11）。

図表10-11　年齢階層別再分配前所得（市場所得）と再分配後所得（可処分所得）相対的貧困率比較（日本）

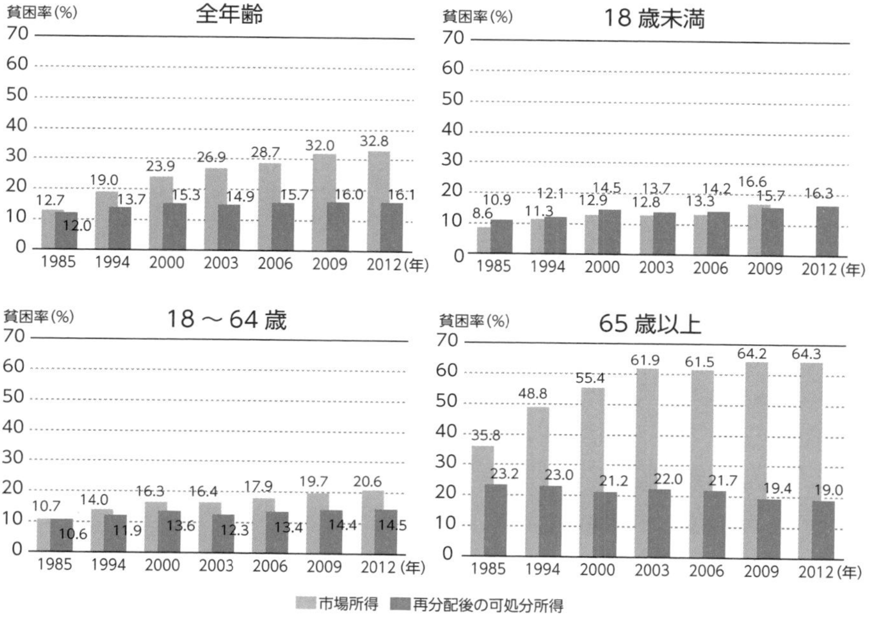

まず左の上は全年齢。ジニ係数のところでもお話ししましたが、全年齢、日本全体で市場所得＝再分配前所得での相対的貧困率は大きく上がっている、つまり格差は拡大してきています。所得再分配後で見ても相対的貧困率は上がっている。日本社会の所得格差は拡大しており、社会保障制度は格差の拡大を十分食い止められていない、調整できていないということです。

65歳以上高齢者の数字の解説は、先ほどジニ係数のところでお話ししたことがそのまま該当します。市場所得は年金など社会保障給付なしの数字ですから相対的貧困率が高いのはある意味当然で、再分配、端的に言えば年金給付が行われることで大きく改善します。

このグラフで注目すべきは右上の18歳未満のところです。2009年にようやく逆転しますが、その前までの85年、94年、2000年、2003年、2006年とずっと再分配後のほうが市場所得よりも貧困率が上がる、という現象が起きています。所得再分配をしたら相対的貧困率が上がる？　さて、これはなぜでしょうか。

ちょっと考えてみてください。この講義でずっとお話ししている日本の社会保障制度の特徴、それから18歳未満の貧困率というのは18歳未満の子供がいる世帯、つまり親世帯の貧困率だ、ということと18歳未満の貧困率のほうが全年齢の貧困率よりも小さいということ、そして最後に、ある集団の貧困率の変化というのは、母集団の所得分布の中でのその集団の所得分布が、市場所得と再分配後、つまり税・社会保険料を負担し社会保障給付を受けた後でどう変わったかによって決まるということ、以上を考え合わせれば答えがわかります。

最後は、子供に関わる相対的貧困率の推移を示したグラフです（図表10－12）。

説明したように、ひとり親世帯の貧困率は50％以上あります。子供の貧困、子供の貧困とみんな言いますけれども、子供と言ってもいろいろな子供がいます。大問題なのは、ひとり親世帯の子供たちで、ひとり親世帯の貧困の問題です。これは本当に深刻な問題で、こういう数字を見てもそのことはわか

図表 10-12　相対的貧困率の推移

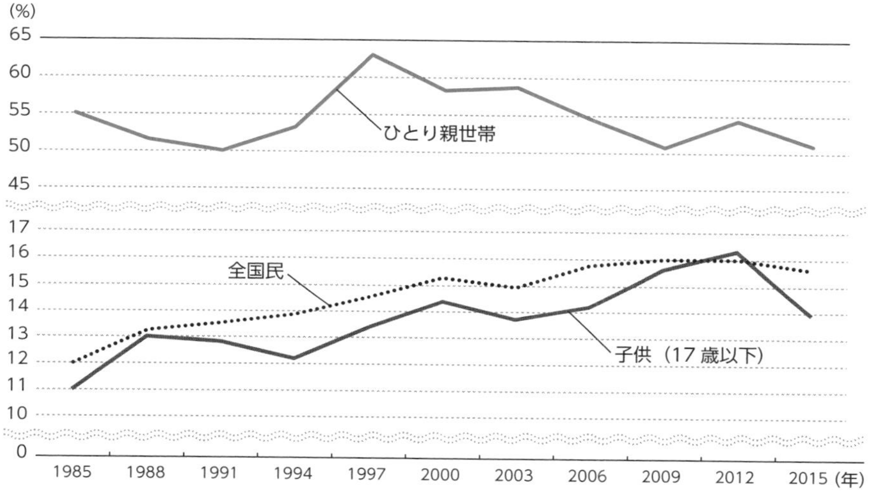

る。図表 10 − 12 を見ても、縦軸のインデックス、17%と 45%の間のところで波線が入っています。ですから本当はこのひとり親世帯の折れ線グラフはもっとずーっと上のほうにあるんです。それくらいかけ離れた貧困率なんです、ひとり親世帯の貧困率というのは。

ぜひ、このことにみなさんも強い問題意識を持ってほしいと思います。

第 11 章

日本の社会保障を考える視点(3)

——経済と社会保障

01 社会保障とマクロ経済の関係

社会保障は大きなお金が動きますから、その国の経済や財政と非常に密接な関係があります。今回は経済財政との関係という視点から社会保障を見るという議論をいたします。

図表 11-1　国民経済の中の社会保障（2018 年）

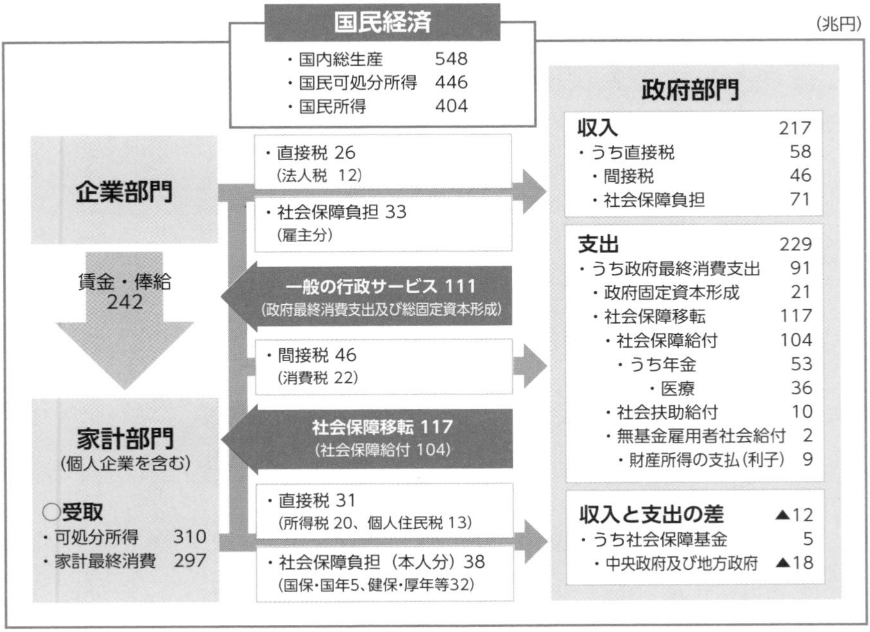

■ 大きなウエイトを占める社会保障

まず、社会保障とマクロ経済の関係について紐解いていきたいと思います。

国民経済全体でお金がどういうふうに動いているのかと、その中で社会保障はどのような位置を占めているのか、誰がどう負担して、誰がどう給付を受けて、どこからどこにお金が流れているのか。以前「国民経済計算」のお話をしたと思いますが、国民経済計算のデータをもとに作成したのが図表 11 － 1 です。

社会保障給付費、国民経済計算では「社会保障移転」の内訳とされていますが、2018 年で社会保障移転は 117 兆円あります。GDP、国内総生産は 548 兆円。国民の可処分所得、税・社会保険料などの負担を引いて消費に使える可処分所得が 446 兆円、国民所得（NI）は 404 兆円あります。

GDP550 兆、国民所得 400 兆というのが日本経済の規模です。

国民経済計算では三つの経済主体を置きます。一つは企業部門、一つは家計部門、これは個人企業なども含みます、そして政府部門です。政府部門は「一般政府 General government」と言いますが、中央政府、地方政府、社会保障基金で構成されます。この 3 主体の間でお金がどう動いているか。それを調べることで、その国の経済がどう動いているか明らかにするわけです。

そんなに難しくはありません。まず、企業と家計は税金を払いますね。それから社会保険料も払いますね。それが企業や家計から政府部門に行きます。企業部門は家計に賃金、給料、報酬を払います。政府は集めた税金と社会保険料を使って一般国民に様々な給付やサービスの提供を行います。基本的にはそういう関係になるわけですね。

実際の数字を見てみましょう。まず、企業。企業は政府部門に対して約 26 兆円の直接税の負担があります。法人税とか固定資産税とか事業税とかそういう税金ですね。このうち法人税は約 12 兆円です。社会保障負担、これが約 33 兆円あります。医療保険や年金の社会保険料の事業主負担分ですね。これを見ると、おっと思うかもしれませんが、企業部門が負担している公租公課は実は社会保険の負担のほうが税金よりも大きいんです。さらに言うと、社会保障の負担というのは賃金をベースに計算する保険料の負担ですから、どのくらいその会社が人を雇っているか、どれくらい賃金を払っているかで決まります。他方、法人税とかその他直接税は、企業が赤字だと払わないですよね。利益のうちの何％という払い方になりますから。今の日本の企業は、コロナの前からそうですが、７割くらいが赤字なんですね。赤字というのは本当に赤字なのではなくて、いろいろな控除とか、引当金も引き当てて、その後の課税所得という意味で赤字ということです。いずれにしても実際に法人税を負担している企業は全体の３割。だいたい大企業中心で、中小企業はもうほとんどが赤字法人。法人税はほとんど払っていません。

そうすると、人を雇わない企業というのはほとんど考えられませんから、税金を払ってないけど、社会保険料の事業主負担だけは払っているっていう企業がかなりあるということですね。なので、企業から見ると、公租公課、国や地方自治体に納めないといけない負担のかなりの部分は社会保険料の事業主負担ということになるので、年金の保険料や医療保険の保険料が上がる・下がるというのは税金以上に企業にとっては大問題ということになるわけです。

企業は企業活動をして収益を上げ、従業員に賃金を払うわけですね。賃金俸給で約240兆円のお金が家計部門に行きます。家計部門も企業部門同様に税金を払います。所得税、住民税、個人企業だと個人企業の事業税などがありますね。でもまあ、大宗は所得税と住民税。直接税は約31兆円、うち所得税が約20兆、個人住民税が13兆、だいたいこんな感じです。個人も本人分の社会保険料、社会保障負担があります。これが全部で38兆円。国民健康保険・国民年金は自営業者対象なのでこれは本人だけで５兆円。健保・厚生年金は事業主負担と折半ということで32兆円。事業主負担分が33兆円ですからほぼ同額。健保組合なんかで企業の負担が大きいところがあるのでこうなるんですけど、ほぼ同額。企業・家計全体で社会保障負担はだいたい70兆円。これ以外に間接税があります。消費税とか物品税です。これが46

兆円で、うち消費税が 22 兆円。消費税は企業も家計も負担をします。

企業が払う税・社会保険料、家計が払う税・社会保険料、そして間接税が政府部門の収入ということになります。政府部門の収入は 217 兆円。政府はこのお金を使っていろいろな行政サービスを行います。

そこに政府最終消費支出、政府固定資本形成、社会保障移転等々、政府支出の内訳が書いてありますが、簡単に言うと、社会保障以外のすべての一般行政サービスや政府による財の購入などの合計が 111 兆円、社会保障関係の支出、社会保障移転が約 117 兆円ということです。警察、消防、教育、何から何までとにかくありとあらゆる行政サービスを全部足し上げて 111 兆円、社会保障で 117 兆円。つまり政府部門が国民に提供しているサービスや給付の半分以上は社会保障ということです。いかに社会保障が政府にとって大きな仕事になっているか、このお金を見てもわかるでしょう。

このように、社会保障は国民経済全体の中でも非常に大きなウエイトを占めます。負担という意味でも給付という意味でも、あるいは政府の仕事という意味でも非常に大きい役割を占めている。まずこのことを押さえてください。

■ 経済を支える社会保障

次に、経済と社会保障ってどういう関係になっているかということですね。

スウェーデン・パラドックスのお話を覚えていますか。多くのマクロ経済の学者たちは、社会保障は負担と考えます。もう少し正確に言うと、社会保障が経済に与える影響を、社会保障の負担面を重視して考えるんですね。企業活動にとっての負担、個人の消費行動に対する負担というふうに。なので、負担が大きくなると、企業活動にも影響があるし、個人消費も抑制される、負担が大きいと経済にマイナスだ、社会保障が大きくなると経済の足を引っ張る。こういう結論になるんですね。

最近、負担以外の面にも着目して社会保障と経済の関係を議論する学者も出てきていますが、いわゆる主流派のマクロ経済学者は基本的にはそういう見方ですね、社会保障については。市場重視、規制緩和、効率性、小さい政府、社会保障の効率化。

国民経済の中で、社会保障が非常に大きな分野を占める、巨額のお金が動いているというのは事実です。そしてそれは国民（企業や家計）の負担で賄われているわけですから、負担面から社会保障を議論するというのはそれはそれで間違っていませんが、同時に、これだけのお金が政府部門から国民に支払われている、現金やサービスという形で提供されているんですね。つまり、単なる負担だけではなくてそれに見合う給付というものが発生しているわけです。

図表11－1を見ても、家計部門の収入は賃金が約240兆円、社会保障移転が約120兆円です。家計の受取りの３分の１が社会保障によるものです。そう考えると、経済と社会保障の関係はもっと多面的に見ないといけません。

次ページのスライドにいくつか書いておきました。

まず医療・介護・保育、こういった給付はサービスの給付ですね。お金を配っているのではなくてサービスを提供している。で、提供しているサービスの費用を保険料や税金や本人の一部負担で賄っている。こういう構造ですね。

つまり、この給付は人が行うサービスで成り立っている。実際にサービスを提供しているのは、医療も介護も保育も、今や民間部門、民間の事業者が中心ですね。もちろん公立病院や公立保育所もありますが、圧倒的多数は医療法人や社会福祉法人、NPO、生協、株式会社などの営利法人です。こういった経済主体が、人を雇って建物を建ててサービスを提供している。ということは、医療とか介護とか保育というのは、国民経済計算的に見れば、企業部門の活動で、立派な産業分野、それも相当大きな産業分野で、ここにはたくさんの雇用もあって、給与も支払われている。そういうことになりますね。

さらに、医療や介護、保育といったサービスが存在することで、経済活動にいろいろな効果が生じています。例えば保育サービス。保育所があること

経済を支える社会保障

○　医療、介護、保育サービスの充実を通じ、
　①　新たな産業分野と雇用を創造し、同時に労働力を確保する
　②　地域経済の下支えをする（地域の雇用を確保する）

○　積極的労働市場政策で労働者の能力を引き出し（人的資本の充実）それを新たな雇用につなげる

○　年金や給付により、地域における消費を下支えする

○　老後の安心を確保し、貯蓄から消費に回すことを促す

○　ライフイノベーションを通じ高付加価値の産業を育成する

で多くの女性たちは働きに出ることができる。つまり労働力を市場に提供する、労働力を確保するための条件を整えているサービスということになります。厚労省がパートや非正規の人にも社会保険を適用しましょう、と一生懸命やっているわけですが、パートをたくさん雇っている企業は、適用が拡大されると新たに社会保険料の事業主負担が発生します。先ほどお話ししたように、中小企業はほとんど法人税を払ってないので、社会保険料の負担がボンと増えるなんて言われると、そんなものが増えたら経営できなくなる、反対！とこういう話になるんですけど、よく考えてみると、もし保育のサービスがなかったらどうなりますか？　主婦パートの人を企業は雇えるでしょうか？　働く人がいなくなってしまいますね。つまり、スーパーマーケットなどパートでたくさん女性を雇っている企業は、実は保育サービスの恩恵に与かっている企業ということになるんですね。だとしたら保育サービスについて企業がもっと貢献してくれても本当はいいと、そういう考え方も成り立ちます。

それから二つ目、社会保障が地域経済を支えている、という視点。医療や介護、保育は人を相手にしているサービスですから、人が生活しているところで雇用が発生します。高齢者が住んでいるところには介護や医療が、若者夫婦が住んでいるところには保育のニーズがあり、事業者がいて雇用が生まれます。社会保障はそれをファイナンスしている。つまり、雇用を通じて地域経済を支えています。

大きな２番目は、人的資本の充実、ということ。積極的労働市場政策の話をしましたが、働く人の能力を高め、人的資本の充実という形で雇用を生み、そして付加価値を生み、付加価値生産性を高めています。

大きな３番目は、消費を通じた地域経済への貢献。年金を考えればわかります。年金給付は50兆を超える規模です。これは高齢者にとっては所得、収入になるわけですね。経済効果としては賃金と同じです。つまり高齢者の消費を支えている、消費を通じて地域経済の下支えをしていることになります。

大きな４番目は安心を通じた消費の拡充。これは後でお話ししますが、例えば高齢者には自分がいくつまで生きるかわからない、先々病気になるかもわからない不安がありますから、いざという時のために一定の貯蓄を持とうとします。しかし、どのくらい準備すれば安心かわからないので、リスクプレミアムを乗せた水準で貯蓄を保とうと考えます。つまり、過剰貯蓄になる。でもきちんと老後の安心が確保されれば、過剰な貯蓄を持つ必要はなくなります。

若い頃、デンマークに２回ほど行ったことがありますが、デンマークの高齢者は貯蓄をほとんど持っていません。年金２か月分とか３か月分とかそれくらいしか貯蓄を持っていません。つまり貯蓄を持っていなくても心配じゃないんですね。これは本当かなと思いましたけど、実際そうでした。

高齢者は数も多いですし、資産も持っていますので、彼らがきちんと貯蓄を消費に回してくれることは経済の底支えにもなります。

最後に、ライフイノベーション。医療は特にそうですが、医療は専門的なサービスですし、いろんな技術開発、イノベーションが起こる分野です。画期的な医薬品や医療機器、診断機器、ITを活用した遠隔診療、健康情報のクラウド化、AI診断、いろいろな可能性がある先端技術分野でもあるんですね。今回のコロナワクチンは、今までのワクチンとは全く違う画期的な技術で開発したワクチンです。つまり、ライフイノベーションというのは高付加価値産業なんですね。

つまり物の見方で、社会保障と経済の関係というのは、いろいろな可能性があって、いろいろな議論ができるということです。

■ 国民負担率と経済成長の関係

最近はあまり使いませんが、国民負担率という数字があります。税と社会保険料の負担が国民所得の何%になるか、という数字で、国際的には分母にはGDPを使うのが普通で、国民負担率というのは日本でしか使わない概念です。それもあって最近言わなくなったのではないかと思いますが、とにかく公的部門、政府の大きさを示すのに財務省がよく使っていた数字です。

この数字が50%を超えると社会が停滞する、とまことしやかにずっと言われ続けていて、政府も「国民負担率が50%を超えないように行政改革・歳出抑制に努める」なんて言ってました。なんで50%なのか、根拠、聞いたことなかったですがね（笑）。

国民負担率そのものは大した話ではなくて、国民負担の高さ＝政府の大きさと経済成長率がどういう関係になっているのか、国民負担が大きいと成長しない、というのは本当かどうかを調べてみよう、ということで作ったのがこのグラフです。

図表11－2の上図は1990年から2008年までの約20年間の平均成長率と国民負担の関係を示したもので、下図は2009年から2019年までを示したものです。ベースはOECDのデータ、縦軸が成長率、横軸は国民負担率、政府の大きさ、税社会保険料で国民負担をどれくらいしているかという数字です。

図表 11-2　国民負担率と経済成長率の関係

国民負担率が高いからといって、経済成長率が低いとは限らない。

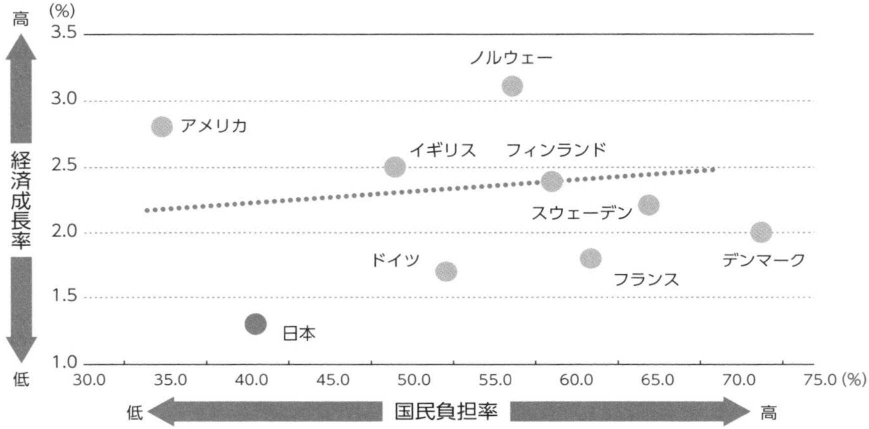

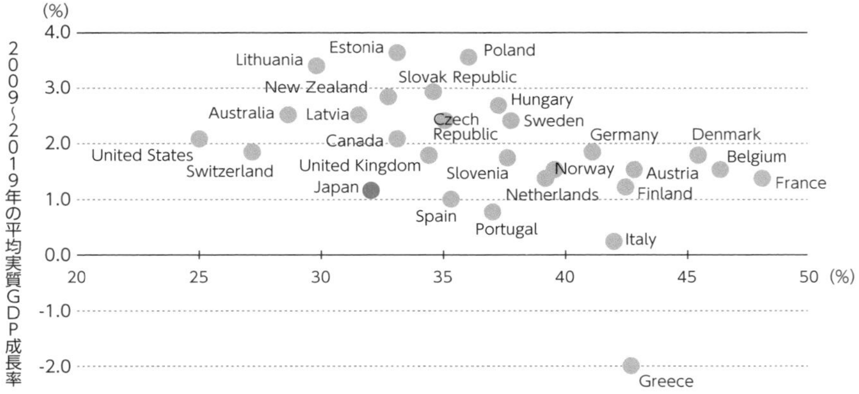

もし国民負担が高い国の成長率が低いんだったら、近似線は右肩下がりになるはずですね。しかしこの図表を見ると、これだけばらついている。なので近似線は意味がないかもしれないですが、これを引いてみると少し右肩上がりの線になるんですね。

日本の国民負担率はアメリカに次いで低いのに断トツに成長してない。つまり国民負担の高さと経済成長にはどうもそんなに因果関係はない、ということがわかります。

IMD、企業の世界競争力調査の話をしたと思いますけど、企業の競争力、成長の源泉を生む企業の競争力っていうのは、別に国民負担率で規定されてはいないからです。

図表11－2の下図は対象国が増えているのでちょっとわかりにくいですが、成長しているのは東欧やバルト諸国など新規加盟国、やはり国民負担率と成長には有意な関係が見て取れません。日本は政府の大きさに関係なく一貫して成長していませんね。

02　主要な産業としての社会保障

■ 社会保障は多くの雇用を生み出している

2008年、リーマンショックというアメリカ発の大きな経済の落ち込みがありました。世界中で経済がシュリンクし、成長率が落ちて、日本でもアメリカでも、世界中で景気後退、雇用の落ち込みが生じました。

図表11－3の左側は、リーマンショック直前1999年から2008年までのアメリカの産業別雇用者数の動きです。この期間、アメリカは非常に景気が良かった。この時代に雇用が増えた分野はどこか。増えたのはサービス業、

図表 11-3　アメリカにおける教育・医療産業の雇用状況

○アメリカにおいて、教育・医療産業は過去 10 年にわたり安定的に雇用を拡大。
○1999 ～ 2008 年において、教育・医療分野の雇用者数が最も拡大した。
○また、リーマンショックを経ても、教育・医療分野の雇用だけがプラスとなっている。

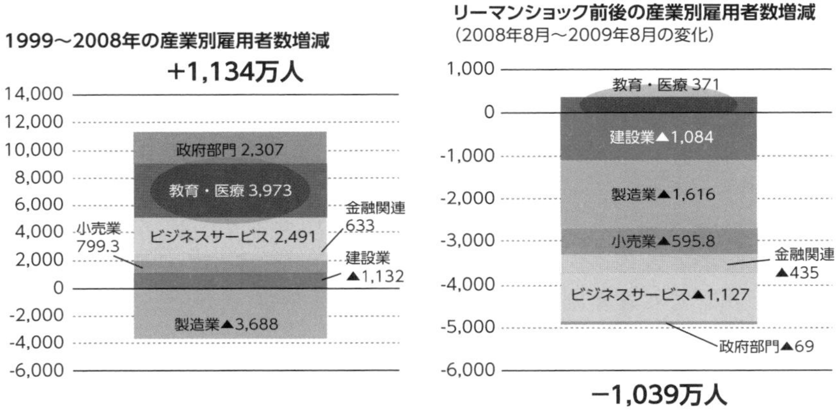

ビジネス、金融、それからパブリックセクター、そして医療と教育などで雇用が増えている。マイナスなのは建設業、製造業。これは日本も同じ傾向です。

そして、リーマンショックが来ました。どの産業も軒並みダメージを受けて、みなマイナスになる。以前お話したように、アメリカの雇用統計は景気動向を敏感に映し出します。製造業、建設業は言うに及ばず、ビジネスも小売も金融もみんなマイナスになった。その中で、教育と医療だけは雇用が減らなかったんですね。

つまり、教育とか医療という分野は、景気の動向に左右されない。言ってみれば景気が良くても悪くても底堅いベースロードのニーズがあり、安定的に雇用需要がある産業分野ということなんですね。

では、日本はどうだったか。

図表 11 － 4 は、2002 年を 100 として、産業分野別に就業者がどれくらい

図表 11-4　産業別就業者数の推移

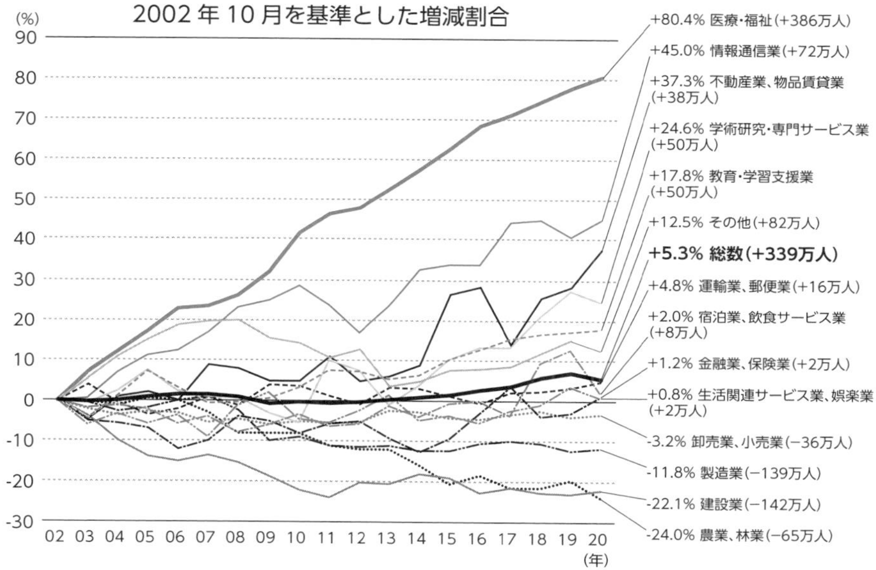

増減したかを示したものです。残念ながら日本経済はずっとデフレだったので、総じてあまり調子がよくありません。そんな中でも、産業別に見ると、雇用が伸びているところとマイナスのところがあって、どの分野が伸びているか、成長しているかがわかります。

全体の動向を見ると、2013年あたりから少しずつ就業者総数が増えていますが、どうもこれは景気の回復ではなく、非正規労働者の増加、正規労働者を減らして非正規に切り替えていることで雇用者総数が増えている、ということのようです。その前提ではありますが、この20年で雇用者総数は約5％、340万人ほど増えています。

個別に見てみましょう。まず建設業は142万人が減ってマイナス22.1％。昔は建設業って600万人くらいの就業者がいて、日本は「土建国家」などと言われたものですが、今やどんどん減っている。製造業一般もマイナス、農林業（第一次産業）もマイナス、金融・保険、飲食・宿泊は微増ですがおそらく非正規化が進んでいるからでしょう。

雇用が一貫して増えている分野は一つだけ。医療・福祉です。386万人、80.4%の増。もう一つ安定的に伸びているのは情報通信、ITですね。45%増。ITは今やもうどの国もそうですが産業を引っ張っている、最も付加価値を生んでいる先端的な産業分野です。しかし、医療介護の伸び率はITの1.7倍にもなります。人数ベースで行けば5倍です。

医療費の負担が多くて大変、介護保険の負担が大変、医療費が40兆円、介護が10兆円、保険料が上がって大変大変、と経済界の人やエコノミストは言いますが、そのお金はドブに捨てているわけではなくて、こういった形でサービスになり、サービスが雇用を生むという形できちんと国民に返ってきているのです。国民経済計算的にもきちんとお金が循環して雇用も生んでいる、ということです。

■ 自動車産業に匹敵する巨大産業

しからば、「産業」という視点で見た場合、医療産業というのはどれくらいの産業なのでしょうか。市場規模は情報通信産業58兆円。自動車62兆円、建設がまあ頑張って52兆円、不動産、大型小売店と続きます。医療は医療だけで43兆円。国民医療費がこれくらいありますからね。さらに医療の周りにはいろいろな産業があります。医療関連サービス、健康産業、フィットネス、医療費でカウントされない医療産業の裾野が広がっている。そうすると裾野を含めた医療関連サービスの分野というものはもっと大きい。さらに介護まで含めるともっともっと大きな産業と言えます。

日本の医療産業は、もう名だたる日本の主要産業、自動車とか不動産とか情報通信に匹敵する非常に大きな産業分野、かつ非常に大きな雇用を生み出している産業分野だ、ということになるわけです。

しからば、社会保障分野を「産業」として捉え、その機能を強化して社会保障ニーズをカバーする、必要なサービスを提供する、となるとどうなるか。

図表 11-5　日本の主要産業の市場規模の比較（2013 年）

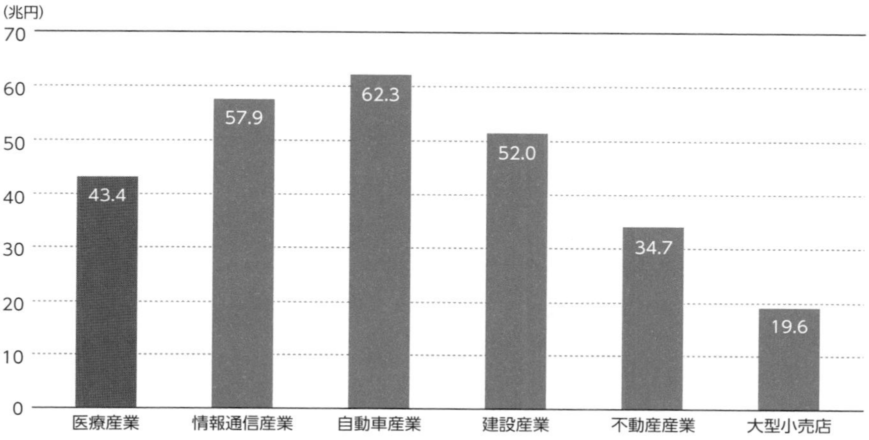

そこに新たな市場と雇用が生まれ、お金が回るようになる。そうすると一体どれくらいの経済効果を生むだろうか。

図表 11 − 6 は 2008 年の社会保障国民会議のときに行った医療介護費用のシミュレーションをもとに作った図です。当時、医療介護サービス分野は 40 兆円くらいの規模があって 385 万人くらいの人が働いていました。医療介護の新技術開発、新薬開発をやって新しい医薬品を作り、医療機器の研究開発もやり、診断技術、治療技術、医療データ、ゲノム、難病や認知症研究、AI 診断やオンライン診療、いろんな研究開発を進める、地域の医療介護体制を強化して効率的で必要な医療を提供できる体制を作る、それを支える専門職、マンパワーも養成する、ということを行うと、2025 年には約 670 万人、90 兆円くらいの公的な医療介護サービス市場ができます。さらにこの公的なマーケットの外側に様々な周辺サービス、民間サービスがありますから、非常に裾野の広いサービスができる。これは医療とか介護のサービスの話ですから、きちんとしたサービスが提供されれば国民の安心につながります。雇用も生まれますと、技術革新もありますから成長にもつながります、とい

図表 11-6　社会保障の機能強化による経済効果――市場と雇用の創出

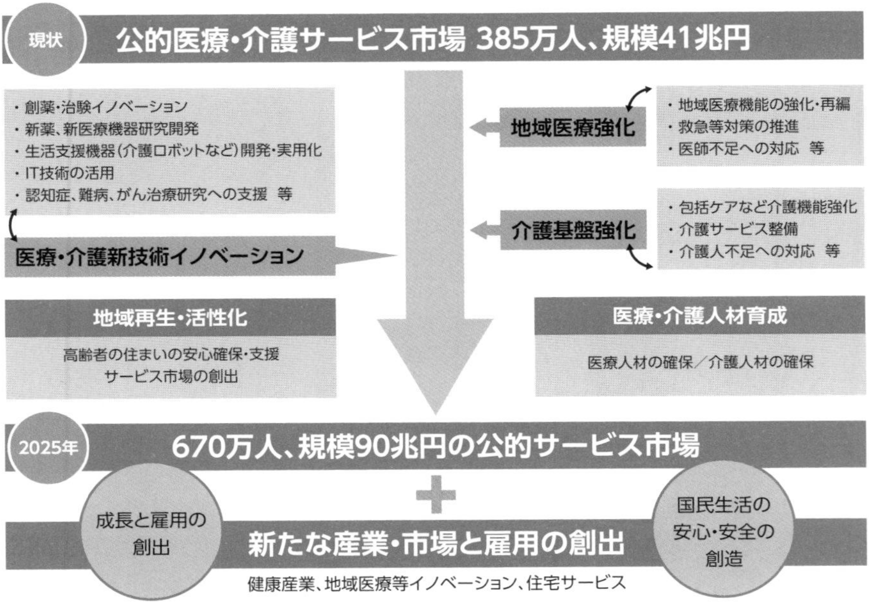

うわけです。

ですから、きちんと社会保障にお金使ったほうがいいですよと、そういうことを訴えたかった資料です。

■ 保育の充実がもたらす経済効果

次は保育です。保育サービスや育児休業給付など、両立支援系の現物サービス・現金給付（所得保障、費用保障）をきちんとやると、どれくらいの経済効果があるか、という試算です。

今、残念ながら保育サービスは足りていないわけですね。待機児童がいて、子供が預けられないから職場に戻れない、子供が預けられるかどうかがわからないので、職探しができない。そもそもそういう状況では子供を作ること

図表 11-7　保育サービスの充実等による経済効果（イメージ）

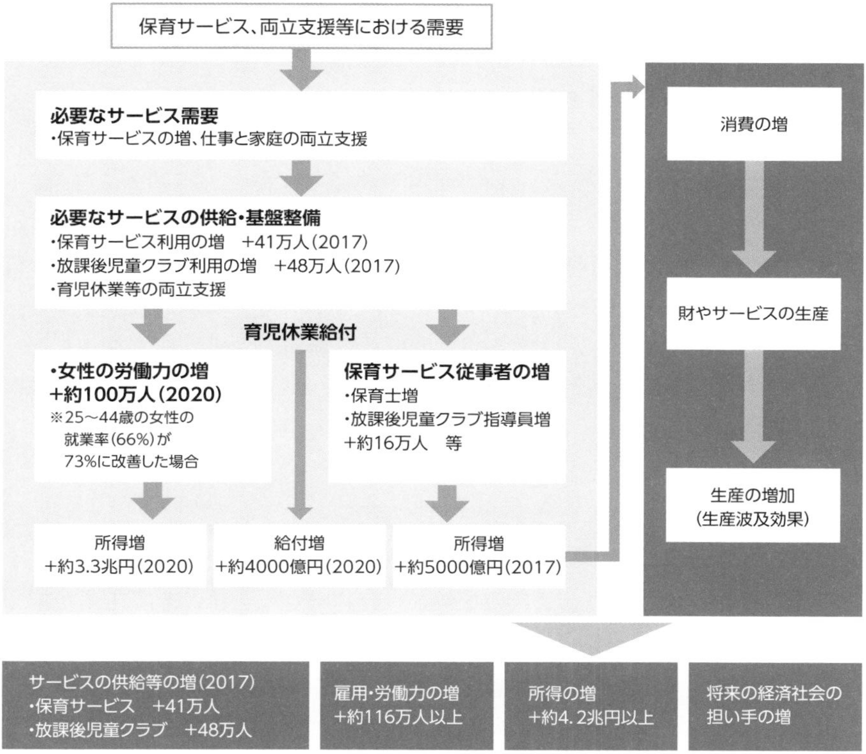

※子ども・子育てビジョン（2010年1月29日閣議決定）等に基づき厚生労働省において仮に試算

を躊躇する人もたくさんいる。子供を持つのに、仕事とどっちを取るかみたいな選択を迫られる。そういうバカなことが起こらないようにきちんと保育サービスを増やして、仕事をしながらでも子育てができるようにする必要があります。

保育所を増やします。そうすると保育所を利用する人が増えて、その人たちは働きに出ることができる。保育所だけではなくて放課後児童クラブも同じです。それから有給の育児休業をきちんと取れるようにする。例えば子供が２歳なら２歳まで、保育所に預けて働きに出るか、育児休業を取って所得補償を受けて家で子供を見るか、どっちを選択してもいい。雇用がつながるようにして育児休業明けにきちんと職場に復帰できることを制度的に保障する。そうすれば、別に悩まなくても女性は子供を持てるし働きにも出ることができる。

これでだいたい100万人くらいの雇用が確保できます。25歳から44歳までの女性の就業率が今６割くらい、これをフランスの73%並みに上げることができれば100万人くらい働ける女性が増える。この人たちが働けば給料がもらえて所得が増える。所得が増えると消費が増えて市場も大きくなる。

育児休業の制度をきちんと整えて、育児休業期間中の所得補償をきちんと行う。今、パートの人たちは雇用保険に入れないので、育児休業を利用できない、給付をもらえない。で、雇い止めされる人がたくさんいますが、そういう人が出ないようにする。

保育所を増やすと保育所で働く保育士の雇用が生まれて、この人たちが働いて給料をもらうことになるからここでも消費が増える。消費が増えるとその消費に見合った財やサービスの生産が行われるから全体として生産が増える。

つまり需要の側から経済を刺激することができるということで、ぐるぐるぐるっと回って、保育サービスを充実させることはとても経済効果があるということになります。

ものの見方を変えると、全然違った世界が見えてくるということです。

■ 社会保障がもたらす地域の活性化

次は地域経済との関係です。

2019年度で120兆円くらい社会保障給付はあります。年金が60兆弱、医療が40兆、福祉その他が30兆弱でそのうち介護が約10兆、という感じです。ここではまず年金について考えてみましょう。年金というのは高齢者への給付ですね。働いている現役世代は賃金で生活していますが、高齢者は年金で生活しています。ですから、生活の原資という意味では年金と賃金は同じですね、収入ということです。そしてこの収入が彼らの生活を支える、つまり消費に回ります。

図表11－8の下図は、地域経済に年金給付がどれくらいのウェイトを占めているか、その県の県民所得に占める年金給付の割合を示しているものです。高齢化の高い県は、当たり前ですけれども、県民所得のうち年金が占めている割合が大きい。例えば高知県だと県民所得の15％が年金給付。つまりこのお金は消費の下支えをしていることになっているわけです。

医療や介護は現物給付、言い換えれば生活インフラですね。これがきちんと整っていれば、生活が安定する。そこに住み続けるための基礎的なインフラになっている。そういう意味もあって、地域再生とか地方経済の自立とかいう観点から見ても医療や介護のサービスは重要です。もちろん地域に雇用も生みます。

所得の再分配、という観点で考えてみましょう。

社会保障は所得の高い人から低い人に対して再分配をしますが、別の視点から見ると、個人で言えば現役時代から高齢期時代へ、社会全体で言えば現役世代から高齢世代への所得移転、ということになります。さらに見方を変えると、実は地域間の所得の再分配もしています。若い人、働いている人は東京にたくさんいますから、若者の多い都市部から高齢者の多い地方に所得移転をしている、という効果もあるのです。高齢化率の低い関東圏や東海からその他の地域に所得を移転する、そういう見方もできます。

つまり社会保障には、地域間の格差是正という意味での所得再分配の機能もあるということなんですね。

■ 将来不安の解消による経済効果

次は将来不安の解消による経済効果、という話です。

予備的貯蓄という概念があります。人間はいくつまで生きるかわからない。老後に病気になるかもしれない。要介護になるかもしれない。サラリーマン

図表 11-8　社会保障の機能強化による経済効果──地域経済の活性化

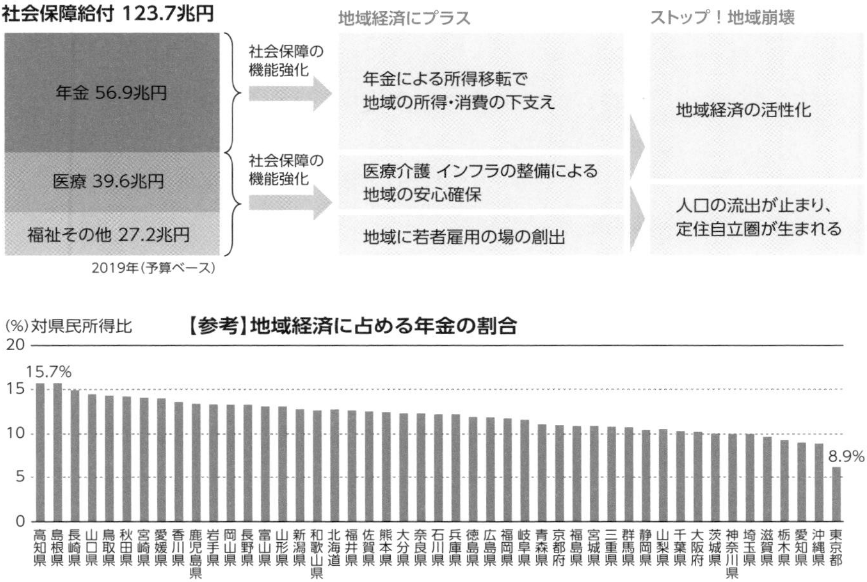

図表 11-9　社会保障の地域間所得再分配効果

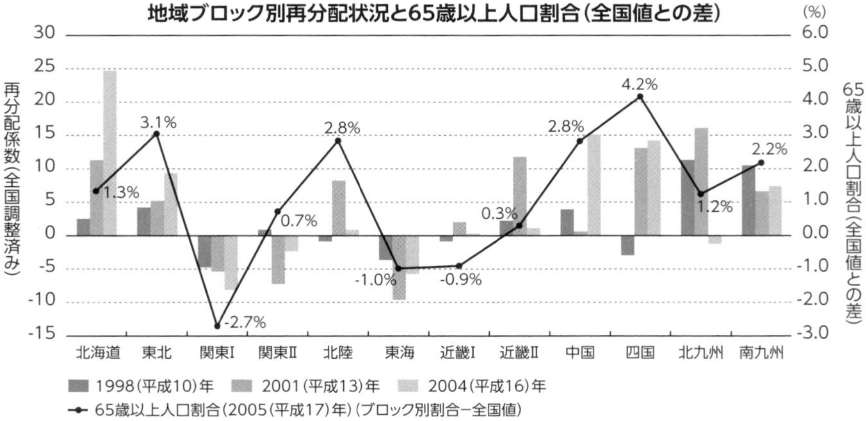

であれば退職すると収入はない。自分の貯蓄と年金で生活することになる。そうすると、医療保険や年金が十分でなかったりすると、将来不安が大きくなる。将来不安があると、その分だけ収入を切り詰めてまさかのための備え、貯蓄に回すということになる。

しかし、社会保障がきちんと充実していて制度に対する信頼感があれば、そんなに貯蓄はしなくていいので、予備的貯蓄の額が少なくなります。

もちろん、社会保障制度が充実しても、いくつまで生きるかわからないという意味においては不確実性があるので、予備的貯蓄がゼロにはならないのですが、もし本当に将来不安がなかったら、そこまで貯蓄しなくてもよかったかもしれません。もちろんこれは結果論なんだけど、不安があることで一体どれくらい過剰な貯蓄をみんながしているか、ということを NIRA（総合研究開発機構）というシンクタンクが試算をしたことがあります。

図表 11-10　将来不安と予備的貯蓄

○将来不安を感じた家計が所得や支出の変動に対して備える貯蓄は「予備的貯蓄」と呼ばれ、本来、将来不安がなければ貯蓄されなかったはずの過剰な貯蓄と考えられる。

○社会保障制度の充実、あるいは制度の信頼感の醸成は、予備的貯蓄を減少させ、個人消費の下支えに寄与する、という経済へのプラスの効果が期待される（内閣府[2009]、厚生労働省 [2005]）。

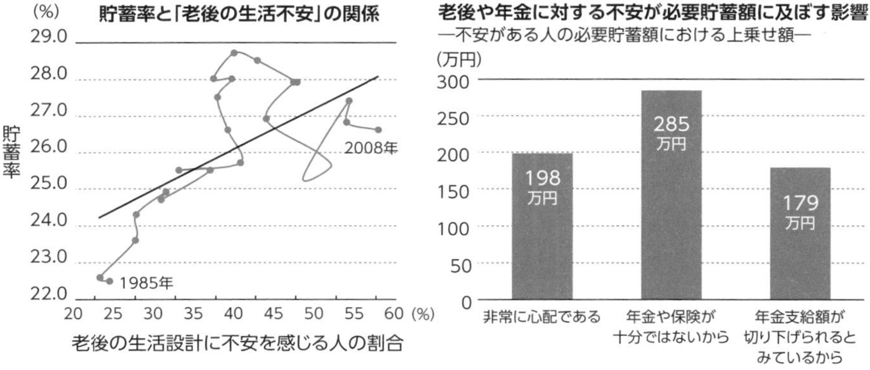

図表 11-11　「余剰貯蓄」が経済の足元を不安定にする

○NIRAは家計の「余剰貯蓄（理論的な最適水準と実際の資産水準の差）」を試算（2008年）。

○ライフサイクル仮説を前提としたシミュレーションを行って理論的な最適資産水準を計算し、退職時（65歳時）の実際の資産水準との差を「余剰貯蓄」とした。その結果、約179兆円が「余剰貯蓄」として65歳以上の家計に眠っているとした。

○その原因として、以下のような要因が作用しているとされる。
① 個人の将来に対する不安（病気、死亡年齢の高齢化）、
② 公的年金制度に対する不信と知識不足、
③ 国の財政に対する不安（増税懸念など）、
④ 日本の家計のリスク回避度の高さ、
⑤ 自分の子孫に遺産を残すための貯蓄。

退職時の実際の資産水準と最適資産水準の比較　（単位:倍）

生まれ	退職年齢	退職時の年	退職時の実際の資産水準／退職後の最適資産水準
1930年	60歳	1990年	1.456
1940年	60歳	2000年	1.385
1950年	60歳	2010年	1.393
1960年	64歳	2024年	1.651

年齢別のマクロの貯蓄残高総額　（単位:兆円）

二人以上全世帯		単身全世帯		合計
25歳未満	0.75	30歳未満	8.36	
25〜29歳	7.46	30〜39歳	21.59	
30〜34歳	24.88	40〜49歳	25.59	
35〜39歳	48.24	50〜59歳	55.13	
40〜44歳	69.80	60〜69歳	81.74	
45〜49歳	93.69	70歳以上	121.22	
50〜54歳	124.21			
55〜59歳	164.17			
60〜64歳	191.84	（再掲）		
65歳以上	390.39	65歳以上	167.69	558.08
合計	1115.43		313.63	1429.07

図表11 − 10の左側のグラフは、老後不安が高いと貯蓄額は高くなる、ということを示しています。老後生活の生活設計に不安を感じる人の割合が高ければ貯蓄率は高くなる。当たり前と言えば当たり前だよね。そして右側のグラフは、老後や年金に対する不安がどれくらい貯蓄額に影響を及ぼしているか。不安がすごくあるという人たちはやはり基本的に余計に貯蓄をしていることがわかります。

そうすると、今使えるお金を使わないで貯め込むってことになるわけですから、その時点での消費がそれだけ減ることになる。理論値になりますが、理論的に最適な資産水準と実際の資産水準の差、つまり余計に溜め込んでい

図表 11-12　各国の年齢階級別資産額の状況（1）

日本の場合、諸外国と異なり、亡くなる直前の資産が最も多い。

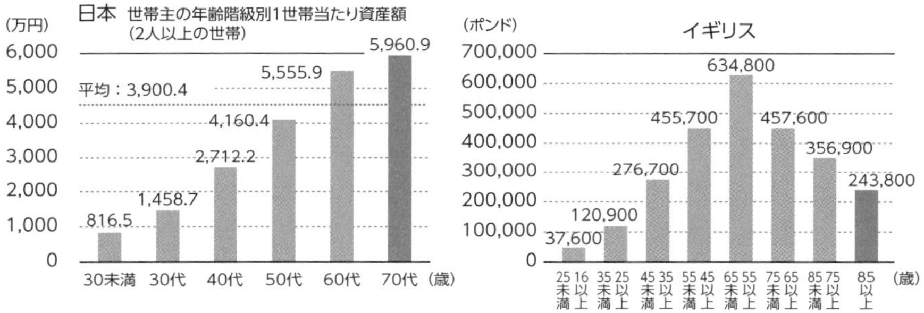

図表 11-13　各国の年齢階級別資産額の状況（2）

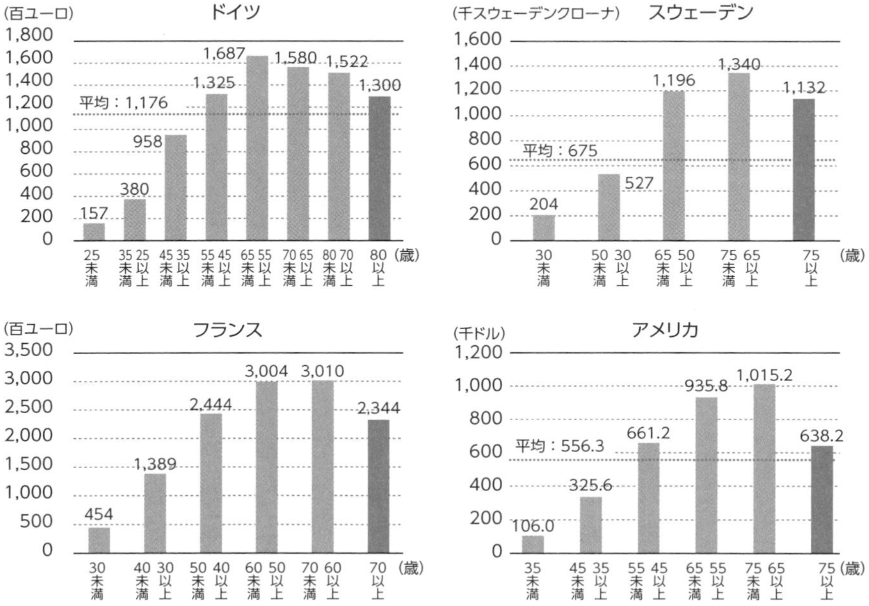

る貯蓄はどれくらいかをNIRAは計算してみたところ、なんと179兆円が余剰貯蓄だ、ということになりました。

どうしてこうなるのか。貯蓄が多めになる原因にはいくつかの要因が考えられますが、最大のものは自分の将来への不安。病気になるかもしれない。もっと長生きするかもしれない。実はこういう不安を解消するためにあるのが今の年金制度なのですが、この間散々年金はつぶれるとか、高齢化が進んで年金はカットされるとかと言われてきましたので、みんな年金は大丈夫かな？　となるわけです。年金制度の仕組みをよくわかっていないと、これは不安になる。将来、年金がもらえなくなったらどうしようと、まあこうなるわけですね。

それから国の財政が大赤字だから、どこかで財政破綻するかもしれない。そうすると、消費税を10％に上げたけど、将来もっと税金が上がって予定外の負担があるかもしれない、と考えるわけですね。

もちろん貯蓄には遺産動機ってのもある。子供や孫のためにお金を残してあげたい。こういったいろいろな要因があって、結果的にこれだけの過剰な貯蓄がありますよと。だから社会保障がもっと充実してこういう不安をなくしていけば貯蓄が減るので、それだけ足元の消費、足元の経済にはプラスになります。この話はそういう話です。

■ ライフサイクル仮説と資産

最後はライフサイクル仮説と資産の話です。

ライフサイクル仮説によれば、人間、現役時代はお金を貯める。貯蓄をして老後はそれを取り崩して生活する。年金と自分の蓄えを取り崩して生活する。基本そういう生活パターンになるのが通常ですね。だとすると、人間の一生の中で一番たくさん貯蓄をしている、お金を持っているのはいつかと考えると、退職直後ということになります。そこから先は基本的に公的年金と自分の資産を取り崩して生活する期間になるわけですから、仕事をやめた直後、65歳くらいが資産保有のピークになって、その先は少しずつ取り崩しをしていく、というふうになっていきます。

実際、諸外国の数字を見ると、基本的にみんなそうなっています。65 歳前後のところに保有資産額のピークがきて、その後は少しずつ減っていく。どこの国もそうなっています。

ところが、日本だけはそうなっていない。死ぬまで貯蓄が増えていっています。年金と自分の蓄え以外に所得がないのに、日本の高齢者はせっせと資産を増やしている。つまり年金から貯蓄しているんです。

つまりこれは日本の老後不安の高さ、高齢者たちが感じている不安、もっと言うと日本の社会保障制度への信頼度を示していると言えるでしょう。年金があっても医療保険があっても、みんな不安なんですよ、日本は。他の国はドイツもフランスも、アメリカでさえ、でさえ、なんて言ったらいけないけれど、スウェーデンもみんな退職直前が資産額のピークでそこから先は取り崩して生活している。ところが日本だけはそうなっていない。

今、高齢社会になって高齢者への給付が非常に大きいので、もっと若者にお金回せと、年寄りの年金を削ったらいいじゃないかという議論がありますが、この話はゼロサムで考える話ではなくて、社会全体としてきちんと基本的なサービスを確保するために、どのようにファイナンスをするかというように考えないといけない。

内輪で取りっこしていると、本当の問題を見失うことになります。

第 12 章

日本の社会保障を考える視点(4)

——国家財政と社会保障

今日は「日本の社会保障を考える視点」の第４回です。国家財政と社会保障についてお話をします。

社会保障の議論をするのに、どうして国家財政の話をしなければいけないのかということなのですが、前回の経済のところでもお話ししたように、今や社会保障部門は国民経済計算上最大の項目になっています。国家財政の中に占める社会保障関係の割合も、一般歳出の半分にまでなっているわけで、もはや国家財政の運命、財政規律が成り立つかどうかは社会保障で決まると言ってもいいような状態にあります。

経済と国家財政と社会保障というのは、これは三位一体と考えなければいけないというのが、日本に限らず、先進諸国に共通した状況です。なので、社会保障について議論するときには、経済や国家財政について基本的な知識を持ち、一体として考えるということがないと、きちんと理解していくことができません。みなさんなかなか国家財政のことを勉強することはないと思いますが、これはみなさん自身の問題でもありますので、この機会に勉強していただければと思います。

01 日本の国家財政を理解する

最初に素朴な疑問、社会保障の議論をするのに、どうして国家財政のことを考えなければならないのかということです。なぜでしょう。

■ 国家財政の議論が必要な理由

それは、財政制約は国家の機能不全をもたらすことになるからです。社会保障だけではなく、ありとあらゆる国の政策を考えるとき、財政という問題を抜きにして語ることができない。施策をやるほうからすれば、必要なお金

社会保障の議論をするのに、
なぜ国家財政のことを考えなければならないのか

それは、財政制約は国家の機能不全をもたらす　から

・国家財政の危機は、政策課題に対応する国家の政策選択の幅を狭め、機動的・効果的な政策の遂行を困難にする。
　→即ち、国家の問題解決能力を弱める。
　（すべての対策は「後手」に回り、結果的に問題処理コストを押し上げる。）

・政策判断が近視眼的になり、長期的視点が必要な政策（人材投資・教育等）への資源配分が行われなくなる。
　→結果的に、国家社会の「持続可能性」が弱まる。

・国家の問題解決能力の低下は、社会の不安定化を招き、かつ国家はそれを解決する術を持てない。

がないと仕事ができないので、予算の中で、それぞれの政策分野が予算配分の取り合いをする。これが予算編成ということになるのですが、自分の分の予算が確保できていればそれはそれでいいではないか、あとは財政当局が考えればいい、という考えもあるかもしれませんが、そこはそうはいかないので、国家財政全体がどうなっているのか、ということを一方で頭に置きながら、自分たちの政策を考えるということが、必要だということなのですね。

特に社会保障のように規模が大きくて、かつ他の政策分野に非常に大きな影響を与えるようなものについて考えるときは、国家財政がどういう状況になっているのかということを頭に置かないといけません。さらに言えば、社会保障は、給付だけではなくて、負担、それも国家予算を形成している租税とは別に、社会保険料という形で国民に負担を求めています。そうすると、税と社会保険料、トータルで、国家財政や国家の経済にどう影響を与えているのかということを考えながら、自分の政策を組み立てるということが必要になります。故に、国家財政のことを一方で考えながら、政策を考えなければいけないということになるわけです。

今、日本は巨額の財政赤字を背負って国家財政を運営しているわけで、そのために非常に強い財政制約がかかっています。財政制約がかかっていることで、国家というマシンは機能不全を起こしかけています。だからこの問題は、看過できないということになるのです。

国家財政の危機とはどういうことか。国は様々な政策課題に対応していかなければいけません。社会保障ももちろんそうですが、教育もそうです。いろいろな社会資本の整備もしていかなければいけません。外交ということで考えれば、安全保障について考えなければいけない。外国との関わりということで言えば、日本は先進国ですから、ODA も行わなければいけない。様々な国際機関の運営にコミットして、貢献していかなければいけない。やらなければいけないことは、たくさんあるわけですね。

それぞれの政策課題にいろいろなやり方で、国は対応しているわけですが、簡単に言うとお金がないので、できることが少なくなる。手札が限られ、規模も小さくなる。できることが限られるので、様々な政策を選択するときの政策選択の幅が狭く、かつ機動的にものごとを行う、あるいは先手を打って効果的に政策を遂行するということは、どうしても困難になっていきます。つまり、国家として、様々な課題、様々な問題を解決するための、問題解決能力が弱まるということです。結果的に、いろいろな対策は後手にまわります。too small, too late。結果的に、問題は大きくなっていき、最終的な問題の処理コストが上がっていくということになります。これが一点。

それからもう一点は、いろんなことやらなければいけない、でもお金がないとなったら、とにかく目の前にある問題をなんとかするということがどうしても先になりますね。これは家計でも同じで、お金がなくなると、明日の食事とか、今月のガス代とかが優先になっていきますから、どうしても近視眼的になります。国家の場合は、中長期的な視点で手配りをしないといけないこと、対策を講じないといけないような政策、例えば、人材投資、人的資本の育成とか教育投資とか、長期にわたって継続的にやっていかなければいけない基礎研究とか、そういう分野への資源配分が行われなくなります。それは国家としての足腰が弱くなるということになりますから、結果的に国家や社会の持続可能性が弱まっていくということになります。

こういったことが積み重なっていくと、国家は世の中でいろいろな社会問題が発生している、いろいろなトラブルが起きている、いろんな困りごとが起きているのに、それを解決していくことができない。問題解決能力が下がっていく。そうなると、国は何もしてくれないではないかと、あるいは目の前に問題があるのに、解決されないまま放置されてるではないかということになりますね。

となると、国家に対する国民の信頼は揺らいでいきます。そうなると社会の安定が損なわれ、社会の不安定化を招くということになります。にもかかわらず、それを解決するための術を国家が持てない、わかってはいるんだけど、お金がないからできないということが起きるということなので、長期にわたって国家財政が厳しい状態になるというのは、いろんな意味で国家としての、政府の機能不全をもたらすことになります。

■ 日本の国家財政の現状

では日本の現実はどうなっているか。新聞等でも言われているし、財務省はこればかり言いますからだいたいわかっていると思いますけど、日本の国家財政は非常によろしくない、しかもどんどん悪くなっています。

図表12－1は一般会計予算の歳入、歳出の状況を昭和50年、1975年からずっとプロットしたものです。昭和50年頃の歳出予算は20兆円くらいだったんですね。今の6分の1です。歳入は14兆円くらいで、歳入歳出ギャップは建設公債や赤字公債で賄っていますけれども、歳入と歳出の時系列的な伸びはほぼパラレルになっていて、入りと出はそれなりにバランスがとれていました。

下に公債発行額が棒グラフで示してあります。公債というのは国の借金ですね。上の部分が4条公債、下の部分が特例公債。4条公債というのは、財政法4条に記載されている公債で、公共事業、道路をつくったり、港湾や空港をつくったり、ダムをつくったり、そういう事業のための公債です。これは財政法に根拠のある公債で、こういう公債は発行しても構わないという公債です。

話が長くなりますけど、財政法という法律があって、そこに財政の基本

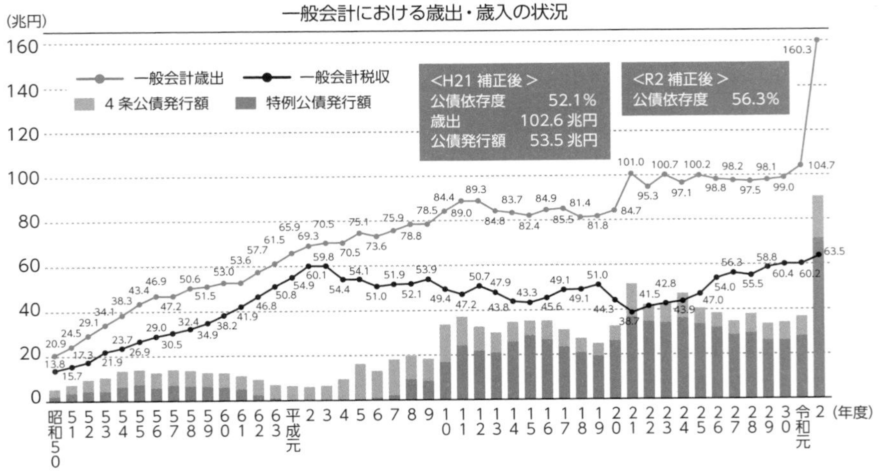

図表12-1　日本の現実——国家財政はどんどん悪化している

ルールが書いてあります。なんて書いてあるかというと、国の歳出予算はその年の歳入の範囲内で組まないといけません。要は勝手に借金してはいけませんと書かれているんですね。借金をして予算を組んでいいのは、後に資産が残るもの、つまりその年だけではなくて後の世代の人にも便益が及ぶようなものを造るための借金はしてもいいですよと。そしてそれは財政法 4 条に書かれているので、これを 4 条公債と言うんですね。今年道路を造った、高速道路を造った、だけど造った道路や高速道路は後々の世代の人も使う、便益を受ける、それによって経済にも貢献する、ということで、建物の費用は、便益を受ける後の世代の人も負担しましょう、ということで、20 年とか 30 年とかで償還する公債を財源に充てます、というのが 4 条公債です。

それに対して、特例公債は、歳入、歳出が合わないので、その分公債を発行して、借金をして帳尻を合わせるというものです。要するに赤字公債。これは財政法では禁止されているので、毎年毎年、今年に限っていくらいくらの公債を出すことを認めていただきたいと言って、特例法をつくって国会の承認を得て、仕方がないねということで公債を発行する。だから特例公債と言います。特例公債は基本的にできるだけ出さないようにするのが財政法の精神であり、財政運営の基本です。

ただし、これも後でお話ししますが、今の日本はいわゆるケインズ政策をとっているので、例えば景気の後退局面では政府が積極的に歳出を拡大して需要を喚起するという形で景気政策をする、いわゆる財政対策を行うので、景気の後退局面では、あえて国が借金して歳出を組む、ということをやります。この場合の財源には 4 条公債を充てることもありますし、赤字公債を充てることもあります。景気対策の財政赤字というのは世界中どこの国でもやっているので、何がなんでも赤字公債はダメ、財政赤字まかりならん、という硬直的な財政運営をしているわけではありません。

ここにあるように、日本は 1950 年代の半ばにも赤字公債を出していました。ただ今と比べるとほとんど問題にならない額です。ずっとくだって、平成元年（1989 年）、バブル絶頂の時ですね、政府が赤字公債を出さないで済むようになりました。特例公債依存体質の脱却、と言うのですが、平成２年度予算は本来の姿、４条公債を除けばその年の歳入で歳出をきちんと賄うという状態になりました。

ところがこの後、歳出の青い折れ線グラフは伸びていくのに、歳入は伸び悩みます。歳入は平成２年、バブル絶頂期をピークに頭打ちになります。平成２年の一般会計の税収が約 60 兆、この 60 兆という水準に再び到達するのはごくごく最近です。その間約 30 年税収はずっと伸びない、伸びないどころかずっとマイナスです。他方で歳出は右肩上がりで増えていく。結果、歳入と歳出のギャップはどんどん大きくなり、その差を借金で埋める、というのが常態化します。

日本はもはや歳出の半分とか６割くらいしか税収がない。確保している税収の倍近いお金を予算として使っている。その分は借金＝赤字公債で賄う。その借金が毎年どんどん積みあがっていき、その積みあがった借金が今や 1200 兆円、GDP の２倍以上になっています。これが今の日本の財政の状況

図表 12-2　国・地方の債務残高の推移

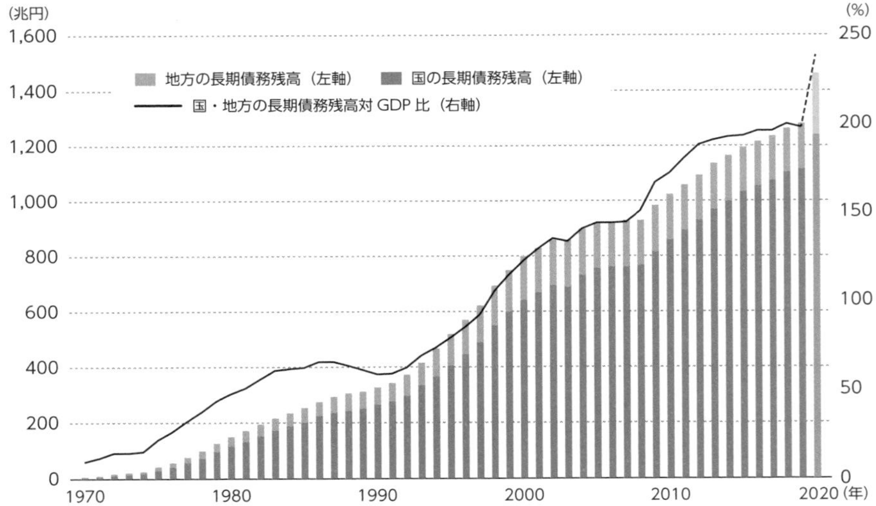

です。

　そして令和２年度、青の歳出が飛び上がっていますよね、これはコロナ対策ということで、巨額の補正予算を組んだからです。補正予算はもちろん財源はないですから、全部借金です。一律 10 万円の臨時給付金、ありましたよね、みなさんもらったと思いますけど。１億 2600 万人の国民におひとり様 10 万円配ったわけだよね、総額 12 兆 7000 億円、財源の裏付けはありませんから丸々そっくり借金です。これ以外にも様々な対策、持続化給付金とかいろいろな対策を組みましたが、全部諸々借金です。

　ということで 2020 年度は借金が跳ね上がって、こういう公債残高になっています（図表 12 － 2）。

　毎年毎年、財政赤字を埋めるための赤字国債を出し続けてきました。償還期限がきても返せない、利息も払えないのでそのための赤字公債を出して穴埋めをします。それが積みあがって債務残高はどんどん増えています。

　実は地方自治体も財政は良くないので、地方の長期債務残高も少しずつ増

図表 12-3　債務残高の国際比較（対 GDP 比）

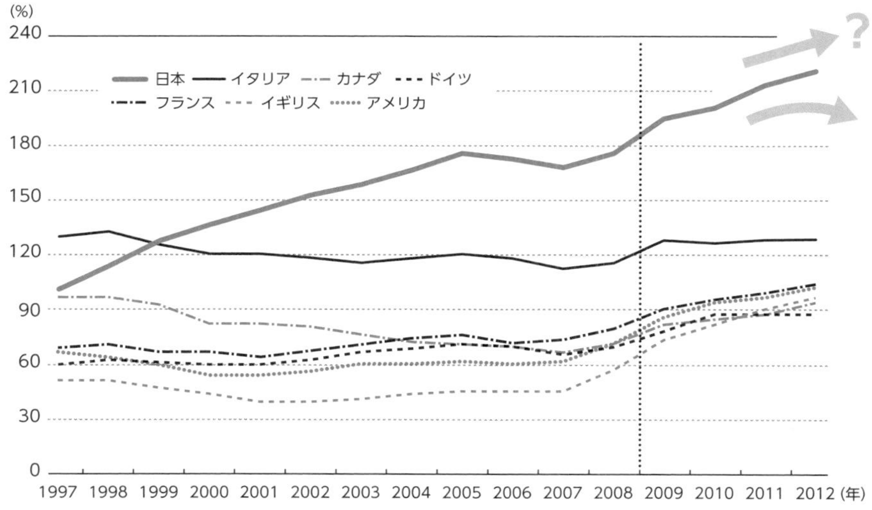

えています。積もり積もって、コロナ前の状態で総額約1200兆円。そして2020年度にコロナ対策で巨額の借金をしてピンと切りあがりました。1500兆円くらいになりました。日本のGDPに対しては250%、日本のGDPの2.5倍くらいの借金を背負っていますということになります。

これがどれほどすごい借金か。まず、日本の債務残高は日本国の歴史上最悪、かつ現代世界最悪の状態です。図表12－4を見てください。これは過去の日本の債務残高の推移です。今の日本の財政赤字はGDPの200%とか250%とかいう水準になるわけですけど、それは太平洋戦争が終わったとき、日本が焼け野原になって日本の経済が壊滅したときよりもひどい状態です。英米相手に総力戦の戦争をして、当時も戦争国債を出しまくって、戦後それが紙切れになりました。戦争に負けて日本の経済が破綻しましたからね、戦後は。今の状況はその時の債務残高を超えています。

昭和20年のあたりでグラフが途切れていますね。これは戦争で国家が破綻したので、統計が取れていないんです。あの時と同じような財政状況に日本はあります。

図表12-4　我が国の政府債務残高の名目GDP等に対する推移

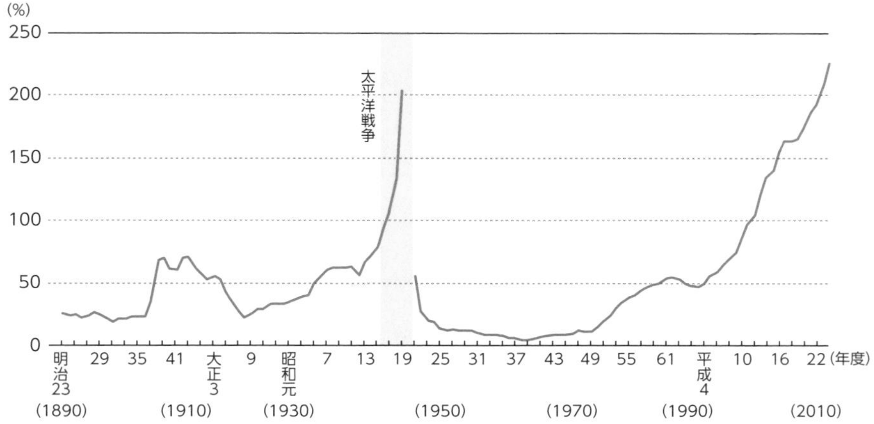

図表12－3は国際比較。コロナがあって世界中の国がコロナ対策で借金してお金を使いましたからコロナ前の状態で比較していますが、日本の債務残高はぶっちぎりです。よくイタリアとかギリシャとか言いますけど、せいぜいこの程度、日本はイタリアの倍以上の債務残高を背負っています。借金というのはいつか返すわけで、国の借金だから将来の税収で返すわけなんだよね。つまり、返すのは諸君たちの世代、ということになるわけです。

■ 債務膨張の背景

では、どうしてこんなに国債残高が増えたのか。借金が増えるというのは歳出が増えているのと歳入が減っているのとそのギャップで借金は増えるわけですね。そうすると歳入、歳出、両方にこういう財政状況になった理由というのがあるはずです。

まず歳出。歳出面では言うまでもなく、社会保障給付が膨らんでいること。高齢化が進んで社会保障給付金が増えていることですね。

それから、地方交付税交付金。そもそも交付税というのは所得税・法人税・酒税・消費税の一定割合を自動的に地方に渡す、というもので、地方自治体の固有財源ということになっています。消費税も20％は地方に行くんです。地方も国と同じように歳出が増えている。特に、後で話しますが、国が景気対策で歳出を増やすと、裏負担と言って地方にも歳出が発生します。国の政策のせいで歳出が増える、どうしてくれるんだ、となるので、その分国が交付税の上乗せをして面倒を見る。そういうことで、地方の歳出に対しては、国は一定の財源を手当てしなくてはならないということになっていて、それが増えています。

図表12－5にあるように、平成2年から令和2年までの30年間で社会保障給付は344兆円増えました。地方交付税交付金も86兆円増えました。この間、全体として歳出は520兆円増えていますけど、地方交付税交付金と社会保障で400兆円以上増えている。

つまり、歳出で増えているのはほとんど社会保障と地方交付税交付金だけなんですね。それ以外の歳出はここ30年ほとんど増えていない。その他歳出のところ、今年初めてコロナ対策でお金をたくさん使ったから増えていますが、この間ずっと、国の予算で社会保障以外はほとんど増えていない。教育とか科学技術とか防衛とか、いろいろな分野があるのに、他の分野はほとんど増えていなくて、ひたすら社会保障だけが増えています。

つまり、一生懸命財務省は予算編成の段階で歳出が増えないようにコントロールして、ゼロシーリング、マイナスシーリングと言って他の予算は抑え込んでいますけれども、社会保障だけは抑えられないということなんです。

次に歳入。歳入のほうは税収の落ち込みが大きいということに尽きます。

グラフにあるように、税収はずっと減っています。この間の税収減は120兆円を超えます。もちろんその大きな理由は長期にわたる景気の落ち込み、デフレなんだけど、実はそれ以外に、様々な景気対策の一環で減税をしているんですね。そのこともあって税収が増えていません。

結局、社会保障と地方交付税と税収の落ち込みで、その分が全部借金になっている、こういう構造になっているということです。

歳入歳出構造がどう変わったか。今のお話を予算で見ていきましょう。

1990年度（平成2年度)、この年は特例公債の発行が0になった年ですよね。財政状況が一番良かった年ということになるんですが、図表12－6の左側の上の円グラフを見てください。歳入71.7兆円、このうち税収が60兆円、歳入の80%はその年の税収です。そして公債金、この年は赤字公債がないので4条公債だけ、4条公債が7.3兆円で約10%でした。

2020年度（令和2年度)、この年の当初予算は、税収は63.5兆円、ほとんど変わっていないよね。特例公債その他公債が32兆円。約30%が公債。それでもここ数年税収が増えたので税収の比率は高くなっています。消費税を上げたり、企業の税収が良かったりしましたから。最悪の時は税収が歳入総額の半分にまで落ち込んだ年度もありました。

歳出予算のほうはどうか。1990年度の歳出予算の規模は約70兆円。この予算が2020年度には100兆円まで膨れ上がっている。30兆円も国の予算が

図表 12-5　国債残高の増加要因――社会保障費・地方交付税の増大と税収の落ち込み

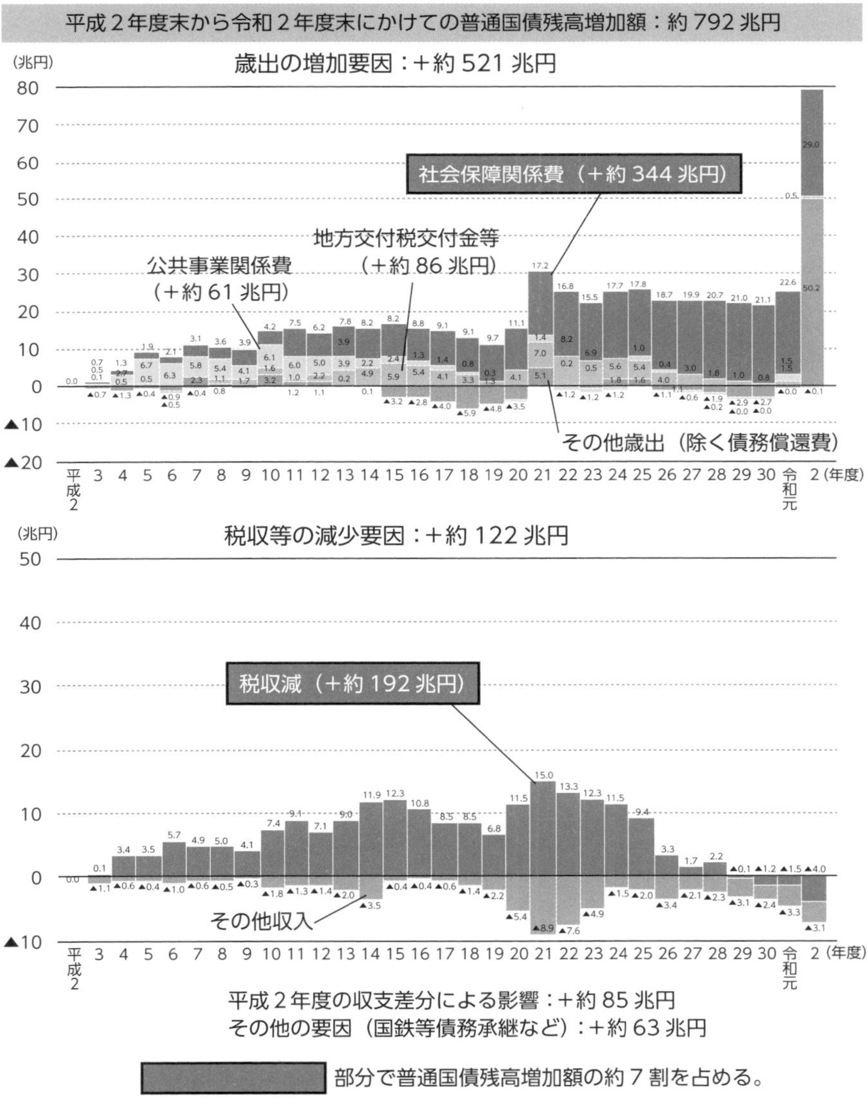

図表 12-6　歳出・歳入構造の変化——社会保障費と国債費

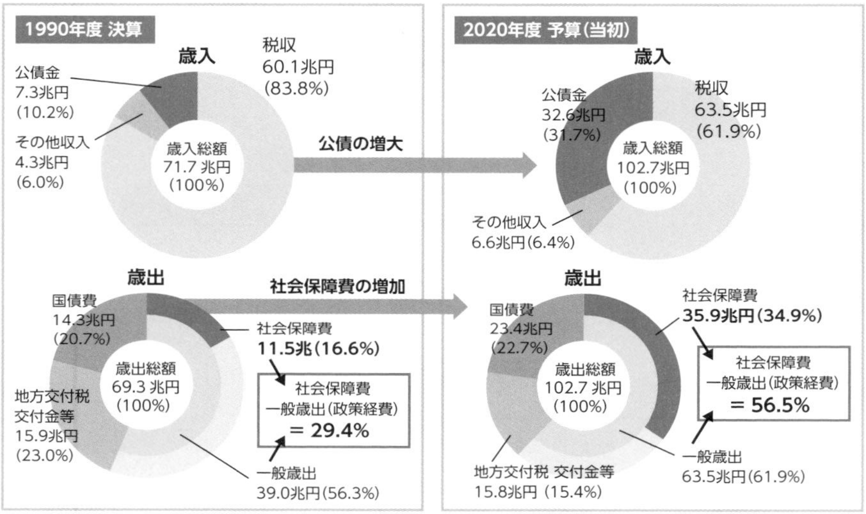

増えた、なんでこんなに増えたんだ、何に使っているんだということです。

まず 1990 年の予算を見てみますと、歳出総額 69.3 兆円。社会保障費が 11.5 兆で全体の 16.6%。国債の償還、昔から借金をしているから借金返しをするわけだよね。で、借金を返してまた借金をする。借金を借り換えているわけだけど、これが約 21%、14.3 兆円。地方交付税交付金が 15.9 兆円で約 23%。この二つは義務的に歳出しないといけないお金、コントロールできないお金なので、普通の政策に使えるお金、これを一般歳出と言いますけど、一般歳出はこの国債費と地方交付税交付金を除いた残りの部分となるので、1990 年度の一般算出は約 39 兆円。この 39 兆円のうち社会保障費は 11.5 兆だから、約 30%が社会保障費ということになります。この時点で、すでに社会保障費は最大の歳出項目でした。

では、2020 年はどうなったか。歳出規模は 102.7 兆円、国債の償還が 23.4 兆円、地方交付税交付金が 15.8 兆円で、これを除いた一般歳出、国が政策に使える政策経費は約63.5兆円、全体の約62％。このうち社会保障に関する費用は35.9兆円で、予算全体の34.9％、一般歳出に占める割合はなんと56.5％にもなります。つまり今、国が政策に使っているお金のうち半分以上は社会保障費ということです。

引き算するとわかりますが、一般歳出のうちで社会保障費以外の部分がいくらになっているかを見ると、1990年度も2020年度も28兆円弱。先に言ったように、社会保障費以外の経費はこの30年間でほとんど増えていないのです。教育も増えていない。文科省の人が言うんですね、日本の公的な教育支出は先進国最低、基礎研究にもお金を使っていないし、大学も高校もお金がないと。それこそIT教育したいから日本中の小学生にタブレットを配ろうと思っても、予算がとれない、学校の建て替えもできない、IT環境も整備できない、大変だ、と。そうだと思いますよ、文科省の立場からすると。

他方で税収は伸びていないし、足りない分は赤字公債で賄っているわけですから、財務省的に言えば、歳入がこんなに落ち込んでいる中で、歳出はできるだけ抑えないといけない、削れるものは削っていかなければならない。そんな中、社会保障だけが相対的に膨らんでいく、こういう状態になっていくので、財政を預かっている財務省からしてみると、とにかく社会保障費を何とかしないとどうすることもできない。予算も組めなくなるし、全部借金になるというわけです。

こういう状況の中で、必要な予算、社会保障のお金をきちんと確保する、様々な医療や年金や国民の老後の生活の保障、あるいは子育ての支援、ひとり親対策、いろいろなことに対応していかないといけない。結局、社会保障って削ろうと思ってもそんな簡単に削ることができないんですね。高齢化も進んでいるので、去年と同じように給付をしても総額は増えていきます。だから非常にコントロールが難しい。財務省主計局をもってしても結果的にこういうことになるんですね。

これをもう少しビジュアルにしてみようと思って、グラフで示しました（図表12－7）。平成2年と令和2年で30年の間の変化を見ます。まず税収

図表 12-7　歳出に占める社会保障関係費の割合

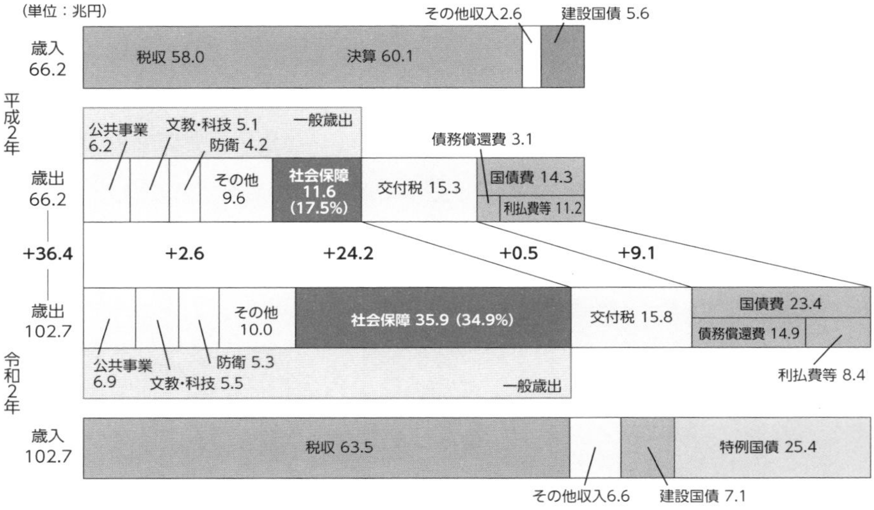

はほとんど増えていません。歳出は30兆円以上増えていて、何が増えているかというと社会保障費ですね。それ以外の部分はほとんど増えていない。国債の発行残高はどんどん膨らんでいるので、償還の費用も膨らんでいますけれども、たまさかこの間ずっと低金利なので、国債の金利負担がそんなに伸びていません。昔の国債、高い金利で借りていた国債を安い金利の今の国債で借り換えているので、何とかこれくらいの水準を保っているんです。ここに利払費と書いてありますけれども、利払費は1990年度に11.2兆円だったのが2020年度は8.4兆円で済んでいる。これは昔の国債を借り換えることで金利が下がって負担が減っているからです。今の国債はほとんどゼロ金利ですから。デフレは日本経済へのダメージが大きかったわけですが、一方で国家財政ということで言うと金利はずっと下がっていたので、国債償還の費用が少なくて済んでいる。だから何とかなってるんですね。しかし、本当にこれから景気が良くなってきて、経済成長して金利が上昇していったら、

国債の金利負担はこんなものでは済まなくなります。本当に綱渡りのような予算編成をしているというのが現在の姿なのです。

■ 国債発行残高の増大

先ほど、歳入の減少の一因として、減税をしているという話をしました。

赤字公債発行残高の増大要因には、歳出面の問題、歳入面の問題と、もう一つ隠れた国債の増大の要因というのがあります。先ほどから、いろいろな予算の数字をお示ししていますが、当初予算ベースの数字です。しかし、国は補正予算というのをほぼ毎年組みます。2020 年度も組みましたし、2021 年度も当初予算を組んですぐに補正予算の話が出ました。

補正予算というのは、本来当初予算で想定できなかった事態に対応するために組むものですが、実態はだいたい景気対策です。2020 年度の例で言えば、コロナ対応の経済対策、ということで補正を組みました。

図表 12 − 8 は、2020 年度予算を当初・一次補正・二次補正まで入れた最終形で示しています。左側が歳出です。一般歳出は当初予算で 63.5 兆円ですが、一次補正、二次補正足して約 60 兆円、当初予算の一般歳出と同じくらいの予算を組んでいるわけです。当初予算の時にあれだけ厳しい歳出抑制を行い、公債発行残高も抑え込んで、として予算を組んでいるのに、税収が増えているわけでもないのに、これだけの金額の補正予算を組んでしまうんです。当然、この一次補正、二次補正の財源はほぼ 100％借金、赤字公債です。右側の歳入を見てください。一次補正、二次補正の一般歳出額とほぼ同額の赤字公債発行を計上していますね。

新型コロナの蔓延、パンデミックという危機的状況下のことなのでそれはそれで仕方がないのかもしれませんが、当初予算に匹敵するような巨額の予算を何に使ったのでしょうか。非常に気になりますが、ここではその話はおいておくとして、財源となった赤字公債について考えてみます。

結局、2020 年度だけで、当初予算・一次補正・二次補正総計で 90 兆円の赤字公債を発行しました。最終的に去年 1 年間、補正も全部合わせると、国

図表 12-8　もう一つの国債発行額増大要因――補正予算で行う「景気対策」「成長戦略」

歳出		歳入	
一般歳出	**120.4兆円**	**税収**	**63.5兆円**
当初	63.5兆円		
1次補正	25.5兆円		
2次補正	31.4兆円	その他収入	6.6兆円
地方交付税交付金等	15.8兆円		
当初	15.8兆円		
1次補正	0.0兆円		
国債費	24.0兆円	**公債金**	**90.2兆円**
当初	23.4兆円	当初	32.6兆円
1次補正	0.1兆円	1次補正	25.7兆円
2次補正	0.5兆円	2次補正	31.9兆円
計	**160.3兆円**	**計**	**160.3兆円**

公債依存度
56.3%

一般会計ＰＢ：▲9.2兆円 → ▲66.1兆円

は160兆円のお金を使ったわけですが、このうち90兆円、全体の6割近くは借金です。一般会計のプライマリーバランス（PB）の赤字は、マイナス9兆円から、なんとマイナス66兆円まで膨らみました。

バブルが崩壊してからのこの30年、歴代政権は自民党政権も民主党政権も、「成長戦略」を作り、毎年のように景気対策・経済対策といって予算を組み、特別対策だといって補正で積み増しをしてきました。補正の財源はいつも借金です。景気対策や成長戦略を行って、それがうまく行って、経済が成長して、税収が増えましたというなら取り戻すことができますが、結局日本はこの30年間ずっと成長をしていない。これだけ毎年のように補正予算で、いわば裏口入学でお金を使って景気対策を行ってきましたが、効果を出していない。結局借金だけが積み重なって財政を悪化させただけ、というのが、厳しいようですがこの30年間の経済対策でした。

アベノミクスも、安倍晋三元総理は７年８か月の在任中、名目上３％、実質２％の経済成長という目標をついに一度も達成できませんでした。それが今の日本の経済そして国家財政の現状ということです。

■ 日本の税負担は高いのか――国際比較から考える

歳入歳出にはこれだけのギャップがあります。私たちは毎年国家予算を使っていろいろな行政サービスを国から、あるいは地方自治体から受けているわけですけども、受けているサービスに見合った負担をしていない。そういう状況にある、ということですね。国がサービスを提供するために使っているお金よりも、国民から集めている税金のほうが少ないわけですから。

そうなると、日本の税負担は高いのか安いのか、実際のところどうなんだ、という話になります。日本人は日本でしか生活していないので、日本の税金の負担が重いか軽いかなんて、比較できないから実感としてわからない。例えば日本は消費税10％。ヨーロッパに旅行した人はわかると思いますが、EU諸国の消費税は18％とか20％、日本の消費税は諸外国から比べれば高くない。だけど、みんな消費税は大嫌いだから、景気が悪くなるとすぐに消費税を減税しろという議論になる。

消費税の話はまた別の講義でお話ししますので、ここでは個人所得税と法人税について見ていきます。個人所得税と法人税は重要な税、基幹税ですね。

まず個人所得税。日本人はどれくらい所得税を負担しているのでしょうか。

国際比較のグラフを用意しました（図表12－9）。縦軸は所得税の実効税率、横軸は年収です。一目瞭然、日本の所得税の水準は先進国最低です。税負担高くないんですね、日本は。次に横軸に注目してください。目盛に0、1000万、2000万と書いてありますね。1000万超や2000万超に入る人はあまりいないかもしれません。多くの人は400万、500万、600万、せいぜい800万くらいでしょう。そうすると、右側の３分の２はあんまり関係ない。普通の人が収めている税のレベルは左側の３分の１。例えば年収600万のところで見てみると、実効税率は諸外国の半分以下。アメリカよりも低いんで

図表 12-9　個人所得課税の実効税率の国際比較（単身の給与所得者）

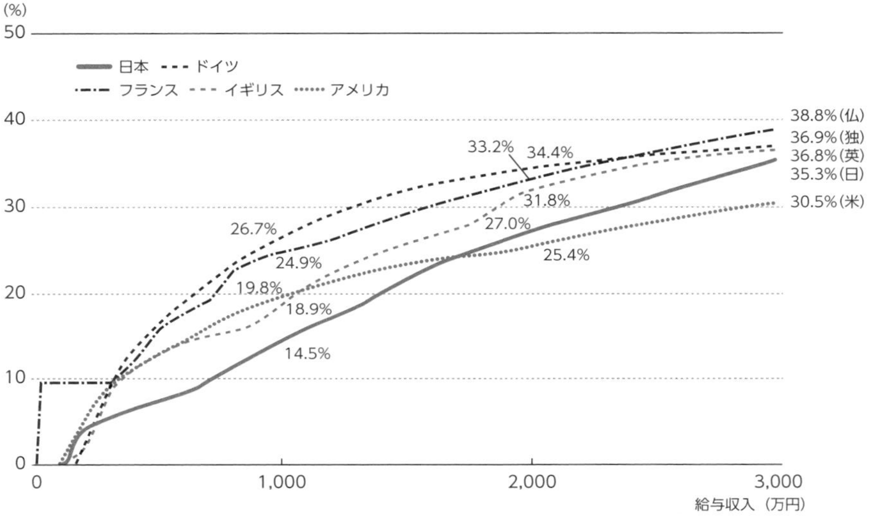

す、日本は。1000万超えてもまだ日本のほうが低い。年収1800万を超えるくらいでアメリカとだけ逆転します。

つまり、国際的に見れば日本の税金は高くない。このことは、いろんなことを考えるうえで押さえておかないといけない点です。もちろん税金は払う側からすると、安いほうがいいに決まっているのですが、我々が様々な行政サービスを国から受けている、社会保障の給付を受けている、ということを考えると、それに見合う負担はきちんとしないといけない。負担していない分は結局借金となって、次の世代に付け回しをしていることになります。

誰だって負担が増えるのは嫌ですけれど、負担のことは真面目に考えなければいけない問題です。

ちなみに、ものすごいお金持ちはどれくらい税金を負担しているのか。

日本もそうですし、ほとんどの国は超過累進課税という税率方式を採用しています。所得が高くなるに従って税率が高くなる。だから所得が高い人は

図表 12-10　申告納税者の所得階級別所得税負担率（2017年）

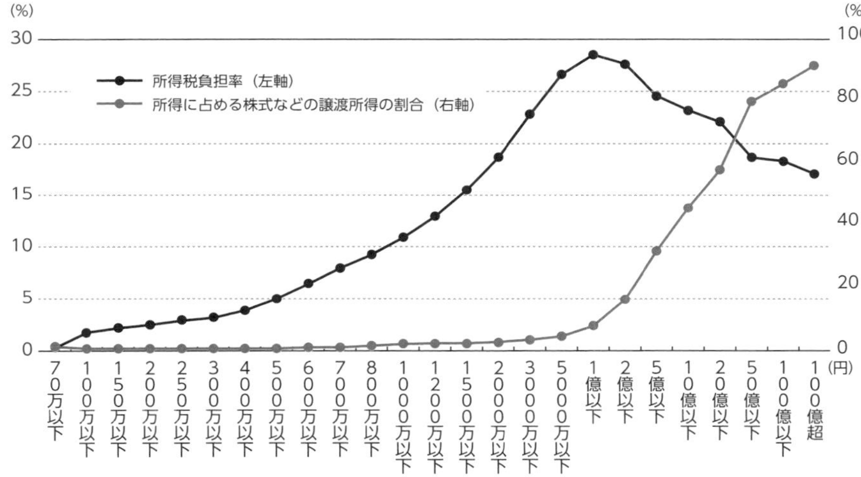

税率が高い。年収600万の人は、だいたい収入の７％から８％くらいが所得税の負担水準になります。これが倍の1200万になると税負担率は12～13%になって、実際に収めている額でいうと、年収が倍になると納める税額は４倍くらいになります。所得が高い人ほど、税率も高い。だから所得再分配ということになる。もっとお金持ち、年収１億円くらいの人だと年収の30%くらいが税金となります。よくお金持ちが「いくら稼いでも半分くらい税金で持っていかれる」と言いますけど、だいたいその通りです。

しかしながら、もっと大金持ち、年収が１億を超えるとなぜか税率が下がっていきます。

なぜこんなことが起きるのでしょうか。おかしいと思いませんか。実はこれは日本の税の仕組みに起因するんですね。日本人の７割くらい、もう少し多いかもしれませんが、多くはサラリーマンですね。なので所得の種類は給与所得です。自営業の人は事業所得ですね。事業をしている人は自分でビジネスをして稼いだお金から必要経費を引いた分が所得となります。サラリーマンは会社から渡される給与が収入となります。そういう所得は超過累進課税の対象になります。ところが年収5億とか10億とか20億とか、こういう所得を得ている人の所得というのは、ほとんどの場合給与所得ではなくて、株式とか不動産の譲渡所得なんです。こういう所得は分離課税と言って、普通の所得とは別に課税をするようになっていて、税率が定率（株式だと20%、土地だと長期譲渡所得で20.315%）なんです。そうすると、サラリーマンは普通の税金が10%で、株式譲渡の税率20%だから、株式のほうが税率が高いと思うでしょうが、大金持ちになってくると普通の給与所得や事業所得でもらうと税率は30%とか40%とかになる。だけど、株式の譲渡所得だと20%だから、分離課税になっていることで、トータルの収入に占める税率が下がっていく。日本に何人いるのか知りませんが、年収20億とか50億という人の収入の60%くらいは譲渡所得。そうすると譲渡所得が所得全体の半分を占めていたら、その部分の税金は20%でいいわけです。そうするとトータルの収入に対する税率は下がっていくことになります。

図表 12-11　法人税率の推移

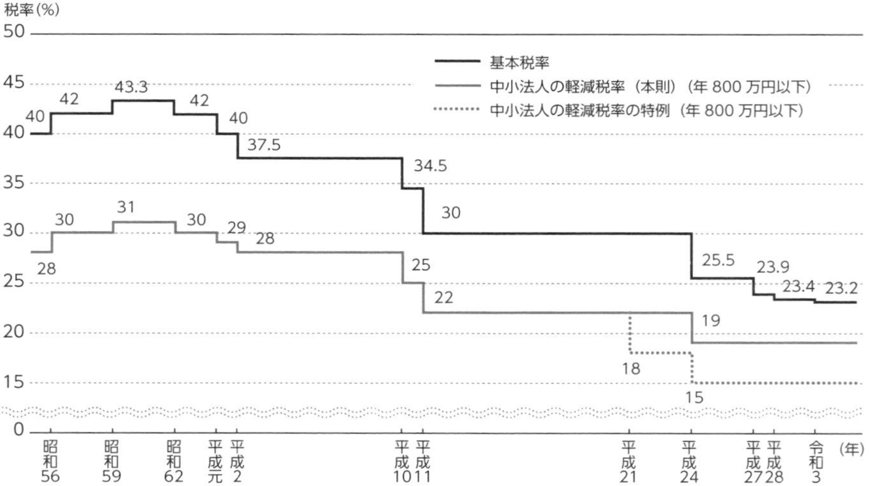

株式の売買とか、配当への課税を分離課税にするというのは、大金持ちに有利なのではということは昔から言われてきて、世界中どこでもそうなんですが、キャピタルゲインの課税というのは大きな論点になっています。アメリカのバイデン大統領が大統領就任後、2021年4月28日（日本時間の4月29日）に施政方針演説を行い、その中でキャピタルゲインの課税の強化に言及しましたが、ウォールストリートの人からは反発を受けるでしょうから、どうなるか注目です。

■ 日本の法人税の実態

次は法人税の税率についてです。

法人税の税率は、昔は40％くらいでしたが、少しずつ下がっていって、今は23％くらいで、これは、世界中で法人税率の引き下げ競争をした結果です。法人税が高いと企業がその国から逃げ出してしまうので、それこそケイマン諸島などタックスヘイブンと言われる、法人税のない国もあります。そうすると多国籍企業やグローバル企業は、本社をそこに移してしまうんです。だから、先進国はみんな税率を下げるわけですよね。日本の経団連も、日本の法人税は高い、このままだと日本の企業が外に出ていって日本が空洞化する、とか言って、言葉は悪いけど政府を脅すんですね。そうすると政府は税収がゼロになってしまうので、仕方がないから下げようということになり、ここまで下がってきたわけです。

バイデン大統領は、こういう法人税の引き下げ競争はやめよう、世界の税制当局が協力して法人税を上げよう、と提言して、どうやらその方向に動くようですが、これもお手並み拝見です。

法人税の問題はグローバル化と大きく関係しているので、なかなか1国の判断だけでは決められない。そういうことになってしまっています。

法人税の問題は、税率をどうするかも大きいですが、そもそもどれくらいの法人が税を納めているのか、という問題もあります。

世の中に法人はたくさんあります。だいたい日本には250万～260万社く

図表 12-12　法人税を負担しているのは企業の３割

区分	法人数			欠損法人割合 (A) / (B) (%)
	利益計上法人 (社)	欠損法人 (A) (社)	合計 (B) (社)	
平成 15 年度分	813,184	1,737,382	2,550,566	68.1
16	846,630	1,755,023	2,568,653	67.0
17	849,530	1,730,981	2,580,511	67.1
18	867,347	1,719,021	2,586,368	66.5
平成 18 年度分	871,241	1,715,343	2,586,584	66.3
19	852,627	1,735,457	2,588,084	67.1
20	740,533	1,856,575	2,597,108	71.5
21	710,552	1,900,157	2,610,709	72.8
22	702,553	1,877,801	2,580,354	72.8
23	711,478	1,859,012	2,570,490	72.3
24	749,731	1,776,253	2,525,984	70.3
25	823,136	1,762,596	2,585,732	68.2
(構成比)	(31.8)	(68.2)	(100.0)	
内　連結法人				
平成 15 年度分	38	168	206	81.6
16	75	219	294	74.5
17	156	266	422	63.0
18	234	306	540	56.7
平成 18 年度分	275	315	590	53.4
19	308	377	685	55.0
20	258	490	748	65.5
21	266	554	820	67.6
22	289	601	890	67.5
23	388	698	1,086	64.3
24	626	617	1,243	49.6
25	803	589	1,392	42.3
(構成比)	(57.7)	(42.3)	(100.0)	

らいの法人があります。このうち法人税を払っている法人はどれくらいあるのでしょうか。

法人税を払っている企業は実は３割ほどしかありません。約７割の法人はこの表でいう「欠損法人」、要するに利益の計上がない赤字法人です。赤字法人といっても、売り上げが全然ない、収入がないということではありません。会社経営をして、売り上げがこれだけで、いろんな経費を引いて、減価償却して引当金積んで、いろんな税制上の控除もして、といろんな計算をして最終的に課税対象所得がマイナス、赤字でした、という法人のことです。赤字だから税金を払わない。課税対象になる所得がないわけですから。そういう赤字企業が全体の7割にもなります。

そうなると、税金払ってる企業のほうが珍しい。払っているのは儲かっている企業、だいたいは大企業、上場企業。普通の街中にあるような中小企業は、ほぼ法人税を払っていないと思っていい。というのが日本の法人の実態です。

ただでさえこういう状態ですから、景気が悪くなったら納税している法人はもっと減る。というわけで、デフレが続いて景気が低迷している日本では法人税収が伸びず、あまつさえ景気対策で減税したりするので、税収はなかなか伸びないということになるわけです。

02　社会保障費は最大の歳出項目

最後に、社会保障費の話をします。

■ 社会保障給付費はGDPの2割超に

社会保障費は国の最大の歳出項目です。昭和25年、制度審勧告が出てからの日本の社会保障給付費の推移を示したのが図表12－13です。昭和36年、1961年が皆保険・皆年金の年だったわけだけども、当時の社会保障給付費は0.7兆円、7000億円です。そこからずっと上がってきて、昭和48年が福祉元年で、この年に年金の物価スライドが入ったり、老人医療無料化を

図表 12-13　社会保障給付費の推移

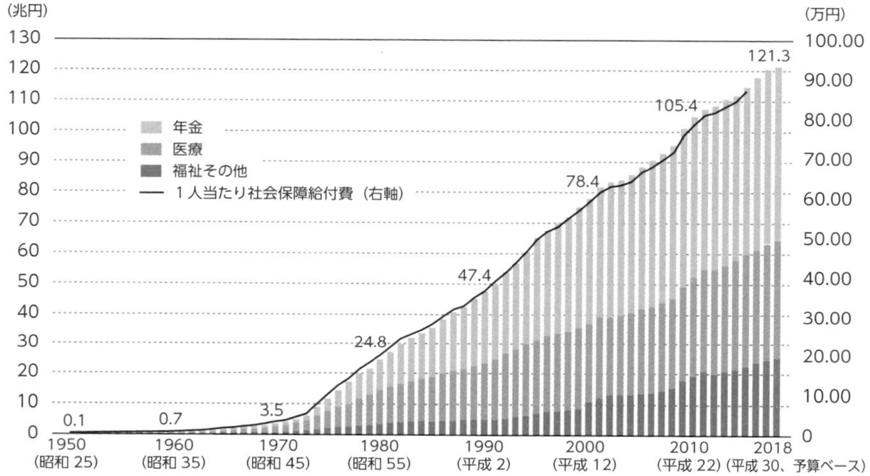

実施したりして、ここから社会保障給付費の伸びが加速していきます。高齢化も進むし、年金も成熟化していくし、医療の水準が上がっていくし、ということで社会保障給付費は右肩上がりに増えていきます。直近では約 120 兆円になっています。

120 兆円というのは国家予算とほぼ同じくらいの額で、前回国民経済にどれくらいのプレゼンスがあるかというお話をしましたが、社会保障給付費は GDP の 2 割を超えています。社会保障費はこういう形で伸びていきますが、国のほうは税収も伸びてないし、借金体質になっていて一般歳出はそれほど大きくできないので、一般歳出に占める社会保障費の割合はどんどん増えていくということになります。

わかりにくいグラフかもしれませんが、図表 12 − 14 は国民の負担、税や社会保険料負担の推移を費目別に分けて示したものです。

一番上の点破線と実線は、それぞれ国民負担率を示したものです。点破線は財政赤字の部分も織り込んで計算したもの、実線は財政赤字を含まない数

図表 12-14　社会保険料負担は上昇している（国民負担率の増は社会保険料負担の増で説明できる）

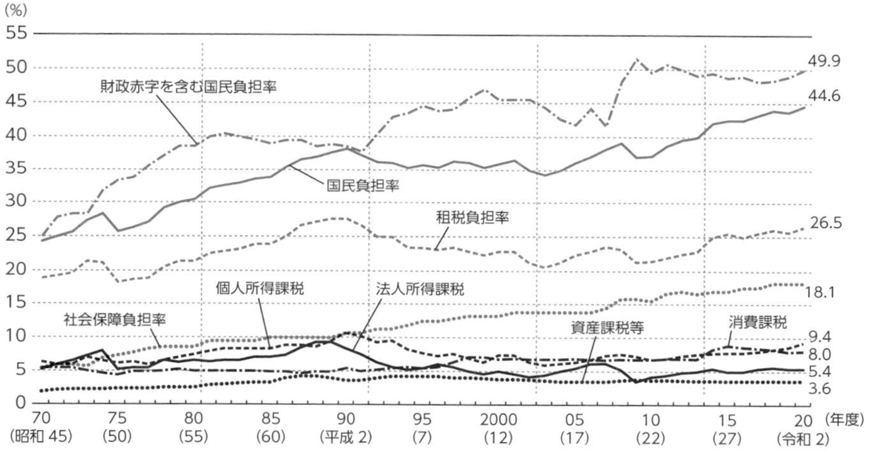

字です。国民負担全体の推移を示している、と理解してください。国民の負担は少しずつ上がっています。

下の線は租税負担率と社会保障負担率、社会保険料負担ですね。さらには個別税目、個人所得課税、法人所得課税、資産課税等、そして消費課税の負担率の推移を示しています。

よく見ていただくとわかるのですが、租税負担率や個人所得課税、法人所得課税、資産課税、いずれもほぼ横ばいです。実はこの間、国民の負担が増えているのは社会保険料です。国民負担率の伸びは社会保障負担、つまり保険料負担の伸びで説明できます。逆に言うと、社会保険料は給付の伸びに見合って伸びている、ということです。

保険というのは、負担と給付のバランスがあって、給付の伸びにあわせて保険料は上がっていく仕組みですね。医療費が上がれば医療保険の保険料も上がっていくし、年金の保険料も上がっていく。今は 18.3% まで上げてそこで頭打ちにしましたから、今度は給付のほうで調整している。それがマクロ経済スライドですよね。いずれにしても、社会保険は給付と負担のバランスがとれている。社会保障給付費が伸びていくと、保険料負担もそれなりに上がっていく。だから、この間、国民負担の増えている分はほぼ社会保険料のほうで説明できる。税は見合って増えていないということです。日本の財政収入構造はこういうふうになっているということです。

■ 現実を直視し正面から議論する

以上をまとめます。

社会保障のことを考えてもそうですし、国家財政のことを考えてもそうですが、私たちは負担の話をきちんと正面から考えなければならない時期が来ているということです。ずっと見てきたように、この間、国家財政の規模が膨らんできたのは、ほぼ社会保障費の増大で説明できます。この30年間、社会保障費以外の歳出は、ほとんど増えていません。教育、防衛、それこそ公共事業も、ありとあらゆる歳出はほぼ横ばいで、社会保障だけ増えている

負担を正面から議論する

・国家財政規模の増大は、ほぼ社会保障給付費の増大。
（この30年間、社会保障費以外歳出はほとんど増えていない）

・社会保障給付費は税と社会保険料で賄われている。
社会保険料率は給付の増大に見合って引き上げられている。
租税は消費税増税以外大きな負担増は行われていない。
租税の不足分は赤字公債で賄っている。

・社会保障費の抑制・削減には限界がある　→機能維持に必要なコストは不可避

・日本の財政は「持続可能」なのか？
巨額の財政赤字からいつまで目を背けていられる？
ドーマー条件　　完全雇用余剰　　成長は問題を解決するか？

から、国家財政の規模の増大は、ほぼ社会保障費の増大で説明できます。

社会保障費は税と社会保険料で賄われていますが、社会保険料率は給付の増大に見合って引き上げられてきています。税はどうかというと、この間、消費税の増税以外の大きな負担増はありません。むしろ減税をしている。例えば、法人税は減税している。消費税は上がっているけど、これ以外の租税は上げていない。実効税率を見ても、日本の所得税の税率は諸外国から見ればかなり低い数字で、結局足りない分は赤字公債で埋めている、こういうことになっています。

では、社会保障費は削れるかというと、何十年もの間、必死になっていろいろなことを行って財務省も削ってきた。医療費の一部負担も上げた。2022年から後期高齢者の一部負担も所得が高い老人は２割負担になります。そうやって国民に不人気な政策もあえて実施し、一生懸命社会保障費を抑えてきたわけですが、やはり高齢化が進めば高齢者の頭数も増える。医療の水準を維持したり、国民の生活を守っていくためには、削るといっても限度があるわけで、社会保障の本来機能を維持するには一定のコストが必要で、そうでなくても日本の社会保障給付費の規模は、諸外国に比べてけっして大きくはない。これだけ高齢化が進んでいるのに、日本の社会保障給付費の水準は同じ高齢化が進んでいる諸外国に比べると３分の２くらいで、実は小さいわけです。そういう中で、社会保障を守って、かつ様々な課題に対処する国家としての問題解決能力を維持していくことを考えたら、これ以上借金に頼って、後の世代に負担の付け回しを続けることが本当にできるのかということを真剣に考えなければいけない。そういう段階に来ています。

今の日本のやり方、歳出の３割も４割もの金額を借金して、毎年毎年借金を積み上げながら予算編成をするようなやり方が、いつまで持続可能か。お金が足りなくなったら日銀がお札を刷ればいいから、最近はMMT（現代貨幣理論）といって、借金なんていくら増えても大丈夫だということを言い出す人がいるのですが、本当にそれでよければ誰も苦労はしません。たぶんそうはいかないでしょう。

そこに「ドーマー条件」「完全雇用余剰」そして「成長は問題を解決するか？」という三つの言葉を書いておきました。景気が良くなれば、経済成長すれば、給料も上がるし企業の収入も増えるから税収が増えるではないか、だからまず景気を良くしなければいけない、歳出削減ばかり言って景気の悪くなるようなことばっかりしていてはダメで、まず景気を良くすることが先だ。だから成長戦略、財政出動だ、という人が結構いるのですが、実は世の中そんなに簡単ではありません。景気が良くなる前にやらなければいけないことがある、というお話です。

■ プライマリーバランスを黒字にする意味

プライマリーバランスを黒字にするというのは、日本国政府の国際公約です。

小泉政権の時に、2020年までにプライマリーバランスを黒字にします、という目標を閣議決定しました。歴代の政府はG7やサミットなど国際会議の場でも何度も国際的に約束してきました。

でも、結局守れていない。達成できていない。2018年に安倍元総理が「達成は不可能になった」と言って、「2025年まで」と目標を先送りしました。今コロナになって世界中それどころではなくなって、なんとなくスルーされていますけれども、おそらくこのままだと2025年黒字化も実現できないでしょう。これは重大な国際公約違反です、本当は。

ここでプライマリーバランスとは何なのかということを少し説明します。

図表12－15を見てください。左側は歳入で、右側は歳出です。歳出は、債務償還費－満期が来た債務を返すお金、利払費－借金の利払い、そして政策的経費ででき上がっています。政策的経費とは国が自分でいろいろな政策判断で使える可処分所得のことで、先ほどお話しした一般歳出のことです。歳入のほうはどうなっているかというと、税収があって、足りない分は借金をしています。

で、プライマリーバランスとはどういうことかというと、せめて毎年使っ

図表12-15　プライマリーバランス（PB）の定義について

プライマリーバランス（PB）とは、
その時点で必要とされる政策的経費を、
その時点の税収等でどれだけ賄えているかを
示す指標（=政策的経費−税収等）。
なお、財政収支とは、利払費の扱いが異なる。

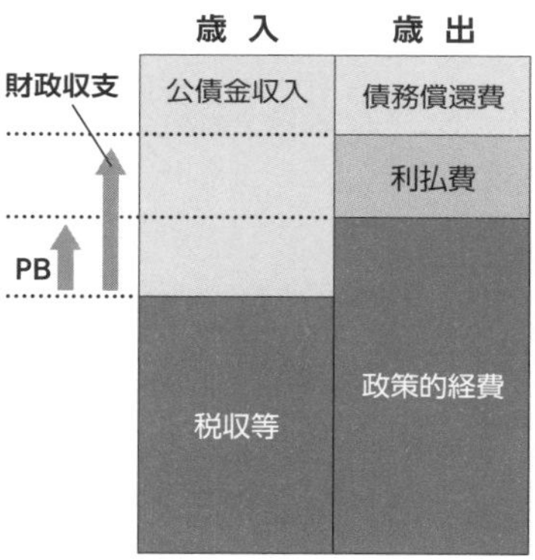

PBが均衡している状態では 、
債務残高対GDP比の分子と分母は次の通りに変動。

債務残高 ― PB均衡時には、債務残高は利払費分だけ増加。この利払費は、「債務残高×金利」として計算。したがって、PB均衡時の債務残高は、金利の水準に比例して増大。

GDP ― GDPは経済成長率に比例して増減

このため、「債務残高対GDP比」全体の変動は、
「金利」と「経済成長率」の水準によって左右される。
すなわち、PBが均衡している状態では、

- **金利 ＞ 成長率 ⇒ 債務残高対GDP比は増加**
- **金利 ＝ 成長率 ⇒ 債務残高対GDP比は一定**
- **金利 ＜ 成長率 ⇒ 債務残高対GDP比は減少**

→∴債務残高対GDP比を確実に引き下げるためには
PBに一定の黒字幅を持たせることが必要。

ている可処分所得ぐらいは、ちゃんとその年の税収で賄いましょう。それがプライマリーバランスなんです。基礎的財政収支と訳していますけれども、プライマリーというのは初歩的という意味ですね。第一歩、まず手始めに、せめてここまではやりましょう、というのがプライマリーバランスの意味です。

なぜ、せめてここまで、と言っているのかというと、ここまで税収があっても、実はまだ借金は1円も返せていない。満期で返したお金はもう一回借り換える。借金を返すどころか、今背負っている借金の利息すらも返せない、利息を払うためにさらに借金をしている状態なんです。プライマリーバランス、というのはその程度のレベルの話なんですね。

財政収支が黒字になるというのは、これ以上借金が増えない。利息はきちんと払える、借金は返せないけど、少なくとも利息は払えると。ここまで持ってきて初めて、普通は黒字と言えるのです。

家計で考えればわかるでしょう。借金の利息を返すために借金をする状態だと、借金が膨らんでいくわけですね。

プライマリーバランスの意味は何かというと、ここまでやれば、少なくとも政策経費について新しく公債を発行することはない。とにかく今年やる仕事の費用は今年の歳入で賄う。その段階ということです。

プライマリーバランスが均衡している状態というのは、債務残高は利払費分だけ増えていく、という状態ですね。利払費というのは残っている債務残高に金利を掛けたものだから、金利が２％なら２％になる。つまり２％ずつ債務残高が増えていくわけですね。そうするとプライマリーバランスがとれている状態であれば、債務残高の対 GDP 比、国の経済力に対する債務の大きさ、重さというのは経済成長率と金利の関係で決まることになります。

すなわち、プライマリーバランスがとれていれば、経済成長率と金利が同じ水準であれば債務残高の対 GDP 比は一定になる。借金は返せてないし、減りもしないし、利息分だけ増えていくんだけれど、対 GDP 比は一定で変わらない。通常、というか理論的には、長期金利は経済成長率の従属変数だから、ここまで持ってくれば、基本的には債務残高の対 GDP 比は一定でコントロールできる。

つまり、プライマリーバランスが黒字になっていれば、成長すれば税収の増えた分で少しずつ債務残高の対 GDP 比は下げることができる。しかし、プライマリーバランスが回復できていない状態だと、毎年債務残高が経済成長率を上回って増えていくことになるので、その状態で経済が成長して金利が上がっていくと、成長すればするほど債務残高が増えていって、対 GDP 比が膨らんでいく。つまり債務が発散していくということになります。

これをドーマー均衡と言います。だから経済成長をして借金を返す、稼いで借金を返そう、減らそうと思うなら、景気が良くなる前に、それこそアベノミクスが成功して、成長して長期金利が上がっていく前にプライマリーバランスを回復しておかないと、景気が良くなって経済成長し始めると、利払費がどんどん膨らんでかえって借金が増える。対 GDP 比が増える、こういう事態が生じてしまうんですね。

なので、最低でもプライマリーバランスは回復させておかないと、後で大変なことになる。物事には順番というものがある、だから、プライマリーバランスは最優先で、まずとにかくここまで持っていきましょう、と財務省は言っているわけなんです。それは財政学的には正しいことです。

このことは社会保障のファイナンスを考える上でも非常に重要なことです。私たちは、こういう状況の中にある、ということを前提に国家財政のことを考え、負担のことを考え、社会保障のことを考えるということをしないと、正しい解を導き出すことができません。

もちろん税金は安いほうがいい、社会保障は手厚いほうがいい、年金は高いほうがいい、医療費の負担は安いほうがいい、その通りですが、それをどうやってファイナンスするのか。誰が費用を負担するのかということを常に考えなければならない。しかも社会保障はこれだけ巨額だから、国家財政にも日本経済にも与える影響はきわめて大きい。さらに、現にこの時点で私たちが受けている社会保障給付費のうち税金で賄われている分のかなりの部分は借金で賄われている。いわば私たちは後の世代に負担を回して給付を先食いしている状態にある。

こういったことをまず頭に置いて考えないといけません。これが今日みなさんに伝えたかったことです。

第 13 章

世界と日本
——社会保障の国際的評価と課題

01 社会保障の規模を国際比較する

今日は最終回です。日本の社会保障の規模がどれくらいかということを、国際比較の観点から考えたいと思います。

■ 日本の給付は OECD 諸国の平均規模

図表 13 − 1 は、OECD 諸国の社会支出の対 GDP 比を大きい順に並べたものです。社会支出 social expenditure については第 7 章で定義を話しましたが、日本の社会保障給付費よりは少しだけ大きい数字ですが、ほぼ同じような数字と思っていただいて結構です。

見ていただくと、今、日本の社会保障の規模は OECD 諸国の中でほぼ真

図表 13-1　OECD 加盟国の社会支出（対 GDP 比、2013 年）

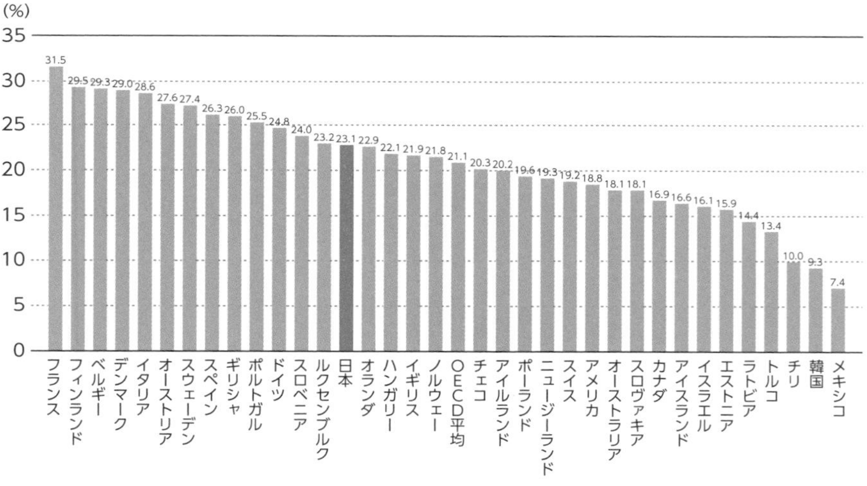

ん中、対 GDP 比 23％くらいで、平均よりもやや高いくらいということです。

日本の高齢化率が断トツに高いということを考えれば、平均よりは大きいですけれども、実はそんなに大きくはないということがわかります。

図表 13 − 2 は社会保障給付を部門別に見たらどうかというものです。これは以前の講義でもお見せしましたね。日本は年金が一番大きくて、その次が医療、それ以外の福祉などはそんなに大きくない。この図で 4.6％とありますが、介護がそのうち約半分弱 1.8％を占めます。介護は高齢者の長期ケア、という括り方もできますから、むしろ医療・介護一体で統計をとったほうがいいのかもしれません。

ヨーロッパ諸国は、積極的労働市場主義政策や家族政策が相対的に大きいので、日本に比べるとその部分が大きい。スウェーデンなんかがそうですね。

それから、アメリカは日本よりやや大きいですね。アメリカが日本より大きくなった、というのは結構感慨深いですね（笑）。アメリカは医療が 14％となっていますが、これも以前お話ししたように、アメリカは皆保険制度で

図表 13-2　社会保障給付の部門別の国際比較（対 GDP 比）

○ 我が国の社会保障給付の規模を部門別に比較すると、
- 年金 — 米英を上回るが、フランスをやや下回る規模
- 医療 — 米国や欧州諸国を概ね下回る規模
- その他の給付 — 米国を上回るが、欧州諸国をかなり下回る規模となっている

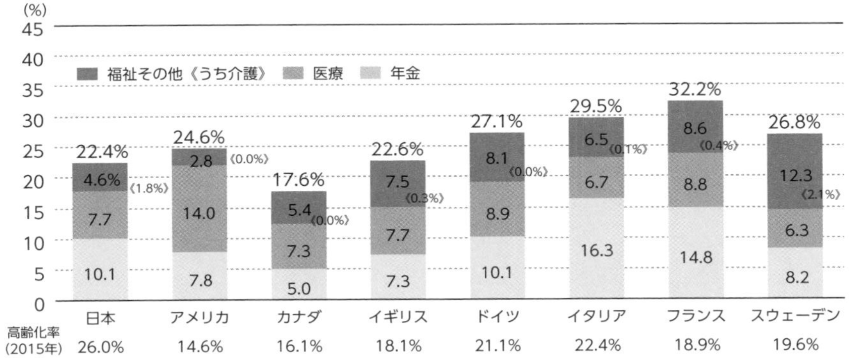

はないので、この14%というのは高齢者と障害者と低所得者の公的医療だけで、普通の人は民間保険に入っていますから、この14%にはカウントされていません。民間保険の医療費も含めた総医療費だとアメリカは対GDP比20%くらいあります。世界で一番医療費の高い国、医療費をたくさん使っている国です。

図表13－3は、高齢化率と社会保障給付の規模の相関を示したものです。

医療にしても年金にしても高齢化が進めば社会保障給付は大きくなるわけですから、単純に足元の社会保障給付の規模を比較するだけでは本当の社会保障の規模の大小はわかりません。高齢化率とのクロスで見ないといけないということです。

例えば2000年の日本の高齢化率がだいたい17%くらい、このとき日本の社会支出の対GDP比は15%程度でした。同じくらいの高齢化率のときにイギリスは、ドイツは、スウェーデンは、フランスはと考えると、日本よりは

図表 13-3　政策分野別社会支出の国際比較

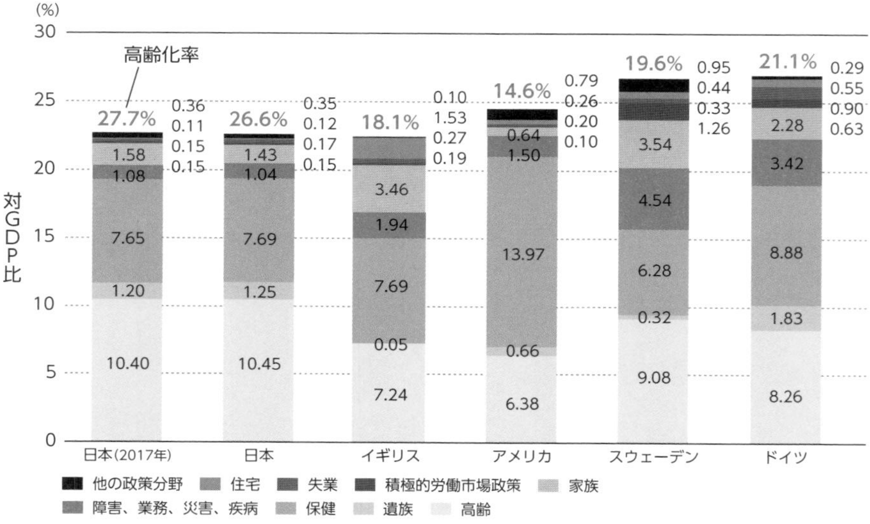

図表 13-4　高齢化率と社会保障の給付規模の国際比較

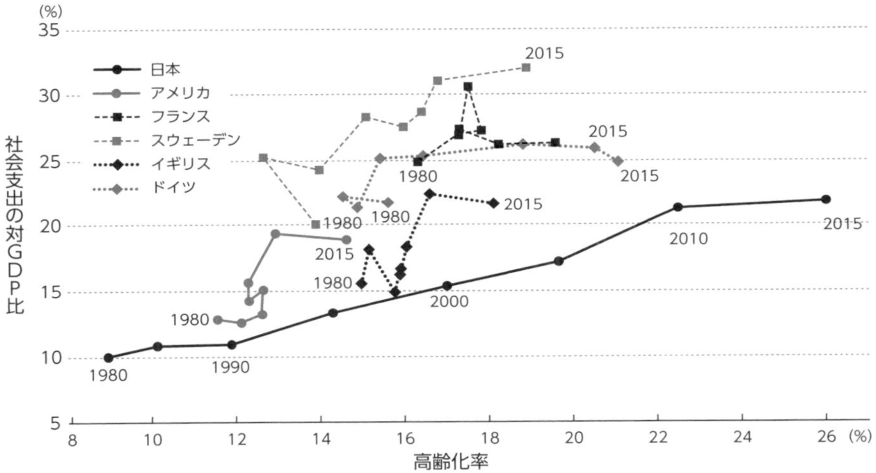

るかに大きい規模の社会支出をしています。そういう意味で言えば日本の社会支出は相当小さいことがわかります。

高齢化率と相関が高いのはもちろん年金と医療なんですけども、年金は75 歳を過ぎたら支給額が高くなる、なんてことはないですよね。だから年金は高齢化率の伸びに対して直線的に増えていくのですが、医療費は高齢者の中での高齢化が進むと、つまり後期高齢者が増えると、年齢構成の変化以上に増えていくことになります。介護も同様です。高齢化率が上がって後期高齢者が増えると、医療と介護は高齢化率の伸び以上に伸びていくということになります。

図表 13 − 5 は医療費水準と高齢化率との関連を示したものです。ここにあるように、医療費の対 GDP 比は高齢化の進行に伴って右肩上がりで上がっていくのですが、どの国もある高齢化率を超えたところで伸び方が高くなるんですね。だいたい 12 〜 16%に差し掛かるあたりでぐんと伸びる。そこで各国とも一生懸命に医療費の適正化・給付抑制に取り組んで、なんとか

図表 13-5　医療費水準と高齢化率との相関──高齢化率と医療費の対 GDP 比との関係について（1970 ～ 2014 年）

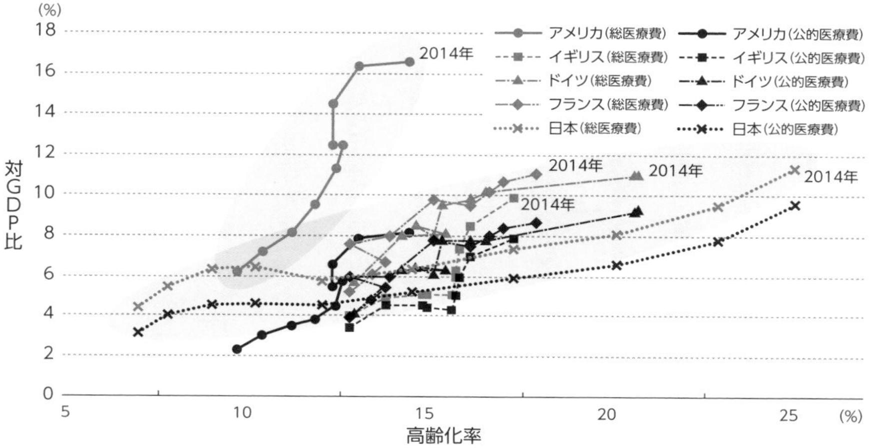

フラットにする努力をします。ドイツは成功例と言われていて、15％から20％にかけて、高齢化が進みましたが医療費の対 GDP 比をフラットに抑えることに成功しています。日本はかなり早い段階、90 年代から医療費の適正化対策を講じてきたので医療費の伸びはずっとフラットです。アメリカは医療に関しては別次元の国です（笑）から、こういう図を作ると例外的に大きいことがよくわかります。

■ 社会保障財源の国際比較

次に財源構成です（図表 13 － 6）。社会保険方式をとっている国、公費でやっている国、いろんな国がありますけれども、だいたいどの国も公費が入っています。スウェーデンですが、みなさんは税金でやっていると思っているかもしれないですけども、年金は社会保険方式なので保険料財源の部分が結構あります。

それからもう一つのポイントは、企業の負担です。日本の社会保険は原則

図表13-6　社会保障財源の対GDP比の国際比較

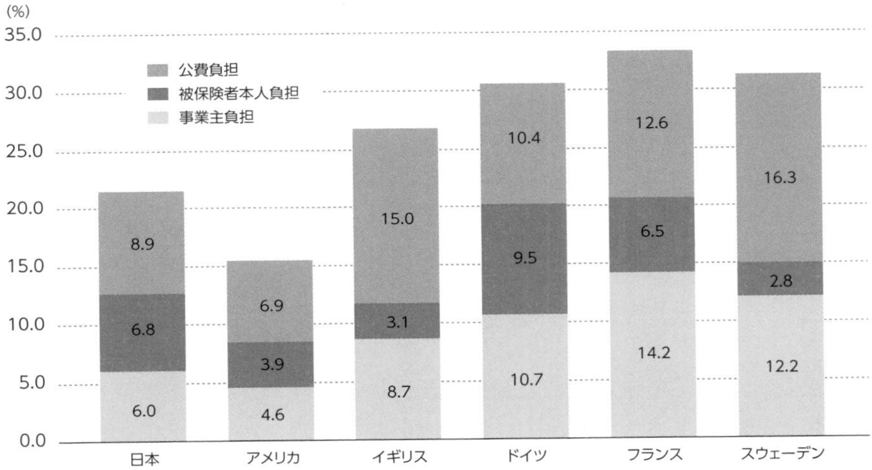

労使折半で50％ずつ持つというのがルールになっていて、一部の大企業の健保組合などで企業分の持ち分が多い会社もありますけども、全体で見ればほぼ５：５です。これは別に世界中そうなっているわけではありません。ドイツは日本がお手本にした国で５：５に近いですが、フランスは６：４～７：３くらいですし、スウェーデンは８：２に近い。国によってそれぞれです。

さらにいうと、日本は社会保障給付全体の規模が相対的に小さいということもあるので、こうやって比較してみると日本の企業の社会保険料負担はそんなに大きくない、ということがわかります。

企業の社会保険料負担については、特に高齢者医療や少子化対策に関する企業サイドの考え方もあって、いろいろ議論がありますが、現時点での負担がどうかという意味では、他国との比較で見るとそう高くないのが実態です。

02 日本の社会保障制度の国際的評価

日本にいると日本の社会保障制度しか利用しないですし、社会保障制度というのは実際に使ってみないとわからないことが多いので、諸外国の制度のことを理解するのはなかなか難しい。なので、日本の社会保障制度のいいところ悪いところというのもなかなかわかりません。

そんな中で、私が言うと贔屓目に聞こえるかもしれませんが、本格的な高齢社会を迎える中で、日本の社会保障制度は早い段階から様々な改革を行ってきて、その改革については国際的に高い評価を得ています。そのことをい

日本の社会保障制度に対する国際的評価

・戦後早い時期（1960年代）に全国民への制度的保障を達成（国民皆保険・皆年金）

・公的制度でカバーする医療の範囲は極めて広い

・公平で平等、かつ低廉なコストでの医療サービスの提供

・他の先進諸国には例のない「徹底したフリーアクセス」

・世界に先駆け長期ケアを制度的に保障する介護保険制度を創設

→皆保険体制は国際的に見ても極めて優れた制度であり、我が国の医療制度に対する国際的評価は極めて高い。

WHO（World Health Report 2000）
Newsweek（2010年9月1日号）
THE LANCET（2011年8月 日本特集号）

☆世界の住みやすい国ランキングで日本は上位の常連。個別スコアで高いのは治安と医療、そして初等教育。

くつかご紹介していきたいと思います。

■ 世界で評価が高い日本の社会保障

日本の社会保障制度に対する評価で一番大きいのは、何と言っても戦後非常に早い時期にすべての国民をカバーする公平でユニバーサルな制度的保障、皆保険皆年金を実現したことです。そして今でもそれが維持されている。そのことへの評価は非常に高いです。特に医療制度に対する評価は非常に高い。

まず日本の医療制度は保険がカバーする範囲が広く、公的制度でほとんどの医療が保障されるということ。二つ目は非常に公平だということ。所得の高さによって医療内容が異なるといったことがない。かつ平等でコストが非常に低廉である。トータルの医療費も安いですし、実際日本の診療報酬を諸外国と比べると医療のコストというか単価はかなり安い。日本では低廉なコストで公平平等な医療サービスが受けられるということです。そして何よりも日本は徹底したフリーアクセスを保障した医療保険制度を持っていること。保険証１枚あれば、いつでも自分が選択する医療機関どこにでも行ける。事前に誰かの許可、保険者の許可とか主治医の許可とか、そういうものがいらない。かつ医療機関に行けば基本的にはその日のうちに診てもらえる。３時間待って３分診療なんて表現はありますけれども、逆に言えば、３時間待てばその日のうちに必ず医療が受けられる。今日は時間がきたからおしまい、また明日いらっしゃい、なんてことを医療機関から言われたことがある人はたぶんいないはずです。日本の医療制度というのは患者にとっては極めて敷居の低い、かかりやすい医療制度なのです。世界中こんな国はありません。

そして高齢者の長期ケア、日本でいう介護ですけども、長期ケアを制度的に保障する制度を2000年に作っていること。世界に先駆けて長期ケアを制度的に保障する制度を作っている。こういった様々な取り組みに対しては国際的に非常に高い評価があって、皆保険皆年金を中心とする日本の医療制度は国際的に高い評価を受けています。

いろいろな雑誌や専門誌が、世界で住みやすい国ランキング、といったものを行っていますけれども、そういったものをやると日本は上位の常連、トップ５くらいには必ず入ります。そして、日本の住みやすさというか日本のスコアが高いのはまず治安がいいこと、それから医療水準が高いこと、それから初等教育のレベルが高いこと、残念ながら高等教育はそういう評価がないのですが、まあその辺が日本の評価の一つの中心になります。

医療・介護

・「World Health Report」（2000 年　WHO（世界保健機関））

日本の医療制度：世界ランキング第１位

理由：健康寿命の長さ、医療へのアクセス、そして医療費負担の公平性など

・「The World's Best Countries」（Newsweek　2010 年８月 16 日号）

日本は医療が世界第１位、教育が第５位、経済活力が 10 位、政治環境は 25 位、総合ランキングは第９位。

医療を１位とした理由：

公平で平等かつ低廉なコストでの医療サービス提供、
他の先進諸国に例を見ない徹底したフリーアクセス、
平均寿命・健康寿命の長さ、
乳幼児死亡率の低さなど衛生水準の高さ

いくつか具体例をあげます。

まず WHO。最近 COVID-19 対応でアメリカからいろいろ文句を言われていますけども、WHO が 2000 年に「World Health Report」というものを出しています。世界の医療制度についての調査報告ですが、日本の医療制度はこの段階で世界第１位でした。理由は健康寿命が長いこと。つまり医療のアウトプット、パフォーマンスが高いということ。それから医療へのアクセスが非常に容易であるということ。かつ、負担が公平、所得の多寡に応じて受ける医療内容が違うということが起こっていないということです。

二つ目は「Newsweek」。「Newsweek」は世界ランキングとかそういうのが大好きな雑誌なので時々特集を組んで発表しますが、2010年に「The World's Best Countries」という特集を組んでいます。これは医療だけではなくて、医療、教育、観光、エコ、自然、経済、政治、いろいろな分野でどの国がいいかというランキングを付けています。日本に関していうと医療が1位、教育が5位、経済活力はこの時点ではまだ踏みとどまっていて10位、政治は25位で、総合ランキングは9位です。医療を1位とした理由はやはり公平・平等、低廉なコストでの医療サービスの提供が行われていること。徹底したフリーアクセスがある、それから平均寿命、健康寿命といった健康指標が非常に高い、また乳幼児死亡率も低いし衛生水準も非常に高いということで、医療及び医療保険及び公衆衛生、そういった医療まわりのレベルが非常に高いということが評価のポイントになっています。

・「THE LANCET」　2011年8月の日本特集号

「国民皆保険達成から50年、日本が保険給付の公平性を保ちながら医療費を抑制していることは驚異的」
　として、日本の医療制度の成功に高い評価を与えつつ、
「過去の成功は将来の成功を保証しない」
として、さらなる高齢化が進む中でさらなる健康増進に取り組まねばならない、と指摘。

それからもう1つ。イギリスに「THE LANCET」という医学雑誌があります。これは医学専門雑誌です。いくつか世界的に有名な医学雑誌があるんですが、そのうちの1つです。「The New England Journal of Medicine」とか「Nature」とか。この「THE LANCET」が2011年に日本の特集号を組んでいます。2011年というのは国民皆保険50年の年です。その記念すべき年ということで日本の特集を組んで様々な日本に関する分析や論文を載せて

います。

その中でどんなことが言われているのかというと、皆保険達成から50年、日本の医療保険制度は保険給付の公平性を保ちながら医療費のコントロールに成功している。公平な給付を行い、かつ必要な給付を保障するということを行いながら、医療費全体の膨張をコントロールしている。これは非常に驚異的、amazingだと言って日本の医療制度の成功にとても高い評価を与えています。

ところが他方で、専門誌らしく、過去の成功は将来の成功を保障するものではないと言っても、今後さらに日本は高齢化が進みますと。そういう中で引き続き今の成功が維持できるかどうかはわかりませんよと。やはりさらなる健康増進に取り組まないと医療費が膨張して爆発するかもしれませんということで、予防や健康増進など、幅広い健康政策health policyにしっかり対応しないといけませんねといった指摘をしています。

年金

IMF（国際通貨基金）「年金セミナー」から　（2019年1月16日）

「民主主義（シルバー民主主義）国家で理想の年金改革を実現することは非常な困難を伴う。」

「日本の年金制度は過去20年にわたり、諸データを開示し、改革されてきた。」

「年金額はマクロ経済指標に連動する仕組みとし、制度の持続可能性を高めた上で、世代間分配構造にもメスを入れている。」

「日本の年金制度は、評価でき、年金のベストプラクティスの一つと言える。」

と指摘。

■ 日本の年金改革をIMFも高く評価

次は公的年金です。

日本の年金制度は、少し言葉を選ばないといけないかもしれませんが、政争の具にされてきた歴史があります。年金制度に関しては非常に国民の関心は高いので、常に年金政策は政治的イシューになるわけですけども、単に政治的なイシューになることを超えて、いくつもの選挙で大きな争点となり、政権交代のきっかけにもなりました。それこそ今の年金制度はつぶれるんだ、崩壊するから抜本改革しないといけないんだとか、若い人はかけ損になる、巨額の給付原資不足がある、世代間格差が云々と、日本の年金制度に関しては様々な議論がされてきました。残念ながら政治家が騒ぎ、マスコミが騒ぎ、学者がそれに火をつけ、さらに政治が年金制度への信頼を崩壊させることで政権を倒す、そんなことが行われてきました。

しからば諸外国、というか外から見たらどう見えているのか、諸外国の年金専門家には日本の年金制度はどう見えているのか、日本の年金制度はみんなつぶれると言っているのか、という話をしたいと思います。

2019年1月に東京でIMFが年金セミナーを開きました。世界中の年金の専門学者を集めたセミナーです。IMFは1990年代から2000年にかけて、これは日本だけではなくて世界の年金制度について、もっと民営化しろ、もっと市場原理を導入しろ、積立方式にするべきだ、と言いまくっていました。日本でも、まあ尻馬に乗って、と言ったら語弊がありますが――実際日本の学者は出羽守が多いですけど――、少し遅れて、似たような論調で日本の年金制度についていろんなことを言ったマクロ経済学者はたくさんいました。

そんなIMFが、それから20年を経て、今この時点でなんと言ったかということなんですが、まず年金制度の改革というのは非常に大変だ。特に民主主義国家では高齢者の投票率も高いですし、有権者としても非常に力を持っているので、彼らの同意を得ながら年金の改革をするというのは非常に難しい、と言っています。そんな中で日本の年金制度というのは、過去20年にわたって5年に1度、財政検証ということを行って、年金制度の財政状況を全部公開しているわけですけれども、そういった取り組みをきちんと行って、そのデータに基づいた改革をし、実現をしてきたと。

特に日本はマクロ経済指標に連動する仕組みを入れている。これはマクロ経済スライドのことですが、今ここで説明すると長くなるので簡単に言うと、出生率が下がって現役の数が少なくなったり、想定よりも平均寿命が延びたりしたときには、その時々の経済情勢であるとか、出生率の動向、現役世代の数の動向に応じて、高齢者の給付を自動的に調整するという仕組みで、日本はこれを2004年に導入しています。そういった仕組みを入れて、制度の持続可能性を高める努力をしている。また、世代間分配、世代間の格差の調整の制度を入れています。

実はこういった制度、給付の自動調整のような制度を入れている国はほとんどありません。ですから、日本は非常に先進的な取り組みをしているということで、日本の年金制度は非常に評価に値する、年金のベストプラクティスの一つだという評価をもらっているんですね。

本格的な高齢社会に直面して、現実にその中で制度の持続可能性を高めるための改革を日本はずっとしてきている。諸外国は多かれ少なかれみなこれから似たようなことに直面することになるので、日本の取り組みにはとても注目していて、いろいろな日本の取り組みに対する評価というものが行われているわけです。

もちろん、これからもやらなければならないことがたくさんありますが、今の日本の医療保険制度、年金制度に関しては、様々な改革の取り組みに対して一定の評価が与えられているということをみなさんに知っていただければと思います。

ということで今期の講義はここまでです。続きの話は「社会保障論Ⅱ」で行います。みなさん、どうもありがとう。

【図表の出所一覧】

※特に記載のないものは筆者作成

図表２－１　「平成 24 年版厚生労働白書」
図表２－２　「平成 24 年版厚生労働白書」
図表３－１　伊奈川秀和『フランス社会保障法の権利構造』信山社、2010 年をもとに作成
図表７－２　総理府社会保障制度審議会事務局監修「安心して暮らせる 21 世紀の社会を目指して」法研、1995 年
図表７－３　総理府「平成 10 年版社会保障統計年報」
図表７－４　国立社会保障・人口問題研究所「平成 27 年度社会保障費用統計」の巻末参考資料をもとに作成
図表７－５　国立社会保障・人口問題研究所「平成 27 年度社会保障費用統計」
図表７－９　OECD：Social Expenditure Database, United Nations：World Population Prospects 2017 をもとに作成
図表８－１　G・エスピン－アンデルセン『アンデルセン、福祉を語る』NTT 出版、2008 年　監修者・京極高宣「解題」中の図をもとに作成
図表８－２　「平成 24 年版厚生労働白書」
図表８－３　IMD『世界競争力年鑑 2020』
図表８－４　IMD『世界競争力年鑑 2020』
図表９－１　総務省「人口推計」、厚生労働省「人口動態統計」、国立社会保障・人口問題研究所「日本の将来推計人口（平成 29 年推計）」等をもとに作成
図表９－２　総務省「国勢調査」「人口推計」、国立社会保障・人口問題研究所「日本の将来推計人口（平成 29 年推計）」等をもとに作成
図表９－３　国土交通省「国土の長期展望」（2011 年）・国立社会保障・人口問題研究所「日本の将来推計人口」（2012 年）等をもとに作成
図表９－４　UN：World Population Prospects, “The 2015 Revision” 等をもとに作成
図表９－５　国立社会保障・人口問題研究所「人口統計資料集」（2016 年）
図表９－６　厚生労働省「人口動態統計」
図表９－７　厚生労働省「簡易生命表」、同「健康寿命における将来予測と生活習慣病対策の費用対効果に関する研究」等をもとに作成
図表９－８　厚生労働省「第 22 回生命表（完全生命表）の概況」をもとに作成
図表９－９　1920 年は「昭和 59 年版厚生白書」、1961 年、2009 年は厚生労働省「人口動態統計」をもとに作成
図表９－12　国立社会保障・人口問題研究所「日本の地域別将来推計人口（平成 25 年３月推計）」をもとに作成

図表9－13　国立社会保障・人口問題研究所「日本の地域別将来推計人口（平成30年推計）」
図表9－14　厚生労働省「人口動態統計」、UN「Demographic Yearbook」、Eurostat等をもとに作成
図表9－15　国立社会保障・人口問題研究所「日本の世帯数の将来推計（全国推計）（2013年1月推計）」、同「人口統計資料集（2015年版）」をもとに作成
図表9－16　内閣府「平成28年版男女共同参画白書」
図表9－17　国立社会保障・人口問題研究所「第15回出生動向基本調査（夫婦調査）」等をもとに作成
図表9－18　厚生労働省「第1回21世紀出生児縦断調査結果」（平成22年）
図表9－19　総務省「国勢調査」、国立社会保障・人口問題研究所「日本の世帯数の将来推計（全国推計）（2018年推計）」をもとに作成
図表9－20　厚生労働省「国民生活基礎調査」
図表10－1　厚生労働省「平成26年所得再分配調査報告書」
図表10－2　OECD Statをもとに厚生労働省作成
図表10－3　OECD Statをもとに厚生労働省作成
図表10－4　厚生労働省「平成29年所得再分配調査報告書」
図表10－5　厚生労働省「平成29年所得再分配調査報告書」
図表10－6　厚生労働省「平成29年所得再分配調査報告書」
図表10－7　厚生労働省「平成20年所得再分配調査報告書」
図表10－10　OECD：Income Distribution and Poverty、OECD：Family Database “Child Poverty” 等をもとに作成
図表10－11　厚生労働省「平成28年国民生活基礎調査」等をもとに作成
図表10－12　厚生労働省「平成28年国民生活基礎調査」等をもとに作成
図表11－1　内閣府「国民経済計算」等をもとに作成
図表11－2　OECD：National Accounts Database 2020、財務省「国民負担の国際比較（OECD加盟35ヵ国）」（2021年）をもとに作成
図表11－3　米国労働統計局データベースより経済産業省作成
図表11－4　総務省「労働力調査（2020年）」
図表11－5　厚生労働省「平成25年度国民医療費の概況」、工業統計（2015年）等をもとに作成
図表11－6　社会保障国民会議　医療・介護費用のシミュレーション
図表11－9　厚生労働省「所得再分配調査」、総務省「国勢調査」をもとに厚生労働省作成
図表11－10　総務省「家計調査」、内閣府「国民生活に関する世論調査」、内閣府「平成21年度年次経済財政報告」をもとに作成

図表11－11　総務省「国勢調査」（2005年）、同「全国消費実態調査」（2004年）をもとに作成

図表11－12　総務省「全国消費実態調査」（2004年）

図表11－13　ドイツ連邦統計局「EVS2008」、スウェーデン統計局「Wealth Statistics 2007」、フランス国立統計経済研究所「L'endettement des ménages début 2004」、米連邦準備制度理事会「Survey of Consumer Finances 2007」をもとに作成

図表12－1　財務省資料

図表12－2　財務省資料

図表12－3　OECD：Economic Outlookをもとに財務省作成

図表12－4　財務省「国債統計年報」、日本統計協会「日本長期統計総覧」、内閣府「国民経済計算」をもとに財務省作成

図表12－5　財務省資料

図表12－6　財務省資料

図表12－7　財務省資料

図表12－8　財務省資料

図表12－9　財務省資料

図表12－10　国税庁「申告所得税標本調査」

図表12－11　財務省資料

図表12－12　国税庁「会社標本調査」

図表12－13　国立社会保障・人口問題研究所「平成27年度社会保障費用統計」等をもとに作成

図表12－14　財務省資料

図表13－1　OECD：Social Expenditure Database

図表13－2　OECD：Social Expenditure Database等をもとに厚生労働省作成

図表13－3　OECD：Social Expenditure Database

図表13－4　OECD：Social Expenditure Database、United Nations：World Population Prospects 2017をもとに作成

図表13－5　OECD：Health Statistics 2016

図表13－6　国立社会保障・人口問題研究所「社会保障費用統計」（日本）、「社会保障費国際比較基礎データ」（アメリカ）、Eurostat "European Social Statistics"（イギリス、ドイツ、フランス、スウェーデン）

索　引

A～Z

あ行

か行

さ行

た行

な行

は行

ま行

や行

ら行

わ行

【著者紹介】

香取照幸（かとり　てるゆき）

1956（昭和31）年、東京都出身。東京大学法学部卒業。1980年厚生省（現厚生労働省）入省。1982年在フランスOECD（経済協力開発機構）事務局研究員、1990年埼玉県生活福祉部老人福祉課長、1996年厚生省高齢者介護対策本部事務局次長。2001年内閣官房内閣参事官（総理大臣官邸）、2002年厚生労働省老健局振興課長、2005年厚生労働省雇用均等・児童家庭局総務課長。2008年内閣官房社会保障国民会議事務局参事官、同安心社会実現会議事務局参事官、2010年厚生労働省政策統括官（社会保障担当）、内閣官房内閣審議官（社会保障・税一体改革担当）、2012年厚生労働省年金局長、2015年厚生労働省雇用均等・児童家庭局長等を経て2016年6月退官。2017年在アゼルバイジャン共和国日本国特命全権大使。2020年4月より上智大学総合人間科学部教授、同年8月より一般社団法人未来研究所臥龍代表理事。この間、2021年11月より内閣官房全世代型社会保障構築会議委員、日本医師会医療政策会議委員（2016～2018年）、東京都医師会在宅医療協議会委員、日本年金学会幹事、日本地域包括ケア学会評議員、日米医学医療交流財団理事を務める。主な著書に『新装版 介護保険制度史』（共著）、『教養としての社会保障』『民主主義のための社会保障』（以上、東洋経済新報社）がある。

社会保障論 I〔基礎編〕

2022 年 3 月 24 日発行

著　者――香取照幸
発行者――駒橋憲一
発行所――東洋経済新報社
〒103-8345　東京都中央区日本橋本石町 1-2-1
電話＝東洋経済コールセンター　03(6386)1040
https://toyokeizai.net/

装　丁…………吉住郷司
D T P…………アイシーエム
印　刷…………東港出版印刷
製　本…………積信堂
編集担当………岡田光司

　Printed in Japan　ISBN 978-4-492-70153-9